本书受到浙江外国语学院国际化协同创新团队"拉美研究与中拉合作"的资助

拉美研究论丛 （第一辑）

宋海英 \ 主编

LATIN AMERICAN STUDIES

ESTUDIOS LATINOAMERICANOS

中国社会科学出版社

图书在版编目（CIP）数据

拉美研究论丛．第一辑／宋海英主编．—北京：中国社会科学
出版社，2022.5
ISBN 978 - 7 - 5227 - 0056 - 4

Ⅰ.①拉… Ⅱ.①宋… Ⅲ.①拉丁美洲—研究 Ⅳ.①D773

中国版本图书馆 CIP 数据核字（2022）第 057312 号

出 版 人	赵剑英
责任编辑	高 歌
责任校对	王佳玉
责任印制	戴 宽

出 版	中国社会科学出版社
社 址	北京鼓楼西大街甲 158 号
邮 编	100720
网 址	http://www.csspw.cn
发 行 部	010 - 84083685
门 市 部	010 - 84029450
经 销	新华书店及其他书店

印 刷	北京明恒达印务有限公司
装 订	廊坊市广阳区广增装订厂
版 次	2022 年 5 月第 1 版
印 次	2022 年 5 月第 1 次印刷

开 本	710×1000 1/16
印 张	16.25
插 页	2
字 数	260 千字
定 价	96.00 元

目　录

◇◇　中拉文明互鉴

特约嘉宾

拜登对拉美的政策延续和变化

徐世澄

摘　要：拜登2021年1月20日就任美国总统后，美国对拉美的政策既有继承又有变化。拜登政府对拉美的基本方针没有变，但是，其对拉美某些方面和某些国家的具体政策已经或正在发生变化。与特朗普一样，拜登仍认为拉美是美国的后院和可靠的盟友，但拉美依然不是美国外交的重点；继续打压拉美左翼政府，对委内瑞拉、古巴等拉美左翼政府进行封锁和制裁；继续重视发展与邻国墨西哥的关系；继续奉行"新门罗主义"，阻挠中国与拉美关系的发展。拜登与特朗普对拉美政策的不同之处在于：在人权、民主、反腐等问题上对一些拉美国家施加更大的压力；更加关注与中美洲，特别是与"北三角"（洪都拉斯、萨尔瓦多和危地马拉）三国的关系；在移民问题上，强调从源头上解决非法移民问题，着手进行移民改革；在委内瑞拉问题上，不再强调军事干预和武力威胁；增加对一些拉美国家援助的力度。

关键词：拜登；对拉美政策；延续和变化；北三角；新门罗主义

2021年1月20日，拜登就任美国总统后，总的来看，美国对拉美的政策既有继承又有变化。拜登政府对拉美的基本方针没有变，但是，其对拉美某些方面和某些国家的具体政策已经并正在发生变化。①

---

① 3 cambios que el gobierno de Joe Biden ya introdujo en las relaciones de EE. UU. con América Latina，https：//es-us. noticias. yahoo. com/3-cambios-gobierno-joe-biden-145851558. html.

拜登对拉美的政策延续和变化

特朗普在四年任期内，只到访阿根廷一个拉美国家，特朗普于 2018 年 11 月底 12 月初到阿根廷参加 G20 峰会。特朗普甚至还缺席 2018 年在秘鲁召开的第 8 届美洲峰会，这是美国总统首次缺席美洲峰会。而拜登在任副总统（2009—2016 年）期间，曾 13 次访问拉美国家，应该说，他对拉美的情况要比特朗普熟悉得多。拜登延续特朗普对拉美的政策，主要反映在以下方面：（1）与特朗普一样，拜登仍认为拉美是美国的后院和可靠的盟友，但拉美依然不是美国外交的重点。（2）继续打压拉美左翼政府，继续对委内瑞拉、古巴、尼加拉瓜等拉美左翼政府进行封锁和制裁。（3）继续重视发展与邻国墨西哥的关系。（4）继续奉行"新门罗主义"，阻挠中国与拉美关系的发展。

拜登与特朗普对拉美具体政策的不同之处，主要反映在以下方面：（1）在人权、民主、反腐等问题上对一些拉美国家施加更大的压力，更多使用"软硬兼施""胡萝卜加大棒"的手段。（2）拜登更加关注与中美洲，特别是与"北三角"（洪都拉斯、萨尔瓦多和危地马拉）三国的关系。（3）在移民问题上，强调从源头上解决非法移民问题，着手进行移民改革。（4）在委内瑞拉问题上，不再强调军事干预和武力威胁。（5）增加对一些拉美国家援助的力度。

2021 年 5 月 4 日，美国副总统哈里斯称，拜登对拉美的新政策是要使美国继续在拉美保持霸权地位，其重点是移民问题、反腐、促进民主、建立好的政府、安全和繁荣、加强美国的影响。①

拜登政府主管拉美的主要官员

拜登就任总统前夕和就任总统后，先后任命了主管拉美事务的主要

---

① ¿Estados Unidos al asalto de América Latina？│Cubadebate, http：//www.cubadebate.cu/noticias/2021/05/08/estados-unidos-al-asalto-de-america-latina/.

官员。

1月8日，当选总统拜登任命哥伦比亚裔胡安·塞瓦斯蒂安·冈萨雷斯（Juan Sebastian Gonzalez）为国家安全委员会拉美事务部高级主任，冈萨雷斯曾任奥巴马任内美国国务院拉美事务助理国务卿、时任副总统拜登的特别助理。①

3月22日，拜登政府任命洪都拉斯裔、奥巴马任内国家安全委员会西半球事务特别助理里卡多·祖尼加（Ricardo Zúniga）为美国政府北三角（中美洲洪都拉斯、萨尔瓦多和危地马拉三国）特使。②

3月27日，拜登任命美国驻津巴布韦大使、56岁的非洲裔布赖恩·尼科尔斯（Brian A. Nichols）为主管拉美事务的助理国务卿，尼科尔斯熟练地掌握西班牙语，曾任美国驻墨西哥使馆副政务参赞（1998—2001年）、驻哥伦比亚使馆副馆长（2007—2010年）和驻秘鲁大使（2014—2017年）等职。③

特朗普任内任美国国务院西半球事务助理副国务卿的韩国裔朱莉·郑（Julie Chung）继续留任，现为美国国务院西半球事务代理助理副国务卿。

此外，拜登还授权副总统哈里斯负责中美洲和移民事务，以遏制中美洲向美国南部的非法移民潮。

至此，拜登已任命了主管拉美的主要官员。

拜登政府对墨西哥、中美洲各国和移民的政策

墨西哥 2021年1月20日拜登就任后，1月22日拜登便与墨西哥总

---

① Quién es Juan Sebastián González, el elegido por Joe Biden como director para el Hemisferio Occidental, https://es-us. noticias. yahoo. com/juan-sebasti% C3% A1n-gonz% C3% A1lez-elegido-joe-192300671. html.

② Ricardo Zúniga, Enviado Especial para el Triángulo Norte-Asociación Salvadoreña de Insdustriales, https://industriaelsalvador. com/2021/03/22/ricardo-zuniga-enviado-especial-para-el-triangulo-norte/.

③ Brian A. Nichols nominado como subsecretario de Estado para Asuntos del Hemisferio Occidental - EVTV, https://evtv. online/brian-a-nichols-nominado-como-subsecretario-de-estado-para-asuntos-del-hemisferio-occidental/.

统洛佩斯通电话，这充分说明了拜登政府对墨西哥的重视。拜登就任总统第一天签署的 17 项行政命令中的第 14 项是通过终止国家紧急状态拨款来停止修建美墨边境的隔离墙。① 美国军方称，停止修建隔离墙可节省 26 亿美元的开支，因为这座隔离墙是美国历史上联邦项目中最昂贵的基础设施项目之一。

拜登就任总统后表示，他将继续支持特朗普任内美国与墨西哥和加拿大签署的美墨加三国新贸易协定。拜登主张墨西哥应该大力发展清洁能源，这对洛佩斯政府有一定的压力，因为洛佩斯政府正在努力恢复和发展墨西哥的油气生产。

2 月 26 日，墨西哥外长埃布拉尔特与美国国务卿布林肯进行视频对话，双方谈到抗疫、贸易、投资和移民问题。3 月 1 日，拜登和国务卿布林肯与墨西哥总统洛佩斯、外长埃布拉尔特等进行视频会谈，拜登说美国和墨西哥是平等的，洛佩斯要求拜登使在美国的墨西哥非法移民合法化，两人还谈到抗击新冠肺炎疫情、贸易等问题。

墨美之间也存在一些矛盾和问题，如美国支持并资助墨西哥一些反政府组织。对此，洛佩斯总统强烈要求拜登政府停止资助墨西哥反政府组织"墨西哥人反对腐败和逍遥法外组织"和"第 19 条组织"等，他指责美国对这些组织的资助是干涉墨西哥内政的行为。②

6 月 8 日，美国副总统哈里斯访问墨西哥。这是哈里斯首次出国访问，这表明了拜登政府对墨美关系的重视。哈里斯副总统与洛佩斯总统、外长等高官进行会谈，双方达成有关墨西哥南部和中美洲北部经济持续发展的谅解备忘录，备忘录包括一系列协议：反对人口贩卖、铲除走私网、增加墨西哥南部和中美洲北部生产竞争力、解决失踪者问题和美国帮助墨西哥进行劳工改革、美国增加对墨西哥东南部的投资等协议。哈里斯认为，她

---

① Pentágono cancelará proyectos vinculados con muro fronterizo de Trump | Cubadebate, http：// www. cubadebate. cu/noticias/2021/04/30/pentagono-cancelara-proyectos-vinculados-con-muro-fronterizo- de-trump/.

② Las difíciles relaciones de México y Estados Unidos - Por Gerardo Villagrán del Corral - NODAL, https：//www. nodal. am/2021/05/las-dificiles-relaciones-de-mexico-y-estados-unidos-por-gerardo-villag- ran-del-corral/.

对墨西哥的访问是成功的，开辟了美墨关系的新纪元。① 在哈里斯与洛佩斯会晤结束后，美国白宫发表声明称，哈里斯访墨拓宽了美墨两国在经济、社会、安全领域的合作。通过签署移民问题谅解备忘录，两国结成战略同盟，将共同为中美洲"北三角"地区缺乏经济发展机会的问题寻求答案。美国承诺向墨西哥提供 100 万支疫苗。墨西哥政府则在一份官方声明中表示，洛佩斯总统和哈里斯的会谈就新的经济合作机制、帮助墨西哥吸引外资、关注导致墨美边境移民问题的结构性因素以及保障移民人权和保障劳工权益等问题达成了一致。②

中美洲各国　拜登就任后，将中美洲，特别是"北三角"视为对其对拉美外交的重点。副总统哈里斯、国务卿布林肯和中美洲特使祖尼加均已到访中美洲。被称作"北三角"的中美洲危地马拉、洪都拉斯、萨尔瓦多三国，一直以来都是美国非法移民的最主要源头。自 2018 年 10 月起，来自这三个国家的移民长途跋涉，穿越墨西哥国境，聚集在墨美边境地区，汇聚成一支庞大的非法移民大军。

拜登政府放宽了在美国的拉美侨民，特别是中美洲和加勒比国家（古巴除外）侨民汇款的限制，以促进美国与这一地区国家的贸易关系。2 月6 日，国务卿布林肯宣布，美国已暂时停止执行特朗普政府 2019 年 7 月与危地马拉，同年 9 月与萨尔瓦多和洪都拉斯先后签署的庇护合作协议，根据协议，希望在美国寻求庇护的中美洲非法移民北上美国途中如果经过这三国，应向这些国家寻求庇护，而不是向美国。

拜登就任后，一度放宽了上届政府的移民政策，使美墨边境非法移民人数激增。2021 年 3 月，美墨边境非法移民总数达 17.2 万人，环比增加71%，为 15 年来单月最高值，其中无人陪伴的未成年人总数近 1.9 万人。他们被迫与亲人长时间分离，基本人权无法保障，生存安全受到威胁，同时还面临着感染新冠病毒的危险。未成年非法移民问题酿成的这场严重人道主义危机，让上任不久的拜登政府备受指责。3 月 24 日，拜登授权副总

---

① https：//www.nodal.am/2021/06/amlo-y-la-vicepresidenta-de-eeuu-firman-acuerdos-sobre-migracion-desaparecidos-y-reforma-laboral/.

② Kamala Harris de gira：combate a la corrupción y la migración — CELAG，https：//www.celag.org/kamala-harris-de-gira-combate-a-la-corrupcion-y-la-migracion/.

统哈里斯负责处理美国和墨西哥边境非法移民问题。她代表美国政府与墨西哥、萨尔瓦多、危地马拉和洪都拉斯展开合作，共同解决美国边境无证移民儿童激增危机。与此同时，美国与危、洪、萨三国就边境军事化达成协议，宣布"在各自的边境增派军队"，最大限度遏制这些国家移民涌入美国。

4月5—8日，拜登中美洲"北三角"特使祖尼加访问危地马拉和萨尔瓦多。在危地马拉，他会见了危地马拉总统贾马太，在萨尔瓦多会见了萨外长亚历山特拉·希尔，但总统布克尔没有会见他。① 4月26日，哈里斯与危地马拉总统贾马太举行视频会晤，探讨非法移民问题。危地马拉外长布罗洛等官员列席。在闭门会谈之前，哈里斯发表简短讲话，称"西半球是我们共同的家园"，承诺美国将加大对中美洲"北三角"地区的支援力度，深化在移民问题上的合作，争取以"有效、安全、人道的方式"解决移民危机。

拜登承诺在他任期四年内向中美洲"北三角"三国提供40亿美元的发展援助，促进这三国经济和社会的发展，减少贫困人口，从源头上解决中美洲移民问题。②

6月初，美国国务卿布林肯首次访问拉丁美洲，他选择访问中美洲的哥斯达黎加。6月1日，布林肯与哥斯达黎加总统阿尔瓦拉多会谈，会谈后举行联合发布会。布林肯表示，美国希望中美洲地区的国家分担责任，共同解决美墨边境非法移民增加的问题。2日，他在哥斯达黎加首都圣何塞同墨西哥、中美洲五国和多米尼加共和国（中美洲一体化体系成员国）外长会见，重点商谈移民问题，他希望中美洲国家帮助美国解决涌向美国的移民潮问题。③

6月7日，美国副总统哈里斯访问危地马拉，在与危地马拉总统贾

---

① Enviado Especial para el Triángulo Norte Ricardo Zúñiga viaja a Guatemala y El Salvador ｜ U. S. Embassy in El Salvador，https：//sv. usembassy. gov/es/enviado-especial-para-el-triangulo-norte-ricardo-zuniga-viaja-a-guatemala-y-el-salvador/.

② Las esperadas políticas de Joe Biden hacia el Triángulo Norte-Rebelion，https：//rebelion. org/las-esperadas-politicas-de-joe-biden-hacia-el-triangulo-norte/.

③ https：//www. infobae. com/america/america-latina/2021/06/02/antony-blinken-urgio-a-centroamerica-a-defender-la-democracia-y-combatir-la-corrupcion-para-aliviar-la-migracion/.

马太举行的联合新闻发布会上，哈里斯直截了当地"劝退"非法移民。非法移民问题是哈里斯此次为期两天的危地马拉和墨西哥之旅的首要议题，哈里斯承诺美国将为危地马拉带来"多方面的投资"，以增加当地民众的工作及教育机会。她强调，美国和危地马拉需要携手合作，寻求该国"长期存在问题"的解决方案，这些问题包括腐败、贫穷和经济发展停滞等。她还宣布，美国将为危地马拉捐赠 50 万剂新冠肺炎疫苗和2600 万美元抗击疫情。拜登政府此前已经指派美国司法部成立反腐工作组，让美国的检察官与执法人员去中美洲地区执行调查任务，为当地同行提供培训。

　　危地马拉、洪都拉斯、萨尔瓦多三国是进入美国的非法移民的主要来源国，经济上高度依赖来自美国的侨汇。美国想解决边境移民问题势必要与这三国充分合作。但是，这三国特别是洪都拉斯和萨尔瓦多都与美国有摩擦。3 月 30 日，纽约法庭以大规模贩毒罪判处洪都拉斯总统奥兰多·埃尔南德斯的弟弟托尼·埃尔南德斯终身监禁。埃尔南德斯总统称对此表示不满。实际上，埃尔南德斯本人也面临美国检方对其涉嫌帮助贩毒组织将毒品运往美国的指控。而萨尔瓦多总统布克尔在 2021 年 2月访问美国时遭到美国拜登政府的冷遇，拜登拒绝与其会面，拜登政府也没有派任何官员会见布克尔。作为报复，布克尔总统拒绝会见到访的拜登中美洲特使祖尼加。5 月 4 日，美国副总统哈里斯指责萨尔瓦多新国会于 5 月 1 日通过撤销反对派总检察长和宪法法庭的法官。① 5 月 19日，美国国务院公布了中美洲三国 12 位腐败官员的名单，引起三国政府的强烈不满。萨尔瓦多总统称，"这不是反腐，而是地缘政治"。②

　　调整移民政策　拜登 2021 年 1 月 20 日就任第一天签署的 17 项行政命令中的第 11 项是强化 DACA（"童年抵美者暂缓遣返"计划）。DACA计划于 2012 年由奥巴马提出，该计划保护符合条件的在年幼时被父母带

---

　　①　EEUU: Harris critica a El Salvador por destitución de jueces, https: //www. msn. com/es-ar/noticias/otras/eeuu-harris-critica-a-el-salvador-por-destituci% C3 % B3 n-de-jueces/ar-BB1 glN3 O.

　　②　Gobierno de EEUU publica lista de funcionarios de Honduras, El Salvador y Guatemala acusados de corrupción - NODAL, https: //www. nodal. am/2021/05/gobierno-de-eeuu-publica-lista-de-funcionarios-de-honduras-el-salvador-y-guatemala-acusados-de-corrupcion/.

入美国境内的青少年非法移民在美国的合法身份，其受益者也被称为
"追梦人"，现约有 70 万人，75% 为墨西哥裔。拜登签署的第 13 项行政
命令是取消特朗普在美国境内的移民执法延伸。拜登还提出了新的移民
法案——《2021 年美国公民法》，被称为"历史上最先进的立法法案"，
旨在为现居住于美国的非法移民提供合法身份（初步估计美国非法移民
数量大于 1100 万）。该项法案允许于 2021 年 1 月 1 日前到达美国的、不
持有合法身份的居民申请临时居住的权利，在获得该权利五年之后，这
部分居民可以获得永久居留权，即"绿卡"。在获得绿卡三年后，他们
可以申请获得正式的美国公民的身份。而这部分移民在国外的家庭成员
等待发放"绿卡"的时间也会减短。同时，美国还会向中美洲提供发展
协助，处理在移民法院积压的 120 万起案件，为特定国家和犯罪受害者
提供更多的签证机会。

拜登承诺，他进入白宫后会推翻前任特朗普的多项移民政策，其中
包括 2019 年 1 月开始执行的《移民保护协议》，这项协议要求墨西哥政
府配合美国所谓"留在墨西哥"的政策，要求来自中美洲、试图寻求美
国庇护的非法移民停留在墨西哥一侧的边境城市，等待美国法院受理庇
护申请。这一政策导致不少非法移民滞留墨西哥境内，还造成一些家人
骨肉分离的悲剧，被分析人士批评是一种单方面的推卸问题和责任的做
法。拜登政府会结束特朗普政府实施的在边境地区将非法移民骨肉分离
的政策；同时会对委内瑞拉、萨尔瓦多、尼加拉瓜、海地等国在美国的
难民给予"临时保护身份"（TPS）。2020 年 11 月 24 日，拜登任命古巴
裔的亚历杭德罗·马约卡斯（Alejandro Mayorkas）为国土安全部长，评
论认为，这标志着拜登将在一定程度上改变特朗普对移民的政策。

由于中美洲一些国家贫苦的民众对拜登的移民政策存在幻想，误以为
拜登上台后会允许他们移民美国。因此，自 1 月中旬起，大批来自洪都拉
斯等国的中美洲移民组成的"大篷车"队伍北上前往美国南部边境，在穿
越边境的时候与危地马拉安全部队发生冲突。在美国有 1100 多万非法移民
即无证件移民，其中大部分是墨西哥和中美洲国家移民。拜登政府承诺实
施比特朗普政府更加人性化的移民政策，导致抵达美墨边境的非法移民人
数达到 15 年来的新高。自从拜登政府放宽移民政策后，到 2021 年 3 月美

国边境管理局就拘留了超17.2万名难民，其中8.5万人来自中美洲国家。6月1日，拜登政府正式取消了"留在墨西哥"（Remain in Mexico）的移民庇护计划，这是废除前特朗普政府限制性移民政策的最新举措。美国国土安全部长马约卡斯在一份备忘录中表示，在经过其办公室数月的审查后，终止这项庇护计划的政策。6月7日，哈里斯在访问危地马拉时表示，美国将持续实施边境安全与执法工作，非法移民即便抵达边境，也会被遣返；她强调，美国政府的目标是向当地居民传递"希望"，只有这样，他们才不至于背井离乡，远赴美国寻求机会。

拜登对拉美古巴、委内瑞拉和尼加拉瓜等左翼政府的政策

与特朗普一样，拜登对古巴、委内瑞拉和尼加拉瓜等拉美左翼政府继续实施打压的政策。

古巴 拜登在竞选时多次表示，若他当选，会对古巴采取奥巴马对古巴的政策，会恢复与古巴的通航、通商，会放宽对美国人到古巴访问和旅游的限制，会放宽对在美国的古巴侨民侨汇的限制。但是，拜登表示，他不会取消美国对古巴的封锁，不会归还属于古巴的关塔那摩海军基地，会继续在人权、自由选举、开放党禁等问题上批评古巴。古巴对拜登就任总统后会在一定程度上回到奥巴马时期和古巴改善关系的政策抱有希望。2020年11月8日，古巴国家主席迪亚斯·卡内尔发推文表示，古巴政府承认"美国人民选择了一个新的方向"，"我们相信能够与美国建立尊重彼此差异的建设性双边关系"。2021年1月21日，古巴外交部美国司司长费尔南多·德科西奥认为，拜登会很快纠正特朗普对古巴的政策，会改善与古巴的关系。2021年1月11日，特朗普卸任总统前再次将古巴列入支恐国家的名单，旨在阻挠拜登政府改善与古关系。

2021年1月28日，白宫新发言人普萨基在新闻发布会上说，拜登政府将重新审视特朗普对古巴的政策。然而，2月25日白宫发布消息称，拜登将会延长对古巴的制裁。3月9日普萨基又说，古巴问题不是拜登外交重点，拜登不急于改变特朗普对古的政策，不着急将古巴从支持恐怖主义

国家的名单中去除。① 迄今为止，拜登没有采取任何具体措施改善美古关系，对此，古巴政府表示强烈不满。② 5 月 25 日，古巴外长布鲁诺·罗德里格斯发推文，对拜登政府继续把古巴列入支恐国家名单和拜登政府继续实施特朗普任内对古巴的 243 项制裁措施表示强烈抗议。③

委内瑞拉　委内瑞拉总统马杜罗对拜登当选总统表示祝贺，并表示准备与拜登政府开辟一条新的道路，④ 但是，拜登和特朗普一样，都认为马杜罗政府是一个独裁政府，都认为 2018 年 5 月委内瑞拉的大选和 2020 年 12 月 6 日的国会选举不合法。拜登就任总统后，继续对马杜罗政府施压、进行制裁，要求马杜罗下野，主张委内瑞拉应该通过"自由和公正的总统选举"；拜登继续支持委反对派，继续承认瓜伊多为"合法总统"。⑤

与特朗普不同的是，美国对委动武即对委的军事入侵的可能性不大。据埃菲社和路透社报道，2021 年 2 月 2 日，美国财政部取消了一些禁令，允许在委内瑞拉港口和机场进行正常和必要的交易。2 月 28 日，白宫一位官员说，拜登政府并不着急取消对马杜罗政府的制裁，如马杜罗政府愿意与反对派对话，拜登政府可考虑减轻对马杜罗政府的制裁。⑥ 5 月 11 日，在美国授意下，反对派领导人瓜伊多建议与马杜罗进行对话，签署"国家拯救协议"。5 月 12 日，马杜罗表示同意。随后，马杜罗提出三项条件：要求美国取消对委内瑞拉的制裁和封锁；要求瓜伊多承认 2020 年 12 月选举产生的新国会、宪法和委五权；归还（被瓜伊多非法夺走的）委内瑞拉在美国、哥伦比亚等国外机构的账户和资金。委内瑞拉全国选举委员会宣

---

① https：//mundo. sputniknews. com/20210309/casa-blanca-cambio-de-politica-respecto-a-cuba-no-es-una-prioridad-para-biden-1109702088. html.

② ¿Qué puede hacer Biden sobre Cuba? -Rebelion, https：//rebelion. org/que-puede-hacer-biden-sobre-cuba/.

③ http：//www. cubadebate. cu/noticias/2021/05/25/canciller-cubano-denuncia-que-ee-uu-mantiene-medidas-coercitivas-y-listas-unilaterales/.

④ Maduro：estamos dispuestos a andar un nuevo camino con el gobierno de Biden, https：//es-us. noticias. yahoo. com/maduro-dispuestos-andar-camino-gobierno-170038497. html.

⑤ Biden hizo 13 viajes a América Latina como vicepresidente del gobierno de Barack Obama entre 2009 y 2016. De hecho, Biden era el máximo encargado de las relaciones con América Latina del gobierno de Obama.

⑥ EEUU le pone fecha de vencimiento a Juan Guaidó-Rebelion, https：//rebelion. org/1-de-diciembre-eeuu-le-pone-fecha-de-vencimiento-a-juan-guaido/.

布，委内瑞拉将于 11 月 21 日举行地方选举，选举全部 23 个州的州长，335 个市的市长，2459 名市议员等。有评论说，拜登政府有可能在 11 月委内瑞拉地方选举之后，不再承认瓜伊多为委合法总统。

尼加拉瓜　美国历届政府对尼加拉瓜桑地诺民族解放阵线奥尔特加左翼政府持敌视态度。2021 年 11 月 7 日，尼加拉瓜将举行大选，现任总统奥尔特加将再次竞选总统。6 月 2 日，尼司法部门以贩毒罪名逮捕反对派主要候选人前总统查摩罗夫人的女儿克里斯蒂娜·查摩罗，6 月 5 日和 8 日，又先后逮捕另外 3 名反对派总统候选人。此举遭到美国、欧盟、拉美一些国家的强烈抗议。6 月 9 日，拜登政府宣布对 4 名尼加拉瓜政府官员进行制裁，其中包括尼第 13 频道主持人、奥尔特加总统的女儿卡米拉·奥尔特加和尼加拉瓜中央银行行长奥维迪奥·雷耶斯等，尼加拉瓜政府对此表示强烈抗议。① 至此，美国政府已对 31 名尼政府要员进行制裁。6 月 17 日，美国国务卿布林肯再次要求尼加拉瓜当局释放反对派总统候选人和其他反对派领导人。

拜登对南美洲国家的政策

巴西　2020 年 10 月 29 日，在拜登与特朗普竞选总统的首次辩论中，拜登曾表示，他将召集各国提供 200 亿美元，捐赠给巴西以保护亚马孙雨林。此外，他还强调，如果巴西不停止破坏热带雨林的政策，那么将会面临严重的"经济后果"。巴西总统对拜登的这一表态表示不满。11 月 11 日，博索纳罗不指名地对拜登发出警告，他表示："我最近听到某个国家的总统候选人说，如果我不扑灭亚马孙雨林的火，他就会提高针对巴西的贸易壁垒。我们该如何应对？外交手段是不够的，当言语不再有效时，必须要有火药。"他接着说："要知道，（亚马孙雨林）是我们的。"

博索纳罗在拜登当选美国总统一个多月后，于 2020 年 12 月 15 日，即在美国选举人团投票结束后的第二天，才向拜登当选美国总统表示祝贺。

---

① https：//mundo. sputniknews. com/20210610/gobierno-nicaraguense-protesta-ante-sanciones-de-eeuu-contra-funcionarios-1113085506. html.

博索纳罗是拉美国家和二十国集团成员方中最后一个祝贺拜登当选的国家首脑。2021 年 1 月 6 日美国发生国会大厦暴乱后，世界各国领导人纷纷谴责特朗普及其支持者，只有博索纳罗依旧对特朗普表示支持。在美国国会最终宣布拜登当选美国总统后，博索纳罗还提出异议。据巴西《圣保罗页报》报道，1 月 7 日，博索纳罗对自己的支持者说："美国有人投了三、四次票，都是用死去的人的身份投票的。"

拜登执政后，拜登政府在气候变化、亚马孙地区环保、人权、印第安人、黑人、妇女等问题上与博索纳罗的看法有分歧，美巴关系出现一定程度上的疏远。但是，巴西仍将是美国对拉美外交的重点，博索纳罗也在设法搞好与拜登政府的关系。2 月 26 日，拜登写信给博索纳罗，呼吁巴西与美国联合应对新冠肺炎和保护亚马孙地区生态。① 6 月 17 日，布林肯打电话给巴西外长，对巴西不久前当选为联合国安理会非常务理事国成员表示祝贺，并表示拜登政府将在亚马孙地区环保、气候变化、航天计划、抗疫等方面与博索纳罗政府加强合作。②

哥伦比亚 2021 年 2 月 10 日，哥伦比亚总统杜克表示，拜登是哥伦比亚计划的制定者之一，拜登是哥伦比亚的朋友和盟友，哥伦比亚与美国有共同的议程。③ 4 月 12 日，美国国家安全委员会拉美事务部高级主任胡安·冈萨雷斯访问哥伦比亚，会见杜克总统、哥外长和国防部长。冈萨雷斯表示，哥伦比亚是美国的战略盟友，在安第斯地区发挥重要作用。④ 5 月 28 日，哥伦比亚副总统兼外长玛尔塔·露西娅·拉米雷斯访问美国，会见美国国务卿布林肯，布林肯表示美国坚决支持哥伦比亚政府为恢复民主、

---

① Joe Biden le pidió a Jair Bolsonaro aunar esfuerzos para enfrentar los desafíos relacionados con la pandemia y el medioambiente - Infobae，https：//www. infobae. com/america/eeuu/2021/03/18/joe-bi-den-le-pidio-a-jair-bolsonaro-aunar-esfuerzos-para-enfrentar-los-desafios-relacionados-con-la-pandemia-y-el-medioambiente/.

② https：//mundo. sputniknews. com/20210617/blinken-conversa-con-canciller-brasileno-sobre-ambiente-espacio-y-covid-19-1113328112. html.

③ https：//mundo. sputniknews. com/america-latina/202102101094382708-duque-reitera-que-co-lombia-y-eeuu-tienen-agenda-comun-que-espera-continuar-con-biden/.

④ EE. UU. reafirma a Colombia como un "aliado estratégico" en la región | Vanguardia. com，ht-tps：//www. vanguardia. com/colombia/ee-uu-reafirma-a-colombia-como-un-aliado-estrategico-en-la-region-YA3626991.

发展经济和抗击新冠肺炎疫情。拜登政府要求国会将给哥伦比亚的援助从 2020 年的 4.12 亿美元增加到 4.52 亿美元。①

阿根廷　2021 年 4 月 8 日，美国南方司令部司令法勒访问阿根廷，会见阿国防部长，美国国防部向阿军方赠送抗疫物资。美国国防部承诺给阿根廷和乌拉圭赠送 2.4 亿美元的抗疫物资。② 4 月 13—14 日，美国国家安全委员会拉美事务部高级主任胡安·冈萨雷斯访问阿根廷，会见阿根廷总统阿尔贝托。表示美国支持阿根廷与国际货币基金组织谈判债务问题，阿尔贝托总统表示他的政府将偿还马克里任内借国际货币基金组织 440 亿美元的贷款。6 月 14—17 日，阿根廷众议长马萨访美，这是迄今为止阿尔贝托政府派出的访问美国的最高级别的官员，此访的主要目的是要加强与美国的关系，争取拜登政府支持阿根廷与国际货币基金组织的债务问题谈判，和争取获取美国更多的疫苗。马萨会见了拜登政府主管拉美事务的冈萨雷斯和朱莉·郑，会见了美国国会众参两院的议员。马萨认为，目前阿美关系开始"新的阶段"，两国关系是"聪明的、成熟的、合作的，有利于整个美洲民主的巩固。"但是，拜登政府对阿尔贝托政府不久前退出"利马集团"和阿政府对待委内瑞拉马杜罗政府和尼加拉瓜奥尔特加政府的立场表示不满。③

乌拉圭　2021 年 4 月 7 日，美国南方司令部司令法勒访问乌拉圭，会见乌国防部长。美国国防部向乌拉圭军方赠送抗疫物质。15 日，冈萨雷斯访问乌拉圭，与总统拉卡列、外长布斯蒂略、内务部部长、国防部长、情报局长会见，谈安全、扫毒等问题。冈萨雷斯称赞乌拉圭是南美洲民主、人权和守法的支柱，对乌拉圭退出南美洲国家联盟、重返泛美防务条约、参加联合国维和部队等表示满意。

6 月 2 日，拜登承诺将在世卫组织幸福疫苗实施计划（COVAX）框架

---

① https：//www.infobae.com/america/colombia/2021/05/28/antony-blinken-recibe-a-la-vicepresidenta-de-colombia-nuestra-asociacion-es-absolutamente-vital/.

② https：//mundo.sputniknews.com/20210407/que-hay-detras-de-la-visita-del-jefe-del-comando-sur-a-uruguay-y-argentina-1110912478.html.

③ https：//www.infobae.com/politica/2021/06/15/massa-y-una-visita-clave-al-departamento-de-estado-para-seguir-construyendo-la-relacion-entre-eeuu-y-argentina/.

内，向拉美 15 国尽快提供 600 万支疫苗。2021 年下半年，第九届美洲国家首脑会议在美国召开（具体时间尚未宣布），届时拜登将宣布其对拉美的总的方针政策。

厄瓜多尔　2021 年 1 月 24—29 日，时任厄瓜多尔总统莫雷诺访美，拜登没有会见莫雷诺，莫雷诺只是会见了美国国家安全理事会拉美事务部高级主任胡安·冈萨雷斯。5 月 24 日，右翼创造机会党人拉索在就任总统演说中特别提到，他的重要议事日程之一是要同美国签署自贸协定。美国派代表团参加了拉索的就职典礼。5 月 25 日，拉索在总统府与美国代表团会谈，美国代表团团长是美国驻联合国大使琳达·托马斯—格林菲尔德等。拉索表示，他的政府将巩固与美国传统的良好关系，美国是厄瓜多尔的第一大贸易伙伴。6 月 15—17 日，厄瓜多尔外贸部副部长丹尼埃尔·雷加达率代表团访美，以促进厄美两国的经贸关系。

拜登政府继续阻挠中拉关系的发展

拜登政府继续阻挠中拉关系的发展。拜登政府继续实施特朗普提出的"美洲增长"倡议，增加美国对拉美国家基础设施等方面的投资，扩展与拉美的贸易，以抵制中国的"一带一路"倡议和阻挠中国在拉美的经济贸易的扩张。智利学者佩德罗·迪亚斯·波兰科认为，拜登拉美政策的目标是抵御中国在拉美的实力，恢复美国在拉美的领导地位。拜登继续奉行"新门罗主义"的政策，阻挠中国、俄罗斯发展与拉美的关系。2021 年 3 月 26 日，拜登与英国首相约翰逊举行电话会晤，拜登向约翰逊提出建议，"民主国家"也需要一个基建计划，与中国的"一带一路"倡议竞争。2021 年 6 月 13 日举行的七国集团首脑会议提出了对抗中国"一带一路"倡议的"重建更好世界"的计划，七国领导人承诺帮助满足发展中国家的基础设施需求，并提出利用私营部门的资金。

拜登政府的高官还大肆攻击中国向拉美一些国家提供疫苗是企图提供"疫苗外交"，扩大在拉美的影响。3 月 24 日，美国国家安全委员会拉美事务部高级主任冈萨雷斯在接受媒体专访时，警告墨西哥要警惕中国和俄罗斯为墨西哥提供疫苗的目的，即所谓的"疫苗外交"，并且说中俄承诺的东西往往会"大打折扣"。墨西哥总统洛佩斯在 3 月 25 日的记者会上说，墨西哥以团结和协作精神与各国保持友好关系，为民众获得了维护健康的疫苗，这些疫苗来自中国、俄罗斯、欧盟和印度，而到 25 日为止，墨西哥却没有从美国得到一剂疫苗。

4 月 13 日，冈萨雷斯在访问阿根廷期间，在记者会上，侮蔑中国政府，指责中国在拉美搞"疫苗外交"和"疫苗从商主义"，企图扩大在拉美的影响；他还表示美国"担心中国在拉美建立 5G 网络"，指责"华为在拉美的扩张与中国的情报部门有关，我们必须表达我们的担心"。① 冈萨雷斯还对中国在阿南部火地岛投资建设物流中心一事表示关切，他担心阿根廷长期以来一直在该地区寻求中国融资，以建立一个可供中国使用的"军事基地"。② 阿根廷总统费尔南德斯在会见冈萨雷斯时明确表示，"阿根廷境内不会建设'外国基地'"。

3 月 24 日，美国南方司令部司令克雷格·法勒在美国一研讨会上以及他 4 月 8 日在访问阿根廷时宣称，中国已经成为在西半球的主要威胁，中国借助疫苗援助等方式，在阿根廷等拉美国家进行放贷和搞基础设施建设；中国正在与南美洲国家进行 44 项交易，他认为，要加强南方司令部的情侦力量和部队人数，要为友邦提供援助。③ 他还提到了中国要在阿根廷建立军事基地一事。针对有关传言，阿根廷国防部发布消息称，"阿根廷与中国、美国、俄罗斯和欧盟都有军事合作政策，但这并不意味着我们放弃战略利益。阿根廷的基地仅供阿根廷海军使用，而不是供其他国家的海军使用"。

值得一提的是，拜登政府仍利用美国控制的美洲国家组织及对美国唯命是从的秘书长阿尔马格罗和美洲开发银行及其行长美国人、前国家安全委员会拉美事务部高级主任毛里西奥·克拉韦尔—卡罗内（Mauricio

---

① https：//www.infobae.com/politica/2021/04/13/en-una-carta-personal-joe-biden-le-pregunto-a-alberto-fernandez-por-su-salud-y-le-ratifico-la-voluntad-de-profundizar-las-relaciones-bilaterales/.

② 《中国在南美建军事基地？美国又犯"妄想症"，赵立坚回应妙语连珠》，网易网，https：//www.163.com/dy/article/G7S929G60550HKO5.html.

③ https：//mundo.sputniknews.com/20210407/que-hay-detras-de-la-visita-del-jefe-del-comando-sur-a-uruguay-y-argentina-1110912478.html.

Claver-Carone）为维护其拉美的霸主地位效劳，进一步干涉拉美事务、加强对拉美的控制，特别是对抗和消除美洲以外国家在该地区的存在与影响。但是，拉美的形势已经发生了很大的变化，美国在拉美称王称霸的时代已经一去不复返了。

总的说来，拜登政府对拉美的政策既有延续，又有变化。应该说，拜登对拉美的方针政策还没有完全成形。拜登对拉美的政策究竟如何发展，尚待进一步观察。

（写于 2021 年 6 月 19 日）

（作者徐世澄，浙江外国语学院特聘教授，中国社会科学院
荣誉学部委员、拉美所研究员）

Continuation and Changes of Biden's Foreign Policy toward Latin America and the Caribbean

Xu Shicheng

Abstract：After Biden became president of the United States on January 20, 2021, the U. S. policy towards Latin America has inherited and changed. The Biden administration's basic policy towards Latin America has not changed, but its specific policies towards some aspects and countries in Latin America have changed. Like Trump, Biden still believes that Latin America is the backyard and reliable ally of the United States, but Latin America is not the focus of US diplomacy. US continues to suppress Latin American left-wing governments and impose sanctions on Venezuela, Cuba etc. ; US Continues to attach importance to developing relations with Mexico; US continue to pursue the Neo-Monroe Doctrine and obstruct the development of China Latin America relations. The difference between Biden and Trump's policies towards Latin America is that Biden puts greater pressure on some Latin American countries on issues such as human rights, democracy, and anti-corruption; Biden is more concerned with Central America, especially with the "Northern Triangle" (Honduras, El Salvador and

Guatemala). On the immigration issue, it emphasizes solving the problem of illegal immigration from the source and embarking on immigration reform; on the Venezuelan issue, military intervention and threat of force are no longer emphasized; and the assistance to some Latin American countries is increased.

　　Key Words: Biden; Policy towards Latin America; Continuation and changes; Northern Triangle; Neo-Monroe Doctrine

拉美政治生态

二十国集团中的拉美国家：
议程、遵约和分歧

摘　要：新兴国家通过多边机制参与全球治理是近几年全球治理最大的特点。但是相对于相对"志同道合"的发达国家俱乐部成员，新兴国家并不是同质性的，建构主义理论认为身份决定国家利益和行为。二十国集团中的拉美成员国——墨西哥、巴西和阿根廷在国际体系互动中具有不同的身份，即墨西哥"正统经济理论的追随者"、巴西"新兴国家的领导者"和阿根廷"全球治理的边缘人"的身份，导致这三个国家在二十国集团全球治理过程中，在议程设置和遵约方面表现出分歧，这是拉美三国在 G20 中缺乏协调性的主要原因，也是拉美地区难以提高其在全球治理中的话语权的主要原因。

关键词：二十国集团；墨西哥；阿根廷；巴西；分歧

新兴国家通过多边机制参与全球治理是近几年全球治理最大的特点。二十国集团（以下简称 G20）成为新兴经济体和发展中国家与发达国家共享全球治理的主要多边平台。但是与相对"志同道合"的发达国家俱乐部成员对比，新兴国家的同质性较低。尽管发展中国家普遍认为，在共同参与的全球治理机制中达成更多共识、形成合力，才能增加边缘国家的权重，抵制中心国家的霸权，从而推动国际金融和经济体系更加包容地发展，但是不同新兴国家在全球体系中有不同的身份和角色，因此表现出不同的行为特征。

大多数学者通常将拉美国家作为一个整体来分析拉美地区在国际事务中的地位。然而，正如温迪拉纳和威廉沃尔特斯（Wendy Larner and William Walters）所述，区域并不是一个必然的地理学概念，而是由致力于区域建设的精英制造出来的"想象的社区"。① 这反映在区域一体化的困境中，也反映在全球性的多边治理机制中。"拉美"只是拉美国家的类属身份——国际关系行为体因地理、资源等自身属性，具有的"天赋的标签"。温特认为，除了类属身份之外，国际关系行为体还有两种身份，即角色身份与集体身份。对于某一国家而言，由于国家间、区域和次区域等层次的互动推动了行为体身份的多样化，它往往同时具备这三种身份。其中，角色身份存在于和他者的关系之中，是在与对方相联系过程中形成的对自我的定义，即"他们只有在社会结构中占据一个位置，并且以符合行为规范的方式与具有反向身份的人互动，才能具有这种身份"。② "区域大国—域内次级国家""中等强国—大国/小国"以及"领导国—追随国"关系模式即为角色身份的典型。根据最初选择 G20 成员国的标准，G20 成员必须是国际体系内的重要国家和主要新兴市场。③ 笼统地看，墨西哥、阿根廷和巴西的角色身份均为区域大国和新兴市场，他们人口众多，国土面积与市场规模都较大，且经济持续增长，在地区与全球事务中的参与度提升。但是在全球经济体系与他国的互动中，墨西哥、巴西和阿根廷形成了不同的角色身份，这种角色身份的差异导致这三个国家并不是作为一个整体加入 G20，在 G20 主导的全球经济金融治理过程表现出议程和遵约行为的差异性。因此，拉美地区参与全球治理出现了多元化的取向。④

本文分析墨西哥、阿根廷和巴西在全球治理中的不同身份，从而解释这三国在 G20 中的议程设置和对峰会共识履约（2008—2017 年）的差异性。本文选取议程和遵约作为研究对象是出于以下原因。首先，G20 机制的非正式性使所有成员都有机会根据自身偏好塑造 G20 议程，因此它们严肃考虑自己提出的问题，如果成员国能够按照自身偏好塑造 G20 议程，全球经济治理改革就可能以符合其偏好的方式推进；反之，如果某个 G20 成员未能按照自身偏好塑造 G20

① Wendy Larner and William Walters, "The Political Rationality of 'New Regionalism': Towards a Genealogy of the Region", *Theory and Society*, 31 (2002), p. 393.
② ［美］温特：《国际政治的社会理论》，秦亚青译，北京大学出版社 2005 年版，第 285 页。
③ *G7 Statement*, http://www.g8.utoronto.ca/summit/1999Koln/g7statement_june18.htm.
④ 王翠文：《拉美国家参与全球治理的历史与现实》，《南开学报》（哲学社会科学版）2012 年第 6 期。

议程，就会失去影响全球经济治理改革的机会。因此，G20 成员都会积极按照自身偏好塑造 G20 议程，[①] 以保证议题反映自己国家的偏好，并期望借助 G20 平台，将其推行成全球共识，以求全球经济治理改革以符合其偏好的方式推进。因此，对墨西哥、阿根廷和巴西在 G20 中的议程设置的分析可以体现出这三国的政策偏好。其次，虽然 G20 峰会形成的公报、声明、宣言和行动计划倡导形成并广泛传播了一系列国际规范，但是这些规范仅发挥引导作用，对 G20 成员并不具有约束效应。这意味着 G20 成员的履约行为不受国际法约束。正因为如此，G20 成员国对共识的自觉履约情况可以说明 G20 成员国对 G20 框架下的全球经济治理的认同程度。加拿大多伦多大学的 G20 研究中心每年出具关于 G20 履约情况的报告，具有较高的权威性，为本文的研究提供了重要文献资料。本文认为，正是墨西哥、阿根廷和巴西在全球治理中的不同身份导致他们在 G20 中的议程设置和对峰会共识的履约行为方面出现较大分歧，从而无法在全球治理舞台上形成合力，难以提高拉美地区在世界的话语权。

一　墨西哥在 G20：正统经济理论的守成者

克里斯托弗·罗伯斯（Christopher B. Roberts）认为，一个国家的集体身份主要建构于一体化进程之中。[②] 与美国、加拿大缔结北美自由贸易协议改变了墨西哥以及墨西哥外交政策的很多理念。[③] 北美自由贸易协定的真正意义在于将墨西哥锁入"私有商业优先"的新自由主义经济改革的机制和承诺之中，使得墨西哥政府无法逆转自萨利纳斯执政时期开始的新自由主义改革进程。[④] 墨西哥加入了"富国俱乐部"——经济合作与发展组

---

① 刘宏松：《新兴大国对 G20 议程的影响——兼论中国在议程塑造中的外交作为》，《国际展望》2014 年第 4 期。

② Christopher B. Roberts, *Asean Rgionalism：Cooperation，Values and Institutionalization*，London：Routledge，2011，pp. 21 - 22.

③ Andrés Ruiz Pérez, "Los Factores Internos de la Política Exterior Mexicana：Los Sexenios De Carlos Salinas Y Vicente Fox"，*Foro Internacional*，2（2011），p. 321.

④ Ilene Grabel, "Cementing Neo-liberalism in the Developing World：Ideational and Institutional Constraints on Policy Space，" in Shahrukh Rafi Khan，Jens Christiansen（eds.），*Towards New Developmentalism，Market as Means rather than Master*，London：Routledge，2010，pp. 100 - 119.

织，体现出其融入发达经济体的诉求。为了展现其自由、开放的市场经济
国家形象，墨西哥致力于出口市场的多元化，与 45 个国家签订了 10 份自
由贸易协定，[①] 成为世界上签订自由贸易协定最多的国家，与全球经济高
度融合。2008 年墨西哥出口占 GDP 27.7%，2017 年上升到 37.65%。2015
年墨西哥对外贸易总额达到 GDP 的 77.1%，远远高于世界平均水平。[②] 根
据联合国贸发组织"全球最具吸引力投资目的地"排行榜，2014—2019
年间，墨西哥每年吸引外国直接投资为 320 亿美元左右，在拉美仅次于英
属维尔京群岛、开曼群岛和巴西。[③] 因此，经济自由主义是近年来墨西哥
在全球经济中的身份特征。正如左品所述，墨西哥反对保护主义和孤立主
义，更愿意保持由美国和西方主导的自由主义主流政治经济秩序和价值观
体系的稳定。[④] 墨西哥在全球治理中的角色身份是正统西方经济理论的守
成者，在此基础上，墨西哥提出"负全球责任的墨西哥"外交原则（un
México con responsabilidad global）[⑤] 致力于南北国家之间的对话和调解，成
为南北国家之间沟通的桥梁。[⑥]

2012 年，墨西哥成为 G20 峰会的主办国。2012 年 6 月 18 日至 19 日，
G20 领导人第七次峰会在墨西哥洛斯卡沃斯举行。2013 年墨西哥组织了第
五届财政部长和央行行长会议，成为第一个一并举办了二十国集团部长级
和领导人级别会议的新兴国家。[⑦]

墨西哥政府在担任 G20 轮值主席国期间提出的议程设置表现出正统、守成
以及南北国家沟通桥梁的特性。在成为 2012 年 G20 轮值主席国前夕，时任墨

① ProMéxico（2017）. "México y sus tratados de libre comercio con otros países". Disponible en http：//www. promexico. gob. mx/comercio/mexico-y-sus-tratadosde-libre-comercio-con-otros-paises. html. Consultado en：06 de marzo de 2017.

② World Bank，https：//datos. bancomundial. org/indicador/NE. EXP. GNFS. ZS？locations = AR.

③ UNCTAD，*World Investment Report 2020*，New York：United Nations Publications，p. 244.

④ 左品：《巴西参与 G20 全球经济治理的角色与行为评析》，《拉丁美洲研究》2015 年第 5 期。

⑤ Plan Nacional de Desarrollo（PND）2013 – 2018，Diario Oficial de la Federación，20 de mayo de 2013.

⑥ Gerardo Bracho y Agustín García-López，"México y el cad de la ocde：una relación en construcción"，*Revista Española de Desarrollo y Cooperación*，28（2011），pp. 74 – 75.

⑦ ［加拿大］约翰·科尔顿：《二十国集团与全球治理》，郭树勇、徐谙律译，上海人民出版社 2015 年版，第 495 页。

西哥总统卡尔德隆在 2011 年 G20 戛纳峰会上提出以下五点建议：一、积极应对当前世界经济危机，尤其是欧债危机；二、通过自由贸易加强国际贸易，反对一切形式的贸易保护主义，改变贸易失衡现象；三、倡导国际金融机构改革，扩大国际货币基金组织的作用和资金来源；四、食品安全；五、积极应对气候问题，建议成立"绿色基金"，倡导可持续发展。在 G20 峰会探讨国际货币基金组织的改革路径问题时，卡尔德隆提出扩大国际货币基金组织"大规模干预金融或货币危机"的能力的建议，并认为国际货币基金组织干预 20 世纪80 年代和90 年代的拉丁美洲金融危机是有效的。[①] 卡尔德隆提及，墨西哥利用国际货币基金组织的 720 亿预防性信贷额度，有效地减轻了 2009 年国际金融危机时国际投资者对墨西哥公共财政状况的怀疑，加强了墨西哥金融体系的稳定性。在 2009 年 4 月的 G20 伦敦峰会中，G20 明确提出了改革国际货币基金组织的议题，其中包括建立"灵活信贷额度（FCL）"取代先前"短期流动性工具（SLF）"等举措，向政策完善、政策执行记录良好以及经济基本面稳健的国家开放贷款申请业务。该峰会后，国际货币基金组织的"灵活信贷额度（FCL）"便给予墨西哥 470 亿美元救援资金，而不带有任何附加条件，用于加强墨西哥的外汇储备管理，墨西哥成为首个与国际货币基金组织签署"灵活信贷额度（FCL）"的国家。[②] 2015 年 11 月，国际货币基金组织将墨"灵活信贷额度（FCL）"提升至 651 亿美元。当时墨外汇储备 1722.4 亿美元，加上"灵活信贷额度（FCL）"的 651 亿美元，墨西哥即拥有 2373.4 亿美元作为抵御金融风险储备资金，[③] 成为国际货币基金组织改革的最大的受益者之一。因此，墨西哥时任总统卡尔德隆曾提议，G20 峰会应该成立一个技术小组，成员为传统的国际金融机制——国际货币基金组织、世界银行、经合组织的代表以及 G20 成员

---

① Mensaje del Presidente Calderón en el marco de actividades de la Cumbre de Líderes del G – 20, Nov. 4, 2011, http://calderon. presidencia. gob. mx/2011/11/mensaje-del-presidente-calderon-en-el-marco-de-actividades-de-la-cumbre-de-lideres-del-g-20/.

② IMF, 2009, "IMF Approves $47 Billion Credit Line for Mexico", IMF Survey Magazine, April 17, http://www. imf. org/external/pubs/ft/survey/so/2009/CAR041709A. htm.

③ 中国商务部：《IMF 批准墨西哥灵活贷款额度至 651 亿美元》，http://www. mofcom. gov. cn/article/i/jyjl/l/201511/20151101195686. shtml.

国中愿意参与的领导人，来研究最急迫的国际经济金融问题。[1] 在 2012 年的墨西哥洛斯卡沃斯峰会中，各方最终达成共识，向国际货币基金组织增资 4500 亿美元。由于墨西哥倡导正统的新自由主义政策，墨西哥政府认为，西方主导的多边金融机构依然应该是当下国际金融治理中的主角。

在履约方面，墨西哥对于 G20 共识的履约程度处于 G20 国家中流水平（见表 1）。墨西哥对 G20 做出的贸易自由化和透明化的承诺方遵约程度较高。在金融机构改革方面，墨西哥完成了 75% 的 G20 做出的国际金融机构改革承诺，排名第三。但是墨西哥对于世界银行的改革承诺并没有遵守。[2] 在促进就业方面，墨西哥的遵约水平也处于中流。墨西哥履行了鼓励私营部门促进包容性经济增长，包括创造就业和吸收劳动力等承诺，但是在确保年轻人接受教育、培训或就业来降低高失业率、投资终身学习计划，为年轻人提供技能，促进流动性和提高就业能力方面，表现平平。[3] 总的来说，墨西哥根据其国内局势对 G20 共识进行选择性遵约，其遵约情况反映出墨西哥国内的优先事项和国家利益。

表 1　　　　　　　　　　墨西哥对于 G20 共识的履约情况

	2008 华盛顿	2009 伦敦	2009 匹兹堡	2010 多伦多	2010 首尔	2011 戛纳	2012 洛斯卡洛斯	2013 圣彼得堡	2014 布里斯班	2015 安塔利亚	2016 杭州	2017 汉堡	2018 布宜诺斯艾利斯	2019 大阪
墨西哥	1	0	0.25	−0.14	0.58	0.67	0.69	0.38	0.47	0.53	0.53	0.65	0.45	0.80
G20 平均	0.67	0.23	0.24	0.28	0.5	0.54	0.57	0.44	0.42	0.55	0.60	0.75	0.57	0.65

数据来源：2019 G20 Osaka Summit Final Compliance Report，http：//www. g20. utoronto. ca/compliance/2019osaka-final/index. html.

---

[1]　Mensaje del Presidente Calderón en el marco de actividades de la Cumbre de Líderes del G – 20，Nov. 4，2011，http：//calderon. presidencia. gob. mx/2011/11/mensaje-del-presidente-calderon-en-el-marco-de-actividades-de-la-cumbre-de-lideres-del-g-20/.

[2]　G20 International Financial Institution Reform Commitments and Compliance，http：//www. g20. utoronto. ca/analysis/170105-ifi-reform-research. html.

[3]　Employment Advances at Antalya's G20 Summit，http：//www. g20. utoronto. ca/analysis/151201-research-labour. html.

二　阿根廷在 G20：全球经济治理的边缘者

阿根廷是 G20 的成员国资格争议最大的国家。G20 成立于 1999 年。时任阿根廷总统梅内姆发展与美国"唇齿相依"的外交政策，听取美国给拉美开的药方——华盛顿共识，以获取世界各国信任，吸引外国投资。正是梅内姆对美国的"顺从"，阿根廷得到了时任美国总统克林顿的支持，阿根廷成为 G20 成员国。然而，2001 年阿根廷金融危机爆发，经历了一系列政治动荡之后，2003 年基什内尔上台，五年后，克里斯蒂娜上台。这两届左翼政府均认为：当今世界发生的危机是系统性危机，是最近十年金融管制过松，全球范围内资本流动过于自由、产业转移、劳动制度过于宽松而导致经济不可持续发展。因此，基什内尔夫妇对于当前西方资本控制的国际金融体系"深恶痛绝"。他们摒弃新自由主义，转向内向型发展，缩减阿根廷经济在全球生产链中的联系。世界各国平均每国签有 14 项自由贸易协议，而阿根廷在 2015 年之前没有与任何国家签署自由贸易协定，直到 2017 年阿根廷与智利签署自由贸易协定，成为阿根廷签订的第一个国家间自由贸易协定。2008 年阿根廷出口额占 GDP 22.1%，2017 年下降到 11.32%，进出口总额占 GDP 25.2%，低于世界平均水平。[①] 阿根廷 2015 年时的平均关税为 13.6%，非关税壁垒进一步限制了贸易流量，其效果类似于关税高达 34%。从 2000 年到 2015 年，流入阿根廷的外国直接投资平均值只占 GDP 的 2%，低于拉美地区水平 3.6%。[②]

因此，虽然 G20 对于成员国的准入并没有统一标准，但是如果按照 GDP、出口、系统金融连接性和法治这四个指标为标准，G20 有四个国家达不到 G20 的准入门槛，其中阿根廷是最不符的。首先，阿根廷在 GDP 上居 G20 末位。在系统金融连接度上，是与国际金融体系紧密度最低的 G20 国家，

---

① World Bank, https://datos.bancomundial.org/indicador/NE. EXP. GNFS. ZS? locations = AR.

② Martha Martínez Licetti, Mariana Iootty, Tanja Goodwin, and José Signoret, *Strengthening Argentina's integration into the global Economy*, *Policy Proposals for Trade*, *Investment*, *and Competition*, World Bank Group.

法治情况则排名倒数第四。[1] 阿根廷经济与全球经济的联系并不紧密。即阿根廷并不能对全球经济造成重大影响。阿根廷 G20 中的影响力不如墨西哥和巴西。[2] Paulo Botta 也认为阿根廷政府对国际事务并不关注，国际事务在政府的工作议程中处于非常边缘的位置。[3] Abeles and Kiper 认为，阿根廷既不属于西方发达国家阵营，又没有加入金砖集团，导致阿根廷在 G20 中的身份定位是孤立的"边缘人"以及"裁判与平衡者"。在多边博弈中，这种身份定位能够使得阿根廷保持"独立"，而无须卷入选边站的斗争中。[4]

关于阿根廷在 G20 中的议程设置，阿根廷在每届 G20 峰会中，提出一致的议程重点——反周期的财政政策、加强金融监管，特别是对避税天堂、国际评级机构、秃鹫基金的监管，然而由于阿根廷"边缘人"的身份，在 G20 内部缺少"政治力量"将这些建议转变成共识，且阿根廷基什内尔和克里斯蒂娜政府经常选择进攻性战略，因此，这些建议只停留在话语层面，阿根廷在 G20 倡导的国际金融体系的改革过程中并没有受益。G20 大力推动国际货币基金组织、世界银行等传统国际经济组织的改革，提高其合法性、可信性和有效性。G20 不仅扩充了国际货币基金组织、世界银行的资金实力，而且推进了它们的份额、治理结构和职能改革，增强了新兴经济体和发展中国家的代表性和发言权。国际货币基金组织分别于 2006 年、2008 年和 2010 年进行了改革，一些新兴国家成功地提高了他们的投票权，特别是中国（+0.88）、韩国（+0.61）、印度（+0.42）、巴西（+0.32）和墨西哥（+0.27）是国际货币基金组织改革的主要受益者，发展中国家的份额从 39.4% 提高到了 42.1%，

① United States Congress，House，Committee on Foreign Affairs，Subcommittee on the Western Hemisphere（2007 - ），*Building Prosperity in Latin America：Investor Confidence in the Rule of Law*，2014/730，Serial No. 113 - 212，p. 7.

② Council on Hemispheric Affairs，The G20 and Latin America：A "Rendezvous With Destiny" or a False Start？，2009，https：//www. coha. org/the-g20-and-latin-america-a-% E2% 80% 9Crendezvous-with-destiny% E2% 80% 9D-or-a-false-start/.

③ Paulo Botta，"El impacto del G20 en la política exterior argentina：hacia una mayor interacción entre decisores y especialistas"，*Pensamiento Propio*，48（2018），p. 38.

④ Abeles，M. y Kiper，E.，*El G20 y el rol de la Argentina*，Buenos Aires：Fundación Friedrich Ebert Stiftung，2010.

然而，阿根廷的份额却从之前的 0.66% 下降到了 0.32%。① 克里斯蒂娜任期内，阿根廷与国际货币基金组织之间的关系处于紧张状态。国际货币基金组织年度报告多次指责阿根廷政府公布的数据失实，特别是通胀数据。2013 年，国际货币基金组织对阿根廷提起审查。克里斯蒂娜任职时期的财政部部长阿克塞尔－基西尔弗（Axel Kicillof）称国际货币基金组织为 "新自由主义政策的邪恶势力"。② 与墨西哥政府在国际货币基金组织的 "灵活信贷额度"（FCL）中受益相反，阿政府反对在 G20 上达成的国际货币基金组织改革方案，认为，虽然国际货币基金组织的 "灵活信贷额度"（FCL）允许成员国在遭受经济危机而本国宏观经济政策无重大失误的情况下，从国际货币基金组织立即取得贷款而几乎不附加任何条件，但是国际货币基金组织董事会制定的选择标准即意味着 "事前条件"，因为只有实施国际货币基金组织自身推行的一系列政策的国家才符合申请的条件。因此，"灵活信贷额度"（FCL）仍带有附加条件，缺乏自主性和灵活性。阿根廷反复提出在分配 "灵活信贷额度"（FCL）时需要界定严格的客观标准，而不是出于主观考虑。③

此外，主权债务问题是 G20 的一大重点议程，也是阿根廷的重点议程。然而，G20 对于主权债务的共识与阿根廷的诉求有较大差距。美国、德国、英国和日本为首的大多数发达国家认为，在主权债务重组过程中，金融体系不存在结构性问题，而是在制定债券发行合同的方式上存在缺陷。主权债务问题应该由更切合的机构，如国际货币基金组织处理。2013 年，G20 圣彼得堡峰会宣言指出，我们欢迎当前国际货币基金组织和世界银行根据近期情况在审议和更新《公共债务管理指南》上所做的工作，支持落实《国际货币基金组织—世界银行低收入国家债务可持续框架》。很明显，该声明并没有达到阿根廷的要求。G20 关注债务可持续性而不是债务的重组过程，它坚持认为国际货币基金组织和世界银行是处理债务问题

① Juan Larralde Hernández, Reformas de Gobierno del FMI en 2008 - 2013, Julio 2014, http://web. isanet. org/Web/Conferences/FLACSO-ISA% 20BuenosAires% 202014/Archive/3733e679-3e27-4ff0-b95c-6fe37c128615. pdf.

② El Economista, "Argentina y su tortuosa relación con el FMI", http://www. eleconomista. es/economia/noticias/9133861/05/18/Argentina-y-su-tortuosa-relacion-con-el-FMI. html.

③ Abeles, M. y Kiper, E. El G20 y el rol de la Argentina. Buenos Aires：Fundación Friedrich Ebert Stiftung, 2010.

的机构，而不是 G20 或新建其他的国际金融机构。此外，G20 圣彼得堡峰
会宣言强调了为低收入国家制定可持续的债务机制的重要性，而阿根廷属
于中等收入国家，并不在该类别之列。

在履约方面，由于 G20 的共识对阿根廷议程的反映程度较低，阿根廷
对 G20 共识的履约程度也较低。反对贸易保护主义是 G20 国家达成的共识
之一。2008 年 11 月的《二十国集团华盛顿峰会宣言》指出"我们的工作
遵循一个共同信念，即市场原则、开放的贸易和投资体制、受到有效监管
的市场"，"反对提高投资、货物及服务贸易新壁垒"。2009 年 4 月《二十
国集团伦敦峰会宣言》中，G20 领导人在重申华盛顿峰会宣言中的反对保
护主义的承诺的同时，进一步承诺"将采取一切力所能及的行动来促进和
推动贸易及投资"。2010 年 6 月《二十国集团多伦多峰会宣言》中，G20
成员将反对保护主义、促进贸易和投资的承诺延长三年。然而，阿根廷加
强了贸易管制，对包括汽车零部件，纺织品，电视机，玩具，鞋子和皮革
制品等 1200 种消费品实行非自动许可证制度，50% 的进口消费品必须遵照
非自动许可证制度（2007 年，这个比例是 11%）①。阿根廷政府还对鱼类
和农业部门实行补贴②。阿根廷加强了对中国和巴西进口的 120 种商品的
管理，实行所谓的"白线"政策（冰箱，厨房灶具和洗衣机）。③

2010 年首尔峰会之后，阿根廷对首尔峰会的履约分为 -0.08，位于 20 个
成员方之末。④ 2012 年洛斯卡沃斯峰会之后，阿根廷的履约分为 0.31，在 G20
集团成员方中排名倒数第 3。巴西（0.56）和墨西哥（0.69）的分数均高于阿
根廷，分别排名第 6 位和第 4 位。⑤ 2013 年圣彼得堡峰会的履约分，阿根廷仅
为 0.06，倒数第一，而巴西和墨西哥分别为 0.31 和 0.38，明显优于阿根廷

① Se controlará la improtación de unos 1200 bienes de consumo. La Nacion. 30 October. 2008. ht-
tp：//www. lanacion. com. ar/nota. asp? nota_ id =1064700&high = mercosur.

② http：//www. g20. utoronto. ca/analysis/2009protectionism0331. pdf.

③ Argentina controla importaciones de Brasil y China por crisis. Los Tiempos. 16 October 2008. ht-
tp：//www. lostiempos. com/noticias/16-10-08/16_ 10_ 08_ ultimas_ eco15. php.

④ G20 Research Group Toronto and International Organisations Research Institute Moscow, 2010 Se-
oul G20 Summit Final Compliance Report, 2011, https：//www. hse. ru/data/2011/11/03/1272334434/
2010seoul-final. pdf.

⑤ http：//www. g20. utoronto. ca/compliance/2012loscabos-final/index. htm.

（见表2）。外汇、价格管制加大使阿投资环境进一步恶化。截至2015年9月，阿根廷作为国际投资仲裁中被诉的投资东道国高达56起，位居G20国家之首，占所有案件的40.5%。① 根据世界经济论坛公布的《2014—2015年度全球竞争力报告》，阿根廷竞争力指数在全球144个国家和地区中位列第104，这显然不符合G20成立之初冠以阿根廷"新兴国家"的标签和身份。

马克里上台之后，试图积极引导阿根廷融入世界经济。他加大开放力度，2018年阿根廷成为G20的轮值主席国。在2016年G20杭州峰会中，马克里政府提出：强调农业作为实现发展目标（粮食安全和就业）的关键作用；加强以WTO为中心的多边贸易体制；促进多哈回合未决问题的谈判进展；确认发展作为实现包容，持续和公平增长的手段的重要性，包括消除一切形式的贫困。② 2018年阿根廷作为G20主席国，将"就业""基础设施建设"以及"粮食安全"列为峰会优先议程。可见，马克里避免了克里斯蒂娜提出的在前几届G20峰会中无法得到其他国家共识、让国际投资机构厌恶的议题。然而，阿根廷作为主席国提出的优先议题难以引起各方尤其是发达国家的关注。③ 阿根廷在国际上的信誉较低，在未来依然会是"全球治理体系中的边缘者"。

表2　　　　　　　　　阿根廷对于G20共识的履约情况

	2008华盛顿	2009伦敦	2009匹兹堡	2010多伦多	2010首尔	2011戛纳	2012洛斯卡洛斯	2013圣彼得堡	2014布里斯班	2015安塔利亚	2016杭州	2017汉堡	2018布宜诺斯艾利斯	2019大阪
阿根廷	0	−0.60	−0.13	0	−0.08	0	0.31	0.06	0.06	0.53	0.63	0.82	0.75	0.88
G20平均	0.67	0.23	0.24	0.28	0.50	0.54	0.57	0.44	0.42	0.55	0.60	0.75	0.57	0.65

数据来源：2019 G20 Osaka Summit Final Compliance Report，http：//www.g20.utoronto.ca/compliance/2019osaka-final/index.html.

① UNCTAD's Investor-State Dispute Settlement (ISDS) database.

② Comunicado del Ministerio de Relaciones Exteriores y Culto - MREC. 1° Cumbre de Líderes del G20 en Hangzhou，China (4-5 Sept.)，https：//www.mrecic.gov.ar/11deg-cumbre-de-lideres-del-g20-enhangzhou-china-4-5-sept.

③ 李计广、郑育礼：《G20转型的困境：拉美视角及对中国的启示》，《拉丁美洲研究》2018年第6期。

三　巴西在 G20：新兴国家的领导者

1999 年至 2002 年卡多佐执政期间，巴西就开始采取进取的多元化外交政策。卡多佐在就职前指出，巴西是世界上数得着的大国，希望今后能实施一种更有进取性的外交政策；巴西应当跻身于世界政治舞台之中，而不应在重大国际决策中被排除在外。[①] 左翼总统卢拉和罗塞夫上台之后，他们继承了卡多佐的外交遗产。在卢拉和罗塞夫任期内，随着多极化趋势的不断发展，巴西希望能够以发展中国家领导的身份参与国际体系的核心决策过程，发挥更大的国际作用。[②] 由于巴西缺乏单独推动全球治理政策的能力，因此它依赖国际机制和结盟来达成自己的目标。[③] 南南合作成为巴西的核心外交政策。卢拉政府加强与第三世界的联系，通过"软平衡（soft balancing）"策略，即在多边组织中采取行动来挑战美国当前的霸权和主导地位。巴西对多边机制的看法经历了由疑惧到倚重的转变。越来越多的巴西精英人士认为，主权不在于提升本国不受外部影响的能力，而是有效参与到各种国际机制的能力。[④] 以新兴国家为特色的 G20 和金砖组织是巴西扩大自身的影响力、展现其"新兴国家的领导者"身份的绝佳平台。

首先，巴西与其他金砖国家一起在宏观经济政策协调、国际金融机构改革、国际货币体系改革、国际金融监管改革、多边贸易体系建设、消除贫困和发展援助等议题上开展了联合塑造 G20 议程的行动。[⑤] 2008 年的 G20 华盛顿峰会上，卢拉总统提出的调整全球金融治理结构方法之一是深化国际货币基金组织和世界银行的第一轮改革，而不是等到之前约定的2013 年的第二轮改革中进行调整。卢拉还提出，必须向新兴国家开放原来封闭的金融论坛。巴西不仅要求加入金融稳定论坛，还要求加入巴塞尔银

---

① 尚德良：《巴西卡多佐政府的内外政策》，载《国际资料信息》1995 年第 6 期。
② 牛海彬：《巴西的大国地位评估》，《拉丁美洲研究》2009 年第 S2 期。
③ Corival Alves do Carmo, "Cristina Soreanu Pecequilo, The Dynamics of Crisis: Brazil, the BRICs and the G‑20", *OIKOS*, 11 (2012), pp. 313 –320.
④ 牛海彬：《巴西的大国地位评估》，《拉丁美洲研究》2009 年第 S2 期。
⑤ 刘宏松：《新兴大国对 G20 议程的影响——兼论中国在议程塑造中的外交作为》，《国际展望》2014 年第 2 期。

行监管委员会。巴西和其他金砖国家均要求在金融稳定论坛获得三个席位：金融、央行和证券委员会，与七国集团成员平起平坐。[1] 这两个要求在 2009 年 4 月的伦敦峰会上实现。巴西与金砖国家其他成员均在金融稳定论坛中获得三个席位，同时巴西进入了巴塞尔银行监管委员会和国际会计准则委员会，成为第一个加入国家会计准则委员会的拉美国家[2]。金砖国家在 G20 中的议程被视为对 G7 成员利益的挑战。例如，在 2014 年 G20 澳大利亚布里斯班峰会期间，金砖国家领导人发表声明，要求 G20 就国际货币基金组织的进一步改革计划进行辩论。总的来说，巴西政府在 G20 峰会上，发出新兴国家领导者的声明，但同时，在国际事务中依然重视与美国等西方大国保持良性互动，通过对话和谈判等实用主义的合作方式推动国际制度发生功能性的调整，以提升自身在全球体系中的权力和利益。

在履约方面，为了提升国际地位，巴西的外交政策从以国家利益至上的物质利益为出发点，逐渐转变成以物质利益与声望/地位复合为出发点。[3] 在国际金融危机爆发后至 2010 年，巴西在卢拉总统的领导下不仅在 G20 全球治理谈判中处于关键地位，并且接受了 G20 会谈中提出的大部分义务，体现了巴西对国际事务的责任感。[4] 因此，巴西对 G20 峰会共识的履约程度较高。加拿大多伦多大学 G20 研究中心编辑的《G20 履约报告》也证实了这一点（见表 3）。

然而，在迪尔玛弹劾之后，巴西在全球和区域政治中都失去了主导地位。[5] 巴西无疑是该地区在全球层面上最重要的参与者。然而，巴西要巩固自己作为领导者的地位，还存在很多困难，其主要原因是巴西的全球政

① ［加拿大］约翰·科尔顿：《二十国集团与全球治理》，郭树勇、徐谙律译，上海人民出版社 2015 年版，第 318 页。

② ［加拿大］约翰·科尔顿：《二十国集团与全球治理》，郭树勇、徐谙律译，上海人民出版社 2015 年版，第 321 页。

③ Mahrukh Doctor, "Brazil's Role in Institutions of Global Economic Governance：The WTO and G20", *Global Society*, 29 (2015), pp. 1 – 15.

④ John Kirton, Brazil's Contribution to G20 and Global Governance, http：//www. g20. utoronto. ca/biblio/kirton-eneri-110518. html.

⑤ Saraiva, M. G., Estancamento e crise da liderança do Brasil no entorno regional, en A. Serbin (Coord.), *¿Fin de ciclo y reconfiguración regional? América Latina y las relaciones entre Cuba y los Estados Unidos*, Buenos Aires：CRIES, 2016, pp. 295 – 310.

治诉求往往与地区内的诉求不相符，得不到地区国家的支持。不少学者对巴西在国际事务中的过度参与进行了批评，认为巴西的行为与其物质层面的身份是不相符的。①

表3　　　　　　　　　巴西对于 G20 共识的履约情况

	2008华盛顿	2009伦敦	2009匹兹堡	2010多伦多	2010首尔	2011戛纳	2012洛斯卡洛斯	2013圣彼得堡	2014布里斯班	2015安塔利亚	2016杭州	2017汉堡	2018布宜诺斯艾利斯	2019大阪
巴西	1.00	0.20	-0.63	0.29	0.42	0.60	0.56	0.31	0.12	0.53	0.58	0.82	0.70	-0.18
G20平均	0.67	0.23	0.24	0.28	0.50	0.54	0.57	0.44	0.42	0.55	0.60	0.75	0.57	0.65

数据来源：2019 G20 Osaka Summit Final Compliance Report，http：//www. g20. utoronto. ca/compliance/2019osaka-final/index. html.

四　结论

阿根廷外交关系理事会曾提出，阿根廷政府没有在 G20 的框架内与墨西哥和巴西进行立场和行为的协调。如果阿根廷与墨西哥和巴西协调，那么一定会比单独提出建议更有政治分量。② 阿根廷大使 Hugo Gobbi，外交服务局局长 Julieta Grande 曾指责墨西哥在 G20 中提出的议程与其他新兴国家在国际经济体系改革议程中的目标和的重大问题并不一致，特别是与阿根廷的诉求有较大差别。③ Rafael Fernandez de Castro 认为，墨西哥和巴西更像是对手，而不是合作伙伴。④ Anna Covarrubias 认为墨西哥甚至在拉美遏制巴西的领导人

① Frischtak, C. (2013). The World under the New G – 4 (and the rest of US). In Think Tank 20：The G – 20 and Central Banks in the New World of Unconventional Monetary Policy. Porzencanski, A. (2015). Brazil's Place in the Global Economy. In Oliver Stuenkel and Matthew M. Taylor (eds.), "Brazil on the Global Stage：Power, Ideas, and the Liberal International Order", Palgrave MacMillan, 2013.

② Consejo Argentino de Relaciones Internacionales (2010). *Argentina en el G20. Oportunidades y desafíos en la construcción de la gobernanza económica global. Informe Final.* Documento de Trabajo 88.

③ Hugo Gobbi, Julieta Grande, Carolina Fernández, El G20 y los resultados de la reunión, Revista Argentina de Economía Internacional, Número 1, Febrero 2013, p. 30.

④ Rafael Fernandez de Castro, "El hermano distante：la percepción mexicana de la política exterior de Lula", in Wilhelm Hofmeister, Francisco Rojas, and Luis Guillermo Solis (eds.), *La percepción de Brasil en el contexto internacional：perspectivas y desafios*, Mexico：FLACSO-Secretaría General/Konrad Adenauer Stiftung, 2007, pp. 39 – 46.

地位。① 其他拉美国家对于拉美三国在 G20 中代表拉美的声音也不乐观。当卡尔德隆向太平洋联盟（墨西哥、哥伦比亚、秘鲁、智利和巴拿马观察员）提出 G20 议程时，哥伦比亚总统桑托斯对墨西哥的作用提出了质疑。他问卡尔德隆："墨西哥能提出哪些建议，让欧洲，美国或日本接受，同时又能真正惠及墨西哥，智利或秘鲁？这是非常困难的。"桑托斯也质疑 G20 会议能够解决拉丁美洲面临的问题，而且由于构成二十国集团的大多数经济体存在各种各样的结构性问题，达成共识十分困难。②

　　G20 机制的形成被认为标志着全球经济治理力量重心的转移，即从发达国家共治转向发达国家与发展中国家共治。墨西哥、巴西和阿根廷通过参与 G20 这个多边治理平台，参与到全球经济金融体系改革的规则制定中。他们根据自身经济政治的特点，选择与世界交往的方式和路径。墨西哥、巴西和阿根廷在 G20 的全球经济金融治理过程中的行为差异是由于其在与国际体系互动中形成了不同的角色。墨西哥无彻底改革现有国际金融秩序的企图，并未如同巴西一样大力推销寻求变革的发展中国家立场。受地缘政治因素影响，墨西哥外交政策的首要任务是处理好对美关系，以"正统的西方经济理论倡导者"的身份吸引发达国家的投资。阿根廷在克里斯蒂娜执政时期转向内向型的发展战略，表现出对国际组织的怀疑，其国内经济和金融政策不符合 G20 达成的共识。阿根廷在 2008—2015 年间成为全球治理中的边缘者。巴西将 G20 作为实现金砖国家全球治理目标的平台，在战略上追求改变国际制度的规则、决策方式和利益分配，以体现南方国家全球地位上升的现实，成为重构世界经济秩序的规则制定者。这些因素导致墨西哥、阿根廷、巴西在 G20 所代表的全球治理平台中无法形成代表拉美大陆在全球经济治理改革中利益与诉求的合力。

（作者陈岚，浙江外国语学院拉丁美洲研究所讲师）

---

① Anna Covarrubias, "Containing Brazil: Mexico's response to the rise of Brazil", *Bulletin of Latin American Research*, 35 (2016), pp. 49 – 63.

② Anticipan fracase reunión del G-20: Descartan consenso por crisis económica. Piden mandatarios que se considere movimiento alterno para activar finanzas".

Latin America in G20: Agenda, Compliance and Divergences

Chen Lan

Abstract: The participation of emerging countries in global governance through multilateral mechanisms is the biggest feature of global governance in recent years. However, compared with the relatively "like-minded" club members of developed countries, emerging countries are not homogeneous. Constructivist theorists believe that identity determines national interests and behavior. The Latin American member states of the G20-Mexico, Brazil and Argentina have different identities during their interaction with the international system: Mexico is follower of orthodox economic theory; Brazil is leader of emerging countries and Argentina is marginal to global governance. The status has led these three countries to show differences in agenda setting and compliance in the process of G20 global governance. This is the main reason why the three Latin American countries lack coordination in the G20. It is also why Latin American region can not improve its discourse in global governance.

Key Words: G20; Mexico; Argentina; Brazil; Differences

委内瑞拉政府在促进金融改革方面的政治作为和不作为 (1989—1994 年)

卡洛斯·弗朗哥·吉尔 (Carlos A. Franco Gil)

陈岚 (译) 李晨光 (校对)

摘　要： 卡洛斯·安德烈斯·佩雷斯 (Carlos Andrés Pérez) 在其第二届总统任期内 (1989—1993 年)，提出经济自由化的改革计划。该计划旨在促进生产性、竞争性和贸易开放性经济，从而逐步废除委内瑞拉自 20 世纪 20 年代随着石油开采而开始实施、到 20 世纪 70 年代达到鼎盛时期后得到巩固的石油食利经济模式。该改革计划中的一个具体要点是修改金融工具和法律，使委内瑞拉银行系统为经济模式的变化做好准备。然而，金融制度改革在委内瑞拉国会内部的讨论中被推迟了三年多，这显示了在国家职能范围内立法机构不作为的情况。这是由于当时国家权力精英维持自身的政治和经济利益导致的：这些精英人士认为经济改革方案影响了他们凭借石油食利制度而获得的巨大利润。金融改革的延迟批准导致 1990 年至1993 年委内瑞拉银行业放松管制，出现大量系统内不规范的做法，导致 1994 年爆发重大金融危机。这场危机导致委内瑞拉最大的银行倒闭，是委内瑞拉代议制民主在 20 世纪 90 年代末崩溃的一个关键标志。

关键词： 委内瑞拉政治体系；代议制民主；金融危机；政府不作为

引　言

国家作为社会的组织和政治调节实体，由众多机构组成，承担一系列任务，并要求其采取行动以保障自身性质。在此基础上，国家的一系列基本任务被分解，并由公职人员执行。其中，国家的立法责任是通过立法深化法律框架建设，从而使国家能够根据管理层的利益和想法，指导国家的发展规划。因此，在一定程度上，国家行为被视为一项体现在宪法公约中的法律义务。例如，国家选举委员会在法律上致力于组织公职选举活动，这是《委内瑞拉玻利瓦尔共和国宪法》中规定的义务，为此，必须为这些基本活动的实施采取一系列行动。不履行、部分履行或变化履行这些义务都属于不作为的情况。委内瑞拉律师汉斯·亨宁·冯·奥尔斯滕（Hans Henning Von del Or-sten）认为，可以将国家的不作为定义为：国家任何公共权力机关以不同的形式不遵守基本原则和具体法律条款的情况。[①] 如今，对不遵守相应法律框架内已有的义务的行为有各种特定的表达方式，如失职、渎职、不作为、不执行或拖延。所有这些都是国家不作为现象的形式。

基于上述简单概述的理论框架，本文围绕经济结构调整计划，探讨委内瑞拉政府的作为与不作为。这一经济结构调整计划是卡洛斯·安德烈斯·佩雷斯（Carlos Andrés Pérez）在其第二届总统任期（1989—1993 年）内提出的，旨在推进国家的经济开放进程，寻求政府财政收入来源多样化，并通过一系列的目标，增加国际储备，提高其私营经济部门的竞争力。

本文重点关注经济调整计划的战略方针之一——金融改革，包括调整金融领域的相关法律以改善金融监管机制，使银行体系现代化，并使委内瑞拉经济部门适应市场开放的节奏。这项改革既是国际货币基金组织提出的建议之一，也是委内瑞拉行政部门向共和国国会提交的计划中的关键点。然而，在1992 年政治动荡时期，金融改革法案在立法机构的辩论中被推迟批准。由于没有颁布相关法律，出现一系列不合规的金融活动，促成委内瑞拉主要商业银行收支失衡，导致1994 年1 月至1995 年年中爆发银行危机。在这种情况下，国家实施了一系列紧急法令和法律来应对这一金融灾难，受到了公众和专业人士的批评。

本文将从史学分析的角度来研究这些事件，简要分析委内瑞拉政府在

---

① Hans- Henning von der Osten Rivas, *Inacción del Estado*, Caracas: Centro de Estudios de Postgra-do-Facultad de Ciencias Políticas y Jurídicas UCV, 2013, p. 224.

金融改革期间的作为和不作为，及其在 1994—1995 年银行危机中的影响。同时，分析上述事件中不同权力集团的利益，以及开放银行业的法案与委内瑞拉经济立法的保护主义传统之间的矛盾。

一　金融改革法案之前的委内瑞拉银行体系及金融立法

20 世纪 80 年代委内瑞拉金融法律框架的基本特征是：维持了 1974 年《中央银行法》所设立的委内瑞拉中央银行的官僚结构（尽管 1987 年批准了对该法律的改革）；自 1983 年以来，随着外汇管理制度的建立，政府增大对金融的管控力度以规范税务方面的相关事宜；建立旨在满足金融行业需求的特设机构，特别是 1983 年建立的存款担保基金（FO-GADE）。这些因素加剧了国家对银行业的干预程度，委内瑞拉银行业和经济活动的活跃参与者，如莱奥波尔多·迪亚斯·布鲁苏尔（Leopoldo Diaz Bruzual）和银行家奥斯卡·加西亚·门多萨（Oscar Garcia Mendoza）对此提出了严厉批评。① 奥斯卡·加西亚·门多萨是委内瑞拉德斯坤多银行（Banco Descuento）的总裁，该银行是委内瑞拉最古老的银行之一。他提出了一个重要问题：1958 年成立的银行监管局（SUDEBAN）根本没有起到监管作用。但是，这个问题直到 1994 年银行危机爆发才在相关的公开辩论中被提及。

1989 年之前有两项主要的法律规定，一项是于 1987 年 8 月 21 日根据第 3998 号政府公报颁布的《委内瑞拉中央银行法》，另一项是于 1988 年 2 月 3 日国会颁布的《银行和其他金融机构一般法》。这两个法律机制延续了之前的立法构想，即委内瑞拉政府对中央银行的过度干预。这是导致中央银行自主权被破坏的一个因素，也让政府干预货币发行成为可能。至于对银行体系的影响，上述法律规定不允许建立全能银行，以此来限制金融机构的增长能力，因此委内瑞拉各大银行按特定活动进行划

---

① Oscar García Mendoza, *Crónica involuntaria una crisis inconclusa*, Caracas：Planeta, 1996, p. 53.

分，主要有商业银行、抵押贷款银行、房地产银行等。因此，该举措刺激了金融公司的出现，这些公司整合各种金融业务，比如拉美联盟金融集团（Latino y Unión）。

与此同时，随着1988年《银行和其他金融机构一般法》的出台，外国机构不能直接进入委内瑞拉开展业务，这使得委内瑞拉国内银行系统受到保护，不受外国竞争的影响。同时，该法也限定了委内瑞拉银行部门的能力，从而对金融系统产生了负面影响，因为委内瑞拉的大量资本没有存在委内瑞拉，而是存入了美国银行。简而言之，这些立法强化了保护主义。这与卡洛斯·安德烈斯·佩雷斯（Carlos Andrés Pérez）于1989年第二任总统任期之初提出的总体改革计划背道而驰。为了实现委内瑞拉经济开放计划，佩雷斯总统认为，必须对银行部门的金融立法进行全面且深刻的改革。

二　卡洛斯·安德烈斯·佩雷斯第二届任期期间的金融改革

卡洛斯·安德烈斯·佩雷斯在1988年当选为委内瑞拉总统后，委内瑞拉的代议制民主制度有了一系列值得关注的变化。佩雷斯在1961年宪法规定的范围内成为历史上第一位两次当选的民选总统。该党的内部选举对佩雷斯的当选至关重要。由于该党工会的支持，佩雷斯获得了民主行动党的候选人资格，而该党领导部门和即将离任的总统海梅·卢辛奇（Jaime Lusinchi）则倾向于参议员奥克塔维奥·莱佩奇（Octavio Lepage）能够当选候选人。这使得民主行动党内部发生分裂，并引发对佩雷斯在20世纪80年代的国际立场的担忧。佩雷斯曾担任"社会主义国际"的副主席，他在这段政治生涯中萌生改革主义思想，即对新自由主义持批评立场，但他认同自由化和经济多样化的必要性。然而，这种紧张局势在两位准候选人在《国家报》发表支持民主行动党选举委员会的声明后得到缓和发布的结果。[1]

---

[1]　"Entrevista a Octavio Lepage（Senador de la República）", *El Nacional*（entrevistador Imperio Rodríguez）, Caracas: 11 de octubre de 1987, p. 02.

1987 年 10 月 11 日，佩雷斯当选民主行动党的总统候选人，并在该党的支持下发起了总统竞选运动，以他在第一届总统任期（1974—1979 年）内取得的成就为导向，进行媒体宣传。委内瑞拉人民普遍认为 1974—1979 年是委内瑞拉经济繁荣和增长的时期，也被称为"伟大的委内瑞拉时代"（*La Gran Venezuela*）。佩雷斯强调自己的个人魅力、经验以及他的第一个任期的成功，特别强调实现了铁矿和石油的国有化以及建立了"Gran Mariscal de Ayacucho"奖学金计划。他设法引导选民忘记伟大的委内瑞拉时代"的失败之处，唤醒选民对未来财富的巨大期望。[1]

这种宣传策略避免了公开进行关于经济改革的辩论。[2] 尽管民主行动党受到了反对党的指责，海梅·卢辛奇（Jaime Lusinchi）政府的表现受到广泛批评，因为在其任期内该党事故频发，但佩雷斯仍以 52.89% 的支持率（3868843 票）赢得了 1988 年 12 月 4 日的选举，击败了基督教社会党（40.40% 支持率，2955061 票）的爱德华多·费尔南德斯（Eduardo Fernandez）。

尽管佩雷斯在竞选活动中，并未对经济问题进行深入探讨，但在 1989 年 2 月 2 日的第二次就任总统的就职演说中，佩雷斯阐述了制定新的国家宏观经济政策的必要性。他指出：

> 三十年的民主制度给委内瑞拉人民带来了物质和精神的进步。但与此同时，人民也产生了新的需求和期望。这就是为什么 1989 年将是改革的一年，是多年改革以及体系深化与开放的第一年……更高的工作效率和投入生产率，更全面的监管和更好的投资。1989 年将是我们必须检验我们在体系努力方面的能力的一年。任何人都不应该指望在不承担义务的情况下不劳而获。国家必须摆脱无谓的负担。[3]

① Heinz R. Sonntag, "Venezuela: la vuelta de Carlos Andrés Pérez", *Nueva Sociedad*, Nro. 99 (1989), p. 21.

② "Entrevista a Arnaldo José Gabaldo (Diputado de la República 1984 – 1994)", *CAP 2 Intentos (Película de Carlos Oteyza)*, Caracas: Siboney Films, 2016, min. 46: 00.

③ Carlos Andrés Pérez, "*Toma de Posesión*" en Manos a la obra: *textos de mensajes, discursos y declaraciones del Presidente de la República*. Caracas, Oficina Central de Información, Tomo I, Volumen I, 1989, p. 11.

　　这份声明指明了委内瑞拉的整体改革方案，涉及政治、社会和经济等主要领域。本文把重点放在经济领域，然而这不会完全避开政治，因为经济领域深受委内瑞拉权力部门行为的制约。

　　改革法案是在任命内阁的过程中形成的。其中无党派官员在经济部门身居要职。当然，佩雷斯总统试图在这个新的内阁中建立平衡，包括任命与民主行动党往来密切的人物，例如任命亚历杭德罗·伊萨吉雷（Alejandro Izaguirre）为内政部部长，任命恩里克·特耶拉·巴黎（Enrique Tejera Paris）为外交部部长以及任命雷纳尔多·菲格雷多（Reinaldo Figueredo）为总统府部长。第34150号政府公报关于新任部长及其就职岗位安排如下：经济领域方面，伊格莱·伊图尔贝·德·布兰科（Egleé Iturbe de Blanco）担任财政部部长，莫伊斯·奈姆（Moises Naim）负责发展部，米格尔·罗德里格斯（Miguel Rodríguez）担任中央协调和规划办公室部长，爱德华多·昆特罗（Eduardo Quintero）担任投资基金部部长。根据1987年的委内瑞拉中央银行法，还任命了其他重要的金融和经济职位，其中包括加布里埃拉·弗布雷斯·科尔德罗（Gabriela Febres Cordero）任外贸办公室主任，佩德罗－蒂诺科（Pedro Tinoco）任委内瑞拉中央银行行长，伊图尔贝·德·布兰科（Iturbe de Blanco）、奈姆（Naim）和罗德里格斯（Rodríguez）任委内瑞拉中央银行董事会成员。

　　1989年2月中旬，佩雷斯公开宣布了经济结构调整计划。该计划包括一系列目标。为激活生产机制，并修正扭曲的宏观经济，他提出了七条战略路线：

　　1. 新的货币政策：创造控制剩余货币供应量的新工具。

　　2. 新的价格政策：通过该机制来调整公共服务费率，在公共服务中有很大一部分行业给委内瑞拉造成投资损失，这一点在燃油价格上涨带来社会影响上体现得淋漓尽致。

　　3. 对外贸易政策：包括建立一个统一和自由的新汇率计划，通过贸易政策实现经济开放。

　　4. 外债：以重新谈判外债为基础，为国家获得有利的支付条件。同时获取世界银行和国际货币基金组织的融资。

5. 国有企业的重组和私有化：目的是减少国家资本的比重，对国家不能进行有效投资的国有企业进行私有化。

6. 社会补偿：取消国家对消费品和公共服务的间接补贴，对最脆弱的社会部门进行直接补贴。其中最重要的一项是校餐计划。

7. 金融和财政体系改革：改革与国有银行有关的法律，使金融部门适应开放的经济，限制国家对中央银行的干预。同时，加强财政纪律以减少赤字（据委内瑞拉中央银行的一份报告显示，1988 年的财政赤字约为 −7.4%）。

本文重点关注与金融改革相关措施的实施过程。在金融改革过程中，一些指标需要符合作为债权人的多边机构，如国际货币基金组织和世界银行的标准。这类改革必须在国会中讨论。因此，作为改革的推动者，行政部门必须建立对话的桥梁，平衡议会中各方的利益以及委内瑞拉金融部门所代表的利益，以便在国会中达成共识。佩雷斯总统必须确保他自己的政党——民主行动党人完全服从他的政策，由于民主行动党并不是国会中的多数党，佩雷斯还必须获得社会基督教党（COPEI）的支持，才能拥有必要的议会支持基础，尽快实施经济改革。[①] 然而，在佩雷斯在第二届政府中，权力集团无法达成共识。在首批措施实施过程中，社会各界的批评也不断涌来。[②] 缺乏共识对 20 世纪 90 年代初委内瑞拉的金融改革造成了重大影响。

---

　　① José Luis Silva Luongo, *De Herrera Campins a Chávez*, Caracas：Editorial Alfa, 2007, p. 247.

　　② 由于民众拒绝佩雷斯提出的经济改革计划，1989 年 2 月 27 日爆发了社会抗议事件，即敲锅打铁事件（Caracazo）。Arturo Uslar Pietri 博士发动名人；联名上书，持不同政见的军人也联名上书，这些材料汇编在 1992 年 15 日的《政治杂志》（*Revista Politea*）上。Domingo F. Maza Zavala 博士发表了一系列关于结构调整计划失衡的文章，他在著作《经济危机与政治》（*Crisis y política económica*）（1996 年）中汇编了他的研究。Malavé Mata 博士在《大转折的经济还原论》（*El reduccionismo económico del Gran Viraje*）中也提出了对结构调整计划的批评。国家经济科学院和国家经济委员会也提出了批评，见 Rafael Crazut, *Banco Central de Venezuela：Notas para su estudio y evolución en sus 70 años de actividades*, Caracas：Banco Central de Venezuela, 2010, pp. 450–451.

三 促进开放经济的立法改革

金融改革法案是在经济学家和银行家于20世纪80年代提出的方案基础上推进的。这些方案主要集中于银行部门的现代化，目的是促进银行金融活动的普惠化以及改进现有的监管机制。一些专家还提出向外资开放的必要性，认为这将刺激国内经济的竞争和增长，从而使金融领域更加健康。经济学家卡洛斯·斯塔克（Carlos Stark）和里卡多·豪斯曼（Ricardo Haussman）在1988年指出了金融现代化的必要性，并提出了以下观点[①]：

1. 可以带来较高的投资储蓄水平，意味着更高效的国内资源调动和配置。
2. 可以提高市场透明度，会带来更好的风险管理。
3. 可以根据既定经济政策要求的目标，对金融市场进行更有效的监管。
4. 可以通过发展资本市场，深化公司管理和所有权之间的联系。
5. 可以根据国家金融资产的情况，鼓励私人资本的重组。

如上因素表明了人们对金融转型的期望。在此之前，国家对银行业进行了高度干预。委内瑞拉银行业基础是自20世纪70年代中期以来形成的保护主义传统，这与佩雷斯1989年提出的经济结构调整计划内容相违背，因此，金融部门改革被视为"大转折（Gran Viraje）"。

为此，行政部门任命了一个由国家主要机构负责人组成的工作小组，其中包括财政部、中央银行和银行监管局，来负责金融部门的改革。为促进实施上述改革法案，政府提出了两大方案：先与多边组织（世界银行、国际货币基金组织和美洲开发银行）建立直接且持续的联系；再建立一个研究调查机构，制定相关法律，提请行政部门批准。

---

① Ricardo Haussman y Carlos Stark, "Algunas consideraciones para la modernización del sistema financiero venezolano", *Revista del Banco Central de Venezuela*, Año II, No. 3, 1987, pp. 173 – 174.

因此，政府设立了一系列新机构，负责落实不同的事项，并在佩德罗·蒂诺科的指导下，由委内瑞拉中央银行负责对推广改革的活动提供技术和后勤支持。金融改革协调办公室于 1990 年成立，这是开展主要经济和技术工作的场所。同年，改革高等委员会成立，该委员会由财政部部长、中央银行行长、银监局局长和改革协调办公室主任组成，该部门主要研究金融部门的改革与国家政治动态之间的关系。必须指出的是，政府设计了一系列方案，以确保金融改革在高学术和技术标准下开展，同时与银行和金融界相关的各个部门，包括银行、储蓄和贷款、资本市场、保险、工业信贷和农业信贷部门进行积极交流。行政部门试图与活跃在银行业的各个行为体建立共识。

金融改革协调办公室开展了一系列的研究，初步厘清了银行系统的运行情况，并由此明确了金融改革的目标。其中最主要的是以下几点：一、建立一个更加精确和透明的框架，帮助金融业务朝好的方面发展；二、在银行监管与金融解放和自由之间实现合理的平衡；三、降低金融中介的成本，使金融体系更好地适应经济、法律和技术环境；四、为储蓄者、投资者和整个社会带来更大收益。[1] 技术专家还提出，改革应该分阶段进行，以便按照结构调整计划所设定的时间表以及权力斗争的动态，来开展工作。以上是对现行法律文书的初步审查阶段，第二阶段是在此基础上制定改革法案，第三阶段是国会批准的新法律框架。然而，第三阶段的实施面临着一个主要问题——新法律迟迟没得到国会批准。

在制定改革法案阶段，国际机构建议为与改革相关的法律提供支持。基于佩雷斯政府于 1989 年与国际货币基金组织签署的意向书，国际货币基金组织、世界银行和美洲开发银行就委内瑞拉结构性调整计划达成合作协议，并提供援助。1989 年 10 月 23 日，世界银行向委内瑞拉中央银行提供了一份关于委内瑞拉银行体系总体情况的《金融改革蓝图》，该研究报告提出通过再注资、合并或清算等方式解决几家私人银行的问题。世界银行提供了 3 亿美元的贷款，用于银行存款担保基金（FOGADE）的资本重组，

---

① Rafael Crazut, Banco Central de Venezuela: *Notas para su estudio y evolución en sus 70 años de actividades*, Caracas: Banco Central de Venezuela, 2010, pp. 456 –457.

以使金融活动正常化。其中，700 万美元为技术援助，旨在加强该国的金融监管机构和对私人金融机构状况的融资研究。然而令人费解的是，委内瑞拉国会拒绝了这部分贷款，相应的资金也从未拨付。①

尽管未能在与多边组织商定的期限内制定改革法案，但委内瑞拉行政部门依然做出一系列行为，以促进经济改革计划的制定。构建与开放性和竞争性经济相适配的法律法规是佩雷斯第二届任期执政计划的一大任务。1991 年上半年，金融体系改革领域的《委内瑞拉中央银行组织法草案》《银行与其他金融机构一般法草案》《银行与其他金融机构监管法草案》《存款担保基金与银行保护法草案》《国家储蓄与贷款制度法草案》《工业信贷基金法草案》《农牧业信贷法草案》和《公共信贷组织法部分改革法草案》八项草案提交国会。

四　法律草案久未通过的政治因素

法案草案交付于国会后，出现了两个重要的问题，体现出立法部门的作为和不作为。首先，国会决定先讨论《委内瑞拉中央银行法》和《银行与其他金融机构一般法》，因为后者实际上是其余六部草案的内容的融合。另一个问题是立法部门不作为，也就是上述两项法律迟迟得不到国会的通过。1992 年 12 月 4 日，经过长达一年半的国会审议，《委内瑞拉中央银行法》才正式生效；1994 年 1 月 1 日《银行与其他金融机构一般法》通过，又经过了两年半的缓慢审议时间。

1992 年对于委内瑞拉政坛来说，是复杂的一年。那年发生了两次政变（分别发生于 1992 年 2 月 4 日和 11 月 27 日）。同年，总统顾问委员会成立，委员会第一任主席就与反对党进行了关于行政决策的激烈讨论。然而，自 1991 年年中起，改革法案就已经提交国会审议。此外，在政府制定的经济开放政策中，政府没有考虑到在放松管制的情况下，金融系统的管理模式可能会出现问题。国家没有足够的经验来及时调整金融部门立法和

---

① Ruth de Krivoy, Colapso：*La crisis bancaria venezolana de 1994*, Caracas：IESA, 2002, p. 48.

监管，以适应新形势。①

放松管制造成宏观经济失控。银行为吸引更多客户，比拼存款利率的高低。这不仅被专家和银行家指责为不道德且不切实际的做法，同时在实践层面也对银行的资本流通造成消极影响。银行能实施这些不道德又不切实际措施的根本原因是在开放的经济环境下缺少必要的监管机制。委内瑞拉银监局缺少基础设施且运营范围十分有限，银监局的大部分预算是由被监管的银行提供。解决这样的结构性缺陷就必须对金融体系的立法进行改革。

应再次强调改革的复杂性，金融改革需要得到经济和政治部门同时亮绿灯，因为金融改革会打破保护主义传统，使金融和银行面临更激烈的竞争。银行被迫与新到来的外资银行共享市场。资本流动的自由化是一把双刃剑，资金可以流入该国，但也可能更容易地流出。实体经济将受到强烈冲击。② 根据委内瑞拉中央银行 1992 年至 1994 年行长露丝·德·克里沃伊（Ruth de Krivoy）的观点，委内瑞拉的银行还没有能力应对外资的流入，更不用说应对来自国外银行的竞争。不过，改革势在必行，不可拖延。对此，克里沃伊提出以下假设：不应该先建立更加健康的金融体系再进行全面经济改革，而是应该先进行全面的经济改革，而无须等待银行体系改革的落实。因为改革刻不容缓，过多的等待会丧失它的效性。这样的解释本质上就是想让银行在新的自由化经济环境内开展业务，让各个银行自行采取措施较于整体解决银行体系的问题更容易。③

为了加快改革法案的批准，行政部门在批准进程上做了改进，但是法律迟迟不能通过的根本问题在于国会，这一点已经有很多学者进行了解释。比如，安第斯大学经济学家何塞·阿伊斯塔兰（José Ayestaran），拉蒙·佩拉齐（Ramón Perazzi）和吉安帕奥罗·奥兰多尼（Giampaolo Or-

① Morela Arocha y Edgar Rojas, *La crisis bancaria en Venezuela: antecedentes, desarrollo e implicaciones*, Caracas: Banco Central de Venezuela-Departamento de análisis económico, 1995, p. 20.

② Ruth de Krivoy, Colapso: *La crisis bancaria venezolana de 1994*, Caracas: IESA, 2002, p. 48.

③ Ruth de Krivoy, Colapso: *La crisis bancaria venezolana de 1994*, Caracas: IESA, 2002, pp. 49 – 50.

landoni）① 深入研究了国会对颁布法律框架的不作为问题。他们认为金融改革迟迟没有实现的原因在于，国会没有把它作为首要任务，以及银行对国会活动的干涉。一方面，正如上文所述，国会的大部分席位不是民主行动党的；另一方面，因为国会采取了种种措施削减了该党的利益，民主行动党与总统的联系正在减弱。1987 年，民主行动党支持了佩雷斯的总统竞选，但民主行动党对政府和其结构调整计划的支持不会一成不变。此外，上述经济学家还指出了银行业对国会政治产生的影响，罗马诺·苏布兰尼（Romano Suprani）称这样的现象为"银行游说"（lobby bancario）。银行家奥斯卡·加西亚·门多萨（Oscar Garcia Mendoza，1983 年至 2014 年委内瑞拉银行行长）不仅指出了"银行游说"的影响，并且认为这种现象的实施主体为金融体系协调委员会。银行害怕竞争，反对开放，但是金融体系协调委员会完全由现在被干预或即将消失的银行组成，他们默默而有效地行动，拖延对银行业现代化至关重要的法律的批准。② 金融体系协调委员会由委内瑞拉银行协会（于 1959 年成立）成立，作为委内瑞拉中央银行改革委员会和国家私人金融部门间的对话桥梁。门多萨还提出了一些重要的观点，如促进外国资本流入本国银行业可以改善银行业环境，以及必须调整银行监管体制。门多萨的这些观点在新的《银行与其他金融机构一般法》中都有所体现。③

　　上述种种迹象造成了重大的政治问题：一方面，行政部门清楚了解银行体系的真实情况，以及金融改革与这些组织之间的矛盾，但是依然决定在银行没有做好应对自由化准备的情况下，直接进行部分结构调整计划；另一方面，实行复杂的金融立法改革以使银行体系适应自由化环境的目标短期内无法实现，所以政府允许金融部门自行采取措施，巩固自身业务。佩雷斯政府为了继续实行"大转折"，在清楚了解各个银行的问题的情况

---

① José Ayestaran, y J. Ramón Perazzi, y Giampaolo Orlandini, "Crisis y Poder: el caso del sistema financiero", *Revista Economía FACES ULA*, numero 11 (1996), p. 15.

② Oscar García Mendoza, *Crónica involuntaria una crisis inconclusa*, Caracas: Planeta, 1996, p. 117.

③ Oscar García Mendoza, *Crónica involuntaria una crisis inconclusa*, Caracas: Planeta, 1996, p. 178.

下，却任由它们自行发展，忽视监管，即上文提到的政府不作为。

1993 年 1 月在为新法案征集意见时，就有迹象表明某些银行业务呈指数增长。以拉美银行（Banco Latino）为例，在放松管制的大背景下，它开始出台各种业务吸引客户，实现了业务的飞速增长。随着 1992 年《委内瑞拉中央银行法》的颁布，国家对银行重新实施干预政策。最突出的一项政策是银行准备金率上升到80%，这大大降低了银行使用资金的能力，成为 1994 年金融危机发展的前因之一。部分银行利用离岸公司，将银行存款人的资产存入国外分行，降低了银行在国内的准备金，但是在海外的资产得不到银行存款担保基金（FOGADE）的保护。这种行为出现是因为《委内瑞拉中央银行法》的延迟批准，银行业务缺乏法律监管。

1993 年 8 月 23 日第 35.280 号政府公报终于公布了金融改革法案。而提出经济结构调整计划的佩雷斯总统已经在 1993 年 5 月 21 日被解职，金融改革法案是由 1993 年 6 月 5 日被任命为新总统的拉蒙·委拉斯开兹带领的过渡政府通过的。此后，《银行与其他金融机构一般法》于 1993 年 11 月批准通过，自 1994 年 1 月 1 日起生效，也已经是委内瑞拉提出经济开放和自由化政策之后的第四个年头。[①]

从几位专家以及一些亲身见证者的分析中，我们可以清楚地看到 1989 年至 1993 年国家金融体系的法律改革被延迟批准所呈现的政治复杂性，我们可以将其定性为委内瑞拉立法机构的不作为。由此产生的直接经济后果就是 1994 年金融危机的爆发。经济学家阿曼多·莱昂·罗哈斯（Armando León Rojas）认为，1994 年委内瑞拉金融危机的起源可以概括为以下几点：第一，政府通过财政援助、间接补贴和税收减免等手段提供的高度保护政策促使危机爆发前银行业的加速扩张；第二，实体经济部门的增长率大幅降低；第三，1990 年启动的金融改革的颁布推迟；第四，银行监管放松，以及因金融改革审批延迟衍生出的各种因素。[②]

1994 年，委内瑞拉爆发金融危机。拉丁银行（Banco Latino）被清算，

---

① Morela Arocha y Edgar Rojas, *La crisis bancaria en Venezuela: antecedentes, desarrollo e implicaciones*, Caracas: Banco Central de Venezuela-Departamento de análisis económico, 1995, pp. 27 – 28

② Armando León Rojas, *La aventura del pensar: hemerografía de D. F. Maza Zavala 1946 – 1998*, Caracas: Banco Central de Venezuela, 2002, p. 319.

鉴于拉丁银行是委内瑞拉第二大商业银行，对于委内瑞拉整个银行系统至关重要，政府采取了闭门干预、接管银行的决定，并对前董事和经理发出逮捕令。这一决定是由银行监管局做出的，该机构正是根据新的银行法设立，由财政部部长、委内瑞拉中央银行行长、银行监管局局长和银行存款担保基金（FOGADE）主席组成。此举遭到委内瑞拉社会的批评，他们认为接管拉丁银行是一个政治行为，正如拉斐尔·卡尔德拉总统的反对者所述："关闭拉丁银行如此规模的银行的举措是疯狂的。政府应保持开放，采取政府认为明智的干预措施，也就是说，可以进行任何审判，但应该继续开放银行。"① 事实上，直到今天我们也没有证据证明关闭拉丁银行是一项政治举措。这说明委内瑞拉政府在处理危机时缺乏经验，政府的政策引起社会的不信任，造成的直接社会影响和经济影响无疑是非常负面的。

1994 年金融危机导致银行倒闭潮的爆发，一直持续到 1995 年第一季度，安第斯银行（Banco Andino Empresarial）和企业银行（Bnco Empresarial）最终倒闭。在金融危机爆发之后，国家行政权力部门和国会"亡羊补牢"：一方面，让银行存款担保基金（FOGADE）和国库共同出资 1.4 万亿玻利瓦尔币，在整个经济衰退期间实施财政援助政策；另一方面，在法律层面上，拉斐尔·卡尔德拉总统（1994—1999 年）上台之后，迅速得到了国会的支持，立即颁布了两部特别法律，即 1994 年 3 月的《保护存款人和金融机构紧急监管特别法》和《金融紧急监管法》，但是委内瑞拉经济颓势已经不可逆转。金融危机是委内瑞拉代议制民主机制危机的写照。

结　论

根据上文论述，我们得出以下结论。第一，委内瑞拉金融改革的提案是在难以建立共识的情况下提出的；第二，促进一个鼓励开放、竞争和有效监督的金融体系的法律框架与 1970 年以来立法中的保护主义形成了鲜明对比。金融改革并不是一个简单的技术经济层面的过程，而是必须达成的政治协议。在讨论、促进和批准金融改革的过程中出现了明显的拖延，这

---

① Agustín Blanco Muñoz, *¡Yo Sigo Acusando! Habla CAP*, Caracas: Fundatamayo, 2010, p. 283.

种拖延无疑是国家，特别是以委内瑞拉国会为代表的立法部门不作为的表现。

　　笔者认为有必要深化对 1989 年的委内瑞拉金融危机的研究，这是 1961 年宪法规定的代议制民主制度危机的一个核心案例。通过委内瑞拉金融危机的研究可以看到，代议制民主制度是如何与经济结构不断互动和相互影响，从而对委内瑞拉社会的发展产生深远影响。

［作者卡洛斯·弗朗哥·吉尔（Carlos A. Franco Gil），委内瑞拉国家历史研究中心／委内瑞拉国立艺术实验大学讲师］

Political Action and Inaction of the Venezuelan State in the Promotion of the Venezuelan Financial Reform（1989 – 1994）

Carlos A. Franco Gil

Abstract：After Carlos Andrés Pérez（1989 – 1993）came to power for a second presidential term, he initiated a program of economic liberalization reforms in Venezuela that sought to promote a productive, competitive and open trade economy that would progressively dismantle the rentier model that had been imposed in the country with the oil exploitation that began in the 1920's, and which had a period of boom and consolidation in the 1970's. Within this reform program, one of the specific points was the modification of the instruments and laws for the financial system in order to prepare Venezuelan banks for the change in the economic model. However, the reform of the system was delayed for more than three years in discussions within the Congress of the Republic, which determined a scenario of legal inaction within the purposes of the State that was fostered by the political and economic interests of the country's power elites established at the time, who saw the economic reform program as an obstacle to their interests, which had generated ample benefits within the oil rentier system. The delay in the approval of the financial reform generated a scenario of deregulation of the Venezuelan banking system between 1990 and 1993 that allowed irregular practices within the system that opened the macroeconomic scenario for the out-break of a deep financial crisis in 1994 in Venezuela, causing the collapse of the main banks of the country, which marked a key point in the collapse of the Vene-zuelan representative democracy at the end of the 1990s.

Key Words: Contemporary history of Venezuela; Representative democracy; Financial crisis; State inaction

拉美政治生态学研究述评

张禄博

摘　要：20 世纪下半叶拉美生态环境急剧恶化，不平等生态交换问题引起高度关注，政治生态学在拉美迅速兴起并成为研究社会发展与生态发展关系问题的主要范式之一。本文对拉美政治生态学文献中的理论发展、研究议题以及近期前沿动态进行梳理与探讨。拉美政治生态学不仅探索地区生态与人的关系，也反思西方主导的全球化过程中生态成本、收益、权力之间的关系与冲突，在新视野中重新思考政治。聚焦于土地、矿产等自然资源生态权利公平、生态文明发展、生计变迁，反对生态发展与文明发展的二元对立论，对生态的利用、控制、分配和建设过程进行批判性思考。拉美政治生态学发展进程的研究与讨论，对于深入了解拉美、增强中拉战略互信、战略对接有重要的参考价值。

关键词：拉丁美洲；政治生态学；生态文明建设；文明冲突

一　前言

政治生态学（political ecology）在拉美历经三十余年的发展，仅从其学术产出及影响来看，已经有超越传统生态学的趋势，可以说正在重塑"拉美的可持续发展观"。但由于该术语的中文概念复杂而常被混淆或忽略，罕有学者关注拉美的政治生态学发展动态。本文所涉及的政治生态学概念是：从政治的视角研究生态，旨趣在研究文明发展与生态环境的关系问题。

英、美、法等西方国家的政治生态学界更加关注发展的环境代价而后反作用于人类社会农业、生计、气候问题与生态治理及资源侵占造成稀缺等论题，而第三世界中的拉美地区与之相比，由于对社会发展的需求迫切以及生态资源的优势则更关注文明发展与生态环境及生态发展间的矛盾与可持续性替代方案；同时，与中国独立自主的国情、可统一筹措调配的优势以及追求和谐发展不同，拉美更关注社会发展过程中生态资源的利用、利益分配不均的冲突以及摆脱经济殖民或新殖民主义的掠夺。因此政治生态学在拉美走出了相对独特的道路。

二　政治生态学在拉美的发展

拉美学者从最初纯粹地吸收借鉴英、美、法等发达国家的政治生态学理论，尝试观察、理解并解释拉美社会发展与生态保护之间的矛盾背后生态权利分配不均，到适应本土实际情况，认识生态分布差异与资本和权力交错复杂的关系并演化出更具拉美特色的政治生态学理论，再到更具体的实践议题有其历史必然性，更体现拉美谋求发展过程中被动面对生态变化问题对该学科的客观需求。

在过去的几十年中，对拉美生态资源利用出现了前所未有的增长，如：金属、石油、煤炭的开采；林业的过度开发；大豆为代表的转基因经济作物的大范围种植；南美地区基础设施整合计划（I. I. R. S. A.）实施过程中水电项目、天然气管道的建设等对土地的占用，很大程度上改变了拉美自然生态。仅 1970 年到 2008 年，拉美资源出口吨位增长了四倍，金融危机时曾有短暂的增长停顿，随后继续增长。[①] 但资源出口增长过程中的真正受益者却非当地民众。民间社会，尤其是土著和农民的抗议活动以及可持续发展思潮的传播，进一步促使该学科在拉美快速发展。

虽然学界对拉美政治生态学发展阶段没有明确的划分，但大致可以分为引入期、发展初期的孕育期和高速发展的成熟期三个阶段。整个过程中

---

① G. López, M. Hidalgo y M. Walter, "Ecología Política en América Latina: Nuevo número de la revista 'Ecología Política'", *Undisciplined Environments*, 8 julio 2016, https://undisciplinedenvironments. org/2016/07/08/ecologia-politica-en-america-latina-nuevo/, 5 mayo 2021.

积累了丰富的经验，目标逐渐清晰，发展趋势也已明确。

（一）学术背景与引入阶段

事实上，自旧殖民时代至今，拉美始终是自然资源开采和利用的重点地区。过度的资源开采和利用无疑会破坏原著居民的生活环境，更有原著居民被迫频繁迁移的现象；经济作物的大规模种植及农药的滥用对土壤、水源和空气造成直接影响，导致农民健康及生活质量下降；美国通过所谓的经济补偿或援助，向拉美尤其是中美洲欠发达国家输送垃圾和废料等事件，导致生态与文明发展的矛盾不断积累，并在环保主义的激化下加剧了阶级间的冲突，以上因素都成为拉美政治生态学发展的基础。

虽然政治生态学的名词术语在 20 世纪 80 年代才最终确立并被广泛接受，但关注文明发展与生态环境关系的思潮在 1980 年以前已开始形成。[①]在拉美当时的历史和学术背景下，这种思潮被学者关注和吸纳。例如有在欧美工作经历的拉美经济学家恩里克·莱夫（Enrique Leff），接触政治生态学思潮后产生了浓厚兴趣，并开始了对政治生态学理论探索及实践议题的研究，对引入政治生态学起到了至关重要的作用。

莱夫指出生态与发展呈现出了明显的矛盾，但过去通常被简化为人与自然的矛盾，生态框架内物质生活的生产在整个秩序中占据决定性的地位，重要的是要了解为什么发展停滞不前。[②]批判环境保护主义的一元论与资本主义的决定论，更引出了生态资源利用与拉美自身实际发展的不平衡问题。

之后，莱夫更为具体地提出生态发展的目标应该与一个更大、更基本的政治领域联系起来，即文化自治和尊重自然规律的活动，以建立适应环境条件的人类生存新形式。当时他对生态发展提出了两种选择：第一，资本仅作为更好地适应生态的一种手段；第二，更科学的政策，重塑认知框

---

① E. Wolf, "Ownership and Political Ecology", *Anthropological Quarterly*, Vol. 45, No. 3（July 1972）, pp. 201 – 205.

② E. Leff, "Hacia un proyecto de ecodesarrollo", *Comercio exterior*, Vol. 25, No. 1（Enero 1975）, pp. 88 – 94.

架并寻求更好的生产组织形式，更好地利用地区生态环境。① 值得注意的是，他提出了建立抵御资本不断威胁环境和文化的意识，这些观点对后续的社会发展与生态发展关系问题的研究起到了指导性作用，以新的视角审视资本主义对拉美的影响。

莱夫同时还关注自然生态资源的利用，他指出随着社会组织密集型生产活动和先进生产技术的使用，相比生产力水平相对较低的生态系统及其传统生产模式，虽然经济呈指数级增长，但会在短期内对生态造成破坏，必须意识到有必要以长期的社会经济发展愿景为框架，在更好地利用自然资源的基础上探索更广泛的可能性。② 同时，他明确强调了政府在促进农业发展、社区发展和中小企业发展的协调参与方面至关重要的作用。这对反思资本主义、霸权主义、新殖民主义和西方主导的全球化产生了深远影响。

除莱夫外，阿特米奥·拜戈里（Artemio Baigorri Agoiz）关注到发展与环境的关系问题，并通过研究法国左派或者说激进的改革发展派与传统生态学之间的冲突，系统地分析了底层迫切发展的企盼以及手段选择的无奈，突出了传统生态主义或者说非政治生态学固守环境保护与现代化之间的冲突。③ 在其后续作品中研究讨论了"地球日"、环保游行中暴露出的生态变化对社会和经济造成的影响。当然，还有学者研究"国家公园"、马克思主义生态学等议题中的人与自然的辩证关系，当时的研究给出的结论基本与西方政治生态学主流思想一致，并无新创。但这些早期的研究都体现出拉美已经开始反思地区发展与地区生态环境之间的关系是否必然是二元对立的、生态变化的成本与收益的不公平等问题，并且开始逐渐接受政治生态学的研究方法。

进入 20 世纪 80 年代后，开始有更多的学者引入该理论。其中最具影响力的应属莱夫等人撰写《生态社会学与学科交叉》（Biosociología y

① E. Leff, "Etnobotánica, biosociología y ecodesarrollo", *Nueva Antropología*, Vol. 2, No. 6 (Diciembre 1977), pp. 99 –110.

② E. Leff, "Agroindustria y ecodesarrollo", *Cuadernos de Desarrollo Rural*, Vol. 2 (1979), pp. 47 –53.

③ A. Baigorri, "Ecología política y lucha de clases: la izquierda y el desastre ecológico", *Esfuerzo Común*, Vol. 252 (octubre 1978), pp. 3 –4.

Articulación de las Ciencias)① 这种研究生产方式与生态环境关联性的辩证思维得到认可并被广泛引用，之后，政治生态学的思想开始在拉美传播。

维克多·托莱多（Víctor Manuel Toledo）在理论层面提出，这种方法（政治生态学）是自然科学发展的现代生态理论与古典政治经济学的融合，因为生产力和自然力之间的对立日益增长，生产力与生产关系之间的对立不再足以解释历史发展。不管怎么称呼它，这一新的理论得到绿色运动与左翼工会和政治的认可。② 当时环境保护主义研究得出的结论构成了社会发展的主要批判前沿，与主张工业化即为发展的价值观产生了直接冲突，而政治生态学的"折中观点"在这种矛盾中具有辩证潜力，在后来的实践中也得到了证实与认可。

实践议题方面，托莱多对当时墨西哥东南部推行的发展战略进行了分析，指出需要通过自然开发解决生计发展问题，而这种开发扰乱了热带地区的生产可持续性。应维持自然资源使之取之不尽，发展过程不可忽视生态成本，并应该受到一些基本原则的约束，在发展目标与生态再生之间建立有机联系。③ 引领反思拉美独特资源优势下如何利用生态资源进行再生产，以及以何种制度分配利益。在类似的实践议题中该理念也被反复确认和强调，并引领后来者关注自身的地区实际问题。

社会人类学家卡洛斯·莫拉（Carlos García Mora）吸收借鉴了政治生态学，提出处理社会与自然关系的历史视野与马克思主义批判资本主义生产方式的相关性。从马克思主义的角度来解决这个问题，反对鼓吹资本主义、地缘政治和技术经济决定论，应认识构成生态整体的生物与非生物环境的关系。他认为从马克思主义生态理论看，这一研究方法有条件解释人

① V. Toledo, "Intercambio ecológico e intercambio económico en el proceso productivo primario", in E. Leff, A. Néstor, F. Saal, J. Sarukhán, eds., *Biosociología y Articulación de las Ciencias*, México: UNAM, 1981, pp. 115–147.

② V. Toledo, "Ecologismo y ecología Política", NEXOS, 1 Septiembre 1983, https://www.nexos.com.mx/?p=4239, 6 mayo 2021.

③ A. Toledo, "Zona costera: ecología, economía y política", *Iztapalapa, Revista de Ciencias Sociales y Humanidades*, Vol. 5, No. 8 (1983), pp. 173–184.

类社会发展和生态发展的冲突。①

至 20 世纪 80 年代中期,政治生态学在拉美得到了相关领域的认可,理论体系初步建立,拉美政治生态学者提出其主要任务是以观察者的身份对待拉美的人类文明发展与环境保护的冲突问题。

(二)初步发展阶段

20 世纪 80 年代中后期,在政治生态学全球发展的大背景下,政治生态学在拉美也开始起步并探寻摸索自己的道路,该名词术语也开始出现在相关议题出版物的题目和关键词中,除学术论文外,报刊读物发文量开始增加。同时,由于 20 世纪 90 年代拉美地区的生态环境明显恶化,因生态环境问题导致的灾害、迁徙、抗议事件增加,作为对传统生态学"去政治化"的回应,政治生态学开始崭露头角。此外,政治生态学宣扬以观察者而非干预者身份出现在公众视野,使之更具可接受性。但从其关注领域的局限性和理论创新程度看,尚处于初级发展阶段。

20 世纪 80 年代末,拉美政治生态学仍处于酝酿期,但已经开始关注自身价值,理论研究更加深入,实践议题得以丰富,理论与实践相互促进。莱夫在《生态与资本》② 一书中思考总结了以往的理论研究,并提出概念性原则,即建立基于生态发展过程与技术生产力的经济发展过程整合的生产理性;通过研究资本扩张中开发和占用资源所产生的影响解释自然生态系统转变过程。同时,他还突出强调了热带"欠发达"地区或国家对经济和技术依赖的被动性,发达国家对欠发达国家资源占用的非理性生产问题。批判片面评价经济发展造成自然资源的枯竭和生态结构的破坏的极端环保主义观点,关注可持续发展生产潜力的退化,强调资本转化过程中的社会变革与生态发展的两难困境。

此外,还有学者加强了对非矿产资源生态战略议题的研究,如反思"成功典范"的哥斯达黎加环境政策反而破坏了原住民的生态体系。虽然

---

① C. Mora, "La cuestión de la sociedad y la naturaleza en la antropología mexicana", *Nueva Antropología*, Vol. 6, No. 23 (1984), pp. 131 – 144.

② E. Leff, *Ecología y capital: hacia una perspectiva ambiental del desarrollo*, México: Universidad Nacional Autónoma de México, 1986, pp. 66 – 72.

哥斯达黎加的环境保护工作成绩突出，但未能解决政治经济根本问题，对穷人的需求关注不足，例如所谓的生态旅游仅是借助环保名义满足利益集团，但事实上许多环境退化问题并没有得到改善，而且正在恶化，就像整个拉丁美洲一样。① 类似的批判思维研究分析了非政治生态学的局限性。强调资源战略分配的限制和矛盾，也凸显了政治生态学坚持可持续发展前提下的生态权利公平。

此阶段，拉美政治生态学开始重点关注原住民、农民生计变迁的研究，如哥伦比亚雨林地区的开发项目。此举虽然改善了当地经济发展，但也造成了当地生态变化，跨国公司获得了可观的利益，尽管也有当地民众从中获益，个人财富有所增长，但大多数原住民因生态变化而迁徙，无法融入技术生产的农民生存空间受到挤压。② 在拉美政治生态学的孕育阶段，虽然学术产出并不多，但立足于研究探讨自身处境和具体实践议题，更多政治生态问题受到关注，学术讨论以及相关运动开始增加。

20 世纪 90 年代初，在生态保护主义与发展的现实需求之间的矛盾日益加深的背景下，政治生态学正式登上拉美的舞台。此外，1991 年西班牙的《政治生态学》期刊建立，并在网络（ecologiapolitica. info）上同步所有收录的论文，主要收录西语、葡语、法语论文，所有文献可以免费查阅和下载。对不富裕的拉美而言，更低的科研成本和母语优势也在很大程度上促进了政治生态学在拉美的发展。

此阶段拉美政治生态学界以生态变化成本和收益的公平分配与可持续发展替代性为核心议题，明显更有选择性地借鉴国际经验，关注挖掘自身实际问题。理论研究得到进一步发展，学科交叉更加广泛，吸收马克思生态主义理论、反思欧洲的绿化与新资本主义、认识到霸权下的全球化与生态的联系。

---

① L. Thrupp, "La ecología política de políticas ambientales en Centroamérica: Lecciones del caso costarricense", in *The International Conference on "The ecological economics of sustainability"*, California: University of California, 1990, p. 15.

② G. Vliet, "Ecología, política y planificación: referencias a la experiencia de la Corporación Araracuara en la Orinoquia y Amazonia colombianas", *Colombia Amazónica (Colombia)*, Vol. 2, No. 1 (Junio 1986), pp. 7 – 14.

在实践议题方面，学者开始更为细致地观察土地分配权力（国家权力）公平、农业发展和农民生计问题，经济作物尤其是转基因作物的大规模种植对土壤肥力和生物多样性的影响、发现和探讨可持续农业案例，以及水源和大气污染引发的原住民抗议与迁徙、城市化与生计变迁等问题。在此期间拉美政治生态学跨过了最艰难的时期，呈现出自身特色且具有国际视野的辩证思维。

（三）高速发展阶段

20世纪末至21世纪初，政治生态学在拉美呈井喷式发展态势。同时，人类学、生态学、环境学等相关领域的国际期刊，对拉美政治生态学接稿量增加或开设专刊，例如《生物多样性》（*biodiversidadla. org*）杂志等开设主要面向西语、葡语、法语学者的《政治生态学》专栏并支持免费查阅，为拉美地区政治生态学者的研究提供了更为广阔的舞台，大量的研究成果、高校和科研机构的国际研讨会、学界评论应运而生，使拉美政治生态学理论与实践相互促进、愈发繁荣，并实现"本土化"，政治生态学在拉美体现出的生命力受益于拉美的特殊历史进程和社会需求。笔者认为，此阶段的拉美政治生态学已经开始从观察者身份向评论者身份转变，影响力不断提升。

政治生态学不仅在利益冲突中认识和分析世界，同时也从自然、文化和技术关系的新视角重新思考政治。拉美政治生态学关注生态成本的不平等性、生态利益的分配，包括新兴环保主义运动、抵抗新自由主义的运动、生态损害赔偿等。拉美政治生态学明确其任务不仅关注生态分布的差异，更关注自身与全球化交织的权力关系，用于理解从"分配冲突"中体现的环境外部性。

拉美政治生态学中的公平分配类似于经济学中的分配概念，它将经济理性转移到政治生态学领域。观察可持续生产的生态条件和生态权益的分配不平等，以及生产活动对自然和环境污染的形式，但又超越了对生产资料、劳动分工、收入分配等经济议题，关注生态资源所有权与发展诉求。[1]

---

[1] E. Leff, "La ecología política en América Latina. Un campo en construcción", *Polis. Revista Latinoamericana*, Vol. 5 (2003), pp. 17–40.

通过关注社会运动的产生和演化，学者们认识到资本主义通过经济工具、模式规范占用自然，反思生态成本和生态潜力的不平等分配。此阶段拉美政治生态学实现了理论的深化与内化并开始走向成熟。

（四）现状与趋势

拉美政治生态学试图在各种类型和规模的社会冲突所反映出的问题中，围绕拉丁美洲社会文明发展与生态发展来研究替代方案。在拉美，虽然自然资源的掠夺和私有权议题已经是老生常谈，但政治生态学从新的视角分析资本为不断积累对地区生态进行开发和改造的不平等交换，甚至对文明发展造成的不可逆转的影响。拉美政治生态学不仅吸收了多个传统学科的思想与方法，也在开始向其他学科渗透自己的思想。因此，安东尼·贝宾顿（Anthony Bebbington）认为，拉美政治生态学涵盖了各种传统和研究方向，是各个学科共有的反思和分析领域。[①]

拉美政治生态学和马克思主义生态学都坚持认为，需要将权利关系和使用过程与对每个生产系统的生产、分配和消费的分析以及面对环境限制或生态的有限性联系起来。但一定程度上说拉美政治生态学是从地理学、环境史学、社会人类学、政治社会学和社会文化研究的分析中，相互结合衍生出来的。这使得政治生态学思想在拉美更具生命力。

哥伦比亚政治生态学家阿图罗·埃斯科巴（Arturo Escobar）在一份报告[②]中指出，拉丁美洲的批判性思维中，政治生态学是其中的重要部分，这不仅来自学术界，也来自人民运动和社区。他认为拉美的政治生态学"比以往任何时候都更有活力"。赫克托·阿利蒙达（Héctor Alimonda）指出，在全球危机以及右翼在拉美地区重获权力的背景下，拉美政治生态学界不断争取提高其思想的影响力，为拉丁美洲和世界提供了新的"感受地球思维"的方

---

① C. Gian, "¿Por qué es importante la ecología política?", *Nueva sociedad*, Vol. 244（marzo-abril 2013），pp. 47 – 60.

② A. Escobar, "Desde abajo, por la izquierda, y con la Tierra：La diferencia de Abya Yala-Afro-Latino-América", *Intervenciones en estudios culturales*, Vol. 3（2016），pp. 117 – 134.

式。①

其他相关学者提出，拉美政治生态学吸纳融合了社会人类学、政治社会学、环境法、政治伦理学、生态发展理论，是跨学科、超学科、具有指导性意义的现代学科。② 拉美政治生态学顺应时代发展，关注点将聚焦于生态权利不对称的关系、生态分布差异及交换的不平等性、农村和城市政治生态的不同、公共生态资源及民族共同权益等，事实上拉美政治生态学已经成为具有国际相关性的独特思想领域。

2021 年 6 月 5 日拉美社会生态学研究中心举办了网络研讨会，分享了当今拉丁美洲政治生态的三个主要论题：大宗商品的繁荣对拉美生态的影响；自然资源开采的土地占用、空气和水源的污染与公共空间和公共空间生产的关系；关于拉美当前所面临的发展与生态辩证关系。③ 学者们认为，疫情引发大宗商品价格上涨，也加速了自然资源的开发，经济方面拉美将是这轮价格上涨的受益者，但在这种情况下，权益分配和可持续发展的主要矛盾持续存在，提出有必要关注社会和经济影响。

政治生态学仍是新兴学科，在拉美发展历程也相对较短，加之问题的复杂性，虽然拉美政治生态学对区域内相关问题有很强的解释力，但这种后实证主义方法建设性不足，提出的建议往往单纯来自过往经验，这些是其现阶段影响力有限的主要原因。目前看，学者开始追求建设性方案也正是当前拉美政治生态学的发展趋势。

三　拉美政治生态学前沿动态

拉美政治生态学发展历程中，墨西哥的恩里克·莱夫（Enrique Leff）、古斯塔沃·埃斯特瓦（Gustavo Esteva）、维克多·托莱德（Víctor Toledo）、

---

① H. Alimonda, "Notas sobre la ecología política latinoamericana: arraigo, herencias, diálogos", *Ecología política*, Vol. 51 (Junio 2016), pp. 36 – 42.

② D. Suescún, C. Cairo y G. Ospina, "Los conflictos socio ambientales y ecología política en América Latina", *Revista de Estudios Sociales*, Vol. 55 (Enero 2016), pp. 12 – 16.

③ Casa América de Madrid, "Tres miradas a la ecología política", *escritorverde*, 5 Junio 2021, https://ambiental. net/2021/06/ecologia-politica-en-america-latina-en-2021/, 5 Junio 2021.

赫克托·阿利蒙达（Héctor Alimonda）、埃琳娜·拉索斯·查韦罗（Elena Lazos Chavero）、吉安·拉莫斯（Gian Carlo Delgado Ramos），智利的费尔南多·米雷斯（Fernando Mires）、曼弗雷德·麦克斯–尼夫（Manfred Max-Neef），哥伦比亚的阿图罗·埃斯科巴（Arturo Escobar），阿根廷的卡洛斯·梅伦森（Carlos Merenson），乌拉圭的爱德华多·古迪纳斯（Eduardo Gudynas 巴西的奥古斯托·帕多瓦（José Augusto Pádua）等著名思想家做出了巨大贡献。

由于历史背景、社会背景、学术背景的特殊性，拉美政治生态学对"政治生态学""生态政治学""生态政经学"等名词的区分或解释，以及学科定义和界限划分的讨论较少，当然这也导致拉美学者的一些观点与我们所说的"生态政治学"混淆。剥离这种混淆可以发现拉美政治生态学多聚焦具体问题，如资本主义生产方式与当地生态变化相关性、资本与权力交错对生态的榨取、环境变化导致生计变迁、生态资源所属权、生态权益的公平分配、捍卫生态文化权利、环境保护和获得环境资源的权利等问题都是他们的研究对象。大致可归纳为批判纯粹的生态保护理念、反思全球化中拉美付出的代价、生态发展与生计变迁、生态资源的长期战略意义四类。

（一）反对发展与生态二元对立论

作为回应非政治生态学的批判辩证思维，拉美政治生态学继承了反对社会发展与生态保护的二元对立的思想，与非政治生态学对生态保护概念有所不同，拉美政治生态学认为人类发展不是破坏生态的根本原因，无序发展与生态资源的掠夺才是关键。批判非政治生态学的单一视角，对待可持续发展问题，关注发展过程的矛盾与冲突，尝试解释文明发展与生态环境的关系，而非纯粹保护生态或禁止先进技术开采利用该地区生态资源，这个根本思想无形中避免了拉美政治生态学倒向民粹主义。

一般而言，拉美政治生态学家倾向良好生活的立场，使其在很大程度上保持对人类社会发展的认可，与环保主义中偏执于发现人类社会进步导致生态发展的不可持续性的意识形态作斗争，其批判思想作为规范社会发展的参考模型。[①] 事实上，社会发展和现代化仍然是大多数拉美人的诉求，而拉美政治生态学关注发展引发生态变化过程中生态利益的原享有者的损失与补偿。

生态变化导致的阶级冲突呈现了资本、国家权力与生态权利之间的关系，例如采掘业的非理性生产与保护政策的相关性。税收等一般性概念的经济发展无法满足生态原享有者，有必要从政治生态学的角度来分析生计变迁的复杂性，以揭示生发展中的责任与收益分配的不平等性。[②] 可见，拉美政治生态学具有明显的反寡头特征，维护农民、原住民、穷人等在生态变化和社会变革中的权益，以及对激进的新自由主义的重新审视和对极端环保主义的批判，强调社会发展过程中尊重生态的理性生产，摆脱发展与生态二元对立的思维模式。

（二）反思西方主导的全球化

反思西方主导的全球化是对地区内外不平等的生态交换问题及其背后复杂的资本或政治权力关系的认识。资本主义、西方地缘政治学、依附论、中心—外围论等思想造就了拉丁美洲经济从属地位的特质。在西方主导的全球化中，拉美承受着发达国家对其资源的掠夺，但这片土地的广大人民群众却没有享受到生态成本所换来的社会发展与进步。正如阿利蒙达所说，国际背景下的从属地位，我们不得不在生存与发展之间做出痛苦的选择。[③]

拉美政治生态学全力揭示西方主导的所谓全球化的实质，即通过跨国公司控制或抑制了拉美政治经济能力，实现新殖民主义、经济殖民、榨取主义对拉美的剥削，为西方世界带去财富，而拉美地区人民承受了环境变化造成的恶果。有学者具体指出雪佛龙、埃克森美孚、必和必拓等大型跨国公司的政治参与能力在整个地区范围内延伸，并与拉美的各种政治权力

---

① H. Alimonda, "Notas sobre la ecología política latinoamericana: arraigo, herencias, diálogos", p. 36.

② D. Suescún, C. Cairo y G. Ospina, "Los conflictos socio ambientales y ecología política en América Latina", pp. 14 – 15.

③ H. Alimonda, "Notas sobre la ecología política latinoamericana: arraigo, herencias, diálogos", p. 39.

交织在一起，这使得企业倡议不仅可以控制环境议程，还可以定义条款，甚至可以通过多边方式对社会良知产生决定性的影响。①

吉列尔莫（Castro Guillermo）建议从自身理解拉丁美洲的生态危机，同时从拉美危机与全球危机的关系中理解它。他认为理解危机的关键在于不平等的生态交换历史进程和运作方式，注意拉美生态议题的多孔性和资本与权力相互关联的特征，强调正确对待跨国关系。② 托莱多在对克里奥尔的研究中指出，跨国公司能够占有土地并控制种源，种子成为跨国公司的专利和商品，而传统生产活动受到限制，对国家、地区和人民构成了巨大的威胁。③

榨取主义是拉美政治生态学界内、社会组织和民间经常提及的概念。榨取主义具有历史延续性，自殖民时代就存在，并且现在仍在扩张中，一味地将增长视为发展、将所有自然资源视为待开发的资本。它被右翼政府和激进派通过不同的方式加以利用。④ 学者强调受到大型跨国公司、银行和政府的推动，榨取主义衍生出了极为复杂的社会问题和生态问题。

21 世纪后，这种情况在南美洲变得更加复杂，一系列所谓"进步"的后新自由主义政权，也选择了榨取主义，无节制地开采矿物和金属、石油和天然气等能源产品以及开发经济作物等农产品，以初级商品形式出口这些"自然资源"。⑤ 当然，这也促使 2008 年在安第斯国家开始对该议题的讨论，一定程度上讲，拉美政治生态学的研究与结论推动拉美对全球经济参与议题尝试寻求一个清晰、严格、稳健且具科学性的研究方法和替代

① V. Almeida, "Ambientalismo corporativo: entre extractivismo, extrema derecha y crisis ambiental", *Ecología política*, Vol. 59（Julio 2020）, pp. 12 – 16.

② C. Pérez y F. Martín, "Pensamiento crítico, diferencia latinoamericana y rearticulación epistémica", *Ecología política latinoamérica*, *Espacio Abierto*, Vol. 27, No. 1（Octubre 2018）, pp. 239 – 244.

③ G. Esteva: "¿Viva el maíz?", *Bioiversidadla*, 10 octubre 2019, https://www.biodiversidadla.org/Noticias/Viva-el-maiz, 12 Mayo 2021.

④ E. Gudynas, "Extractivisms: Tendencies and consequences", *Reframing Latin American Development*, Routledge,（December 2018）, pp. 61 – 76.

⑤ E. Gudynas, *Ecología, economía y política de un modo de entender el desarrollo y la Naturaleza*, Cochabamba: Centro de Documentación e Información Bolivia-Centro Latino Americano de Ecología Social, 2015, pp. 393 – 410.

方案。

拉美对当代超大型跨国公司的认知可能超过其他任何国家，但从拉美政治生态学视角出发，对西方世界在拉美实施的新殖民主义以及通过跨国公司在西方主导的全球化过程中对拉美生态的榨取方式与危害的认识才真正逐渐清晰。这为拉美跨国关系发展的理论基础进行了补充。

（三）生态权利与生计变迁

随着城市化和工业化向农村发展，生计变迁也是拉美政治生态学的重要研究议题，如阿利尔（Joan Martinez-Álier）所说的穷人的环保主义。随着整个地区耕地扩充、森林砍伐、采掘业扩张，生计变迁问题更加突出。因此，拉美政治生态学聚焦于农村人口及土著居民捍卫土地、文化和地区生态平衡的斗争。拉美除6500万农民外，在委内瑞拉、哥伦比亚和厄瓜多尔生态问题导致的生计变迁对土著居民也有显著影响，这是不能忽视的事实。[1]

玻利维亚、厄瓜多尔、墨西哥的农民和土著因土地问题连续爆发的抗议活动为拉美政治生态学提供了更多样本，构成了认识拉美经济发展、社会发展与生态巨变、生计变迁关系的辩证思维方式，解释资本主义和新/旧殖民主义对拉美生态问题的关联性，尤其是土地使用转型引发的社会的影响。拉美政治生态学致力于进行真实且富有成效的知识对话，揭示地区环境变化中的生态代价以及真正受益者和受损者。[2]

此外，拉美政治生态学更加关注对生态差异、生态分布和生态权利冲突的研究，特别是作为生存依赖的生态冲突，也包括在获取和控制自然资源方面的冲突，以及环境破坏的承受者及代价。"生态分布冲突"存在于不同经济、文化和知识形式的背景下，与生态系统并存。[3] 在拉美各个国

---

① V. Toledo, "La ecología política conquista Latinoamérica", *Red de Ecologia Social*, 27 mayo 201, https：//ecologiasocial. com/2017/05/la-ecologia-politica-conquista-latinoamerica/, 12 Mayo 2021.

② C. Pérez y F. Martín, "Pensamiento crítico, diferencia latinoamericana y rearticulación epistémica", p. 244.

③ A. Escobar, "Ecología política de la globalidad y la diferencia", in H. Alimonda, *La naturaleza colonizada. Ecología política y minería en América Latina*, Buenos Aires：Ediciones CICCUS, 2011, pp. 61 –92.

家和区域内有特定文化、经济和生态形式，产生了独特的个人和社会文明，其中生物和非生物以特定方式彼此相处。因此，拉美政治生态学必须在生态分布差异中分析研究生态权利与生计变迁。

从城市和工业区到农村和农业区，拉美的政治生态也在不断适应或变化。土地占用、森林砍伐、污染、农民人口无耕地或工作的无产阶级化造成了社会的不稳定，土地问题中生态权利的不平等成为地方主要矛盾。原住民被迫迁移，而"大地主"获得了巨额补偿。面对这种情况，农民与土著领导人选择斗争，甚至将防御斗争转变为"进攻性"斗争。[①] 拉美政治生态学致力于从政治、经济、生态和文化差异的角度观察研究生态权利问题，思考以何种政治经济制度管理生态分布差异，为公平的政治生态方案提供理论基础。

（四）矿产资源

虽然矿产资源本身并不是政治生态学的研究对象，但基于拉美自然资源的特质，矿产开发导致的生态问题和冲突频发，常是拉美政治生态学关注的议题。学者认为，拉美的采掘业也面临危机，价格的浮动限制了其经济权衡价值，加之与环保主义的冲突，批评成倍增加。[②] 为应对经济危机，阿根廷、巴西、玻利维亚、厄瓜多尔和委内瑞拉等国以增加出口量的方式平衡财政，高水平的采掘作业导致更严重的生态破坏，积累的矛盾加剧了其政治生态问题。

尽管有证据表明抗议事件频发、负面影响不断扩大，但政府和学术界的大部分人继续为榨取主义辩护，一味坚持采掘业固有的经济自由权等，已经司空见惯。政府、进步人士和大多数公众都容忍这种情况。[③] 榨取主义在拉美采掘业是一种根深蒂固的非理性发展理念，拉美政治生态学成为

①　D. López, L. Calvet-Mir, J. Espluga, eds. , "La dinamización local agroecológica como estrategia para la construcción de soberanías locales", *Ecología Política*, Vol. 49, （Junio 2015）, pp. 28–34.

②　A. Gandarillas, "Bolivia: La década dorada del extractivismo", in E. Gudynas, M. Svampa, eds. , *Más allá del neoliberalismo y el progresismo*, Cochabamba: Centro de Documentación e Información Bolivia, 2014, pp. 234–285.

③　E. Gudynas, "Extractivisms: Tendencies and consequences", pp. 61–62.

与这种非理性生产理念斗争的前沿。

在矿业剥削式的发展下，学者围绕"生态债务"形成了一种报复性话语体系、思想和战略概念。[1] 生态债务揭示了富国和穷国之间不平等生态交换。这种不平等是对生态权利的剥夺、对自然环境的掠夺和对其文化的征服，学者们认为这些问题是被掩盖在所谓高效利用生产要素之下的非理性生产导致的不良后果。这也引发了资源开发合法性的辩论，提出土地所属权是否等同于地下矿藏所属权的争议问题，反思采掘作业实际是以土地使用权的价格获取土地下资源的矛盾。

在有关矿产采掘的实践议题中，也有很多经典案例，例如必和必拓等跨国公司的榨取主义和新殖民主义。学者揭示这些跨国公司对"美洲矿产"的企图、每个项目中使用的尖端技术、优秀的生产系统，享有盛誉的国际认证，实际是榨取主义、发展主义和新发展主义的外衣，体现了以采矿牺牲区为主的内部殖民主义，大量的采矿作业和高度的贫困、污染，以及社会计划的低覆盖率和高水平的社会环境冲突。[2] 必和必拓公司在拉丁美洲的采矿业务造成的社会环境冲突，也应是我们的教训。拉美对矿产和其他自然资源的所属权意识逐渐提升，维权意识逐渐增强，途径也逐渐丰富，有必要持续关注，既要约束自己的行为，也应建立沟通对话机制，避免不必要的冲突。

四　拉美政治生态学视野下的中国

中国虽然没有像拉丁美洲那样遭受西方殖民，但殖民创伤却随着鸦片战争展开。[3] 中国的发展引起了拉美政治生态学研究人员的兴趣，关注"中国模式"发展的生态代价和社会环境问题与治理应对。自 20 世纪 70 年代末以来，中国经济的飞速增长，廉价的代工生产加速了工业化和城市

---

[1]　E. Leff, "La ecología política en América Latina. Un campo en construcción", p. 40.

[2]　C. Gien, "América Latina y el Caribe como reservas estratégicas de minerales", in C. Gien, *Ecología política de la minería en América Latina*, México: CEIICH-UNAM, 2010, pp. 17 – 48.

[3]　M. Gómez y F. Herrera, "Alternativas civilizatorias: una lectura latinoamericana de la ecología política en torno a China", *Ecología política*, Vol. 56（Diciembre 2018）, pp. 19 – 23.

化进程，也不可避免地造成了诸多环境问题，例如水电开发、能源使用造成的空气和水源污染、固体废物、土壤肥力退化和农业、农产品问题对人民健康的威胁等，在拉美政治生态学看来这些后果是传统意义的现代化在结构上的不可持续性所固有的，对拉美而言可谓"同病相怜"。拉美政治生态学对中国的研究中，既有学习借鉴，也有认识和反思。

（一）对中国经验的借鉴与认识

中拉之间的相互了解程度至今仍处于较低水平，拉美对我国相对准确的了解大多停留在宏观数据层面，尽管他们也尝试查阅研究中国学者的有关文献，但往往难以理解真正的核心主旨。拉美政治生态学对中国相关议题的认识多集中于"和谐社会""科学发展"或"生态文明建设"的简单理解，但拉美政治生态学对中国的研究帮助其深化反思理论。拉美政治生态学界认为，有必要认识超越现代分类体系的中国环境史及生态治理路径、民族异质性及其哲学传统的恢复、集体意识和生态发展的实践。中国政治生态学（指"生态文明建设"等发展理念）以自己的方式和范畴，将生态危机与文明发展模式的问题与责任纳入其中。超越现代性的整体观念及社会秩序形式，正在重新建立生活方式。①

能源转型议题。中国作为最大的发展中国家且又是人口大国，注定会是当前人类文明发展阶段中的碳排放大国。减排和能源转型对于中国和世界生态发展、社会发展、人民生活品质、碳排放权的政治和经济议题等有重要意义，能源转型是中国的必由之路，同时也是拉美政治生态学优先研究的样本。尽管拉美学者一般认为中国难以如期在 2040 年实现减排目标，但对中国的努力给予肯定评价。例如埃米利奥·佩雷斯（Emilio Menéndez Pérez）研究认为中国尚处于城市化进程中，基础设施建设及配套服务持续增加；而能源系统尚依赖煤炭和化石能源是根本原因，化石能源使用还持续造成大气污染、水源污染、荒漠化等生态问题，但可再生能源的推广也

---

① M. Gómez y F. Herrera, "Alternativas civilizatorias: una lectura latinoamericana de la ecología política en torno a China", p. 23.

将迅速推进，中国为此做出了巨大的努力。[1]

人工造林是缓解气候变化、保护土壤和大陆水域、保护当地生物多样性和获取林业衍生物的重要方法。虽然拉美政治生态学对中国人工造林的实际情况认识不足，但体现了该学科对生态与环保概念的划分。从拉美政治生态的角度来看，三类论点最为突出。[2] 第一类论点认为人工造林体现了环境保护和市场之间的矛盾，因为它们实际上是非粮食作物。反映了拉美政治生态学倾向于思考如何改造生态系统以获得自身所需收益的观点。第二类论点认为，种植条件单一实际降低了生物多样性；种植快速生长的树往往意味着水体和土壤养分的枯竭，而且外来物种破坏原本稳定的生物多样性。第三类论点认为人工造林减缓气候变化及其作为替代能源的有效性是有限的，而且当地居民的生态权利因此改变，人工造林不是替代方案，而是弥补方案，但又外化到其他纬度造成新的生态问题。后两类观点反映了拉美政治生态学的学科交叉特性与马克思主义生态观的不同。

还有学者具体研究了中国台湾地区的十二个生态变化的索赔案例。例如美国无线电公司桃园厂污染及索赔案例，台湾"最高法院"最终做出有利于受工业污染影响的中车工人的裁决。学者认为，虽然造成的痛苦无法用金钱衡量，但这是罕见的一次对美国公司提出索赔的成功案例。[3] 体现追求减少压迫和剥削的新社会生态形式；研究人员还发现，在台湾地区没有发现像秘鲁那样出现对金属采矿的激烈抗议活动，而秘鲁却没有反对核能的抗议活动。强调了生态分布差异、生态权利与政治权力关系差异以及民族生态文化差异导致各地区的生态政治有其特殊性。

（二）中拉双边关系发展过程中的反思

由于历史和技术等方面的原因，拉美"习惯"了为他国提供矿产、农

---

①　M. Pérez, "Transición energética: una cuestión crítica para China y para el planeta", *Ecología política*, Vol. 56（Diciembre 2018）, pp. 14-18.

②　F. Herrera y M. Gómez, "Ecología política de las plantaciones forestales en China", *Ecología política*, Vol. 56（Diciembre 2018）, pp. 97-102.

③　J. Martínez-Alier, "Conflictos socioambientales en Taiwán", *Ecología Política*, Vol. 56（Diciembre 2018）, pp. 59-69.

产品、土地资源，加之早前拉美只有发展与生态之争，人民必须在生态和发展之间做出选择，出于对现代化的渴望，多数人倾向于发展。但政治生态学的发展，使拉美民众的关注点向生态权利公平性倾斜，这有必要引起我们的重视。如果与中国和中国企业的合作结果同样是挤压拉美人民的生存空间、剥夺拉美人民的生态权利，未来可能寸步难行。

中国提出的"互利共赢"全新的国际合作方案，与过往的"零和游戏"完全不同。拉美政治生态学也尝试对双边合作进行了深刻思考。认为中国和拉美之间真正的共赢关系取决于中国对当地生态发展可持续性和社区福祉的承诺，及其所追求的民主原则的实际行动。关于重新思考未来十年的"南南合作"和"双赢"关系，有学者分析了中拉"1+3+6 经济战略"以及中国与拉美各国的合作意向及实现情况，认为各种政治行为和中国社会就联合行动有必要在两个目标上达成一致：中国企业有效承诺避免或减轻对地区生态的影响；中国金融机构行为须做到公开透明。①

值得关注的是，该研究分析了"合作共建绿色'丝绸之路'"计划，寻求与中国更好地扩大合作的机遇。研究认为，中国生态环境部制订了绿色丝绸之路环境合作计划，其中包括与保护生态走廊、遵守保护环境公约以及非政府组织之间的交流与合作相关的举措。尽管这些仍然在计划阶段，但它们无疑代表了中国与拉美及加勒比地区在环境问题上的共识向前迈进了一步。②

当然，不可避免地会有负面的观点或对"一带一路"倡议目的的怀疑与顾虑，加之对中国文化认识的不足，拉美民众易被蛊惑利用，对此我们需做应对准备。例如将中国"碳达峰"目标与"一带一路"倡议混为一谈，怀疑中国有意外包排放的观点。③ 此类观点不仅体现了对中国相关政策理解认识的不足，也体现了拉美的历史伤疤和对西方主导的全球化的失

---

① P. Garzón, "Implicaciones de la relación entre China y América Latina. Una mirada al caso ecuatoriano", *Ecología política*, Vol. 56 (Diciembre 2018), pp. 80 – 88.

② P. Garzón, "Implicaciones de la relación entre China y América Latina. Una mirada al caso ecuatoriano", pp. 80 – 82.

③ F. Demaria y J. Alier, "China tiene un plan: el pico del carbón y la nueva ruta de la seda", *Ecología política*, Vol. 56 (Diciembre 2018), pp. 109 – 115.

望、对美国的哄骗和"大棒"的排斥，以及对欧、日、韩在经济转型过程中向拉美投资的同时实现碳排放外包的恐惧。拉美以往的经验是自然资源的出口换来的不是发展和富足而是贸易结构的不平衡和生态交换的不平等；得到的国际直接投资只是他国过剩产能和生态危机的外包，不断服务于他国的高附加值产业经济，而自身却承受了生态权益分配不公的恶果。

拉美具体国家与中国关系发展议题方面，有学者提出，秘鲁和哥伦比亚在与中国的经贸交往中，存在不平等的生态交换。[①] 这类研究实际是以贸易结构不对称和/或贸易逆差作为出发点，从政治生态学角度提出，原材料贸易中存在未计入交易额的隐性流动，如果将这些间接贸易流纳入其中，可能会显示出生态的不平等交换。拉美政治生态学将资源与生态同时纳入贸易成本范畴，构成了新的话语体系，相比国际贸易全成本分析框架更具可行性，那么禀赋比较优势和产业结构互补性的对话体系可能将不再适用。

厄瓜多尔与中国的关系也是拉美政治学生态学分析中拉合作的一个重要窗口，学者们辩证分析了双边合作中复杂的生态变化问题。例如七个由中资公司建造水电站使该国能够向清洁能源国家迈进，以及两国矿石能源合作发展议题的讨论。[②] 虽然积极评价与消极评价并存，但也体现了中国与拉美国家间全新的生态交换模式，以及对资本和权力行为公开透明的要求。

巴西与中国。中国经济的增长产生了对初级产品的巨大需求，中巴协议签署后，马托皮巴经济区成为中国的农产品的主要供应区之一，主要为我国供应大豆。为了提高品质和产量，我国也直接参与了生产、物流、土地收购及相关基础设施建设。在这个过程中有学者观察到资本的进入还伴随着该地区传统农民社区的征用和环境影响，但大量投资的利润获得者是各个经济部门和初级产品的国有企业。[③] 我国在巴西投资农业和矿产，以及公路、铁路和港口等配套基建，在拉美政治生态学看来，这些新投资具

① F. Venes y V. Galárraga, "Relaciones comerciales de China con Colombia y Perú. Un intercambio ecológicamente desigual", *Ecología política*, Vol. 56 (Diciembre 2018), pp. 70 – 79.

② P. Garzón, "Implicaciones de la relación entre China y América Latina. Una mirada al caso ecuatoriano", pp. 85 – 88.

③ A. Lima, P. Guitarrara y L. Alves, "Inversiones chinas en la frontera agrícola brasileña: procesos de acumulación y conflictos", *Ecología política*, Vol. 56 (Diciembre 2018), pp. 121 – 126.

有各种类型的社会环境影响，对农民和土著的生计影响最大，但实际收益
和补偿的受益者却非这些民众。体现了对生态变化的成本和收益分配的
关注。

阿根廷的基什内尔－塞佩尔尼克（Kirchner-Cepernic）水电站项目案
例，也引起了拉丁美洲政治生态学的关注，认为冲突表明由于考虑优先解
决能源危机，阿政府低估了生态问题，主要涉及圣克鲁斯河水域的使用和
管理，但也包含土地所有权、生物多样性、冰川保护区等问题。[1] 此项研
究对我国与阿根廷关系未来发展策略有重要参考意义。阿根廷国民总体受
教育程度较高，维权意识更强，仅从物质层面来看，公共空间与国家和省
级政府的利益冲突尤为明显。我国应加强与阿非政府组织及民间的对话，
避免蒙受损失。

智利国家经济以矿产资源，尤其是铜矿资源为支柱，其次是渔业和林
业，且均对中国的需求有高度依赖。但拉美政治生态学较少提及智利与中
国的生态平等交换议题，主要探讨智利的可再生与不可再生资源开发与利
用及生态系统变化导致的内部压力。[2] 在智利，大约 3% 的国民经济收入
是以牺牲环境为代价的，从事相关工作的劳动者必须开展连续的生产工
作。渔业受萧条周期的影响，引发了更多的质疑，而采矿业尚不存在这种
现象，这意味着从事采矿业的劳动者从国家获得了一定的对生态变化损失
的补偿。[3]

五　结论

政治生态学在拉丁美洲的快速兴起并非偶然。在新自由主义主导的拉
美，这种本土化且具有国际视野的思想体现了拉美对文明发展历程的反

[1] S. Mora, "Resistencias sociales a la cooperación de China en infraestructura: las represas Kirchner-Cepernic en Argentina", *Colombia Internacional*, Vol. 94 (Agosto 2018), pp. 53–81.

[2] G. Ávila, "Hacia una ecología política del agua en Latinoamérica", *Revista de Estudios sociales*, Vol. 55 (Enero 2016), pp. 18–31.

[3] B. Bustos y M. Prieto, "Nuevas aproximaciones teóricas a las regiones-commodity desde la ecología política", *EURE (Santiago)*, Vol. 45, No. 135 (2019), pp. 153–176.

思。虽然始终强调其观察者的身份，但事实上，其研究成果与结论已经对拉美的可持续发展观以及生态权益公平理念产生了深远影响。中国与拉美开展进一步合作过程中，想要实现互利共赢，不可避免要考虑政治生态学对拉美政治、经济、社会文明、生态文明、社会进步发展的影响。无论土地、矿、林等资源开发还是基础设施建设，都要建立在对拉美的政治生态学具体领域的政治生态学思想的了解上。

本文对拉美政治生态学研究发展进行了基本的梳理和论述，若细致观察其发展历程及思想内涵，将呈现出一种深刻自然辩证思想；而从整体来看，拉美政治生态学框架内所容纳包含的观点十分丰富，有太多议题值得深入研究讨论，以增强对拉美的了解。

（作者张禄博，浙江外国语学院拉丁美洲研究所兼职研究员，
广西外国语学院欧美语言文化学院教师）

Review on the Latin America's Political Ecology
Zhang Lubo

Abstract：At the end of the 20th century, the Latin America's ecological environment in was directly deteriorating and the unequal ecological exchange caused great concern. The political ecology has rapidly emerged in Latin America and has become one of the main paradigms to study of the relationship between social development and ecological development. This article combs and discusses the political ecology of Latin America, pays attention to theoretical development process and research topics, as well as recent frontier developments. Latin American political ecology not only explores the relationship between regional ecology and human beings, but also reflects on the relationship and conflict among ecological costs, benefits and powers in the process of globalization led by the West, and rethinks politics in a new perspective. Focusing on the fairness of ecological benefits, development of ecological civilization and economic development, livelihood changes, etc. , refute the opposition of dualism between ecology and development, and critically thinking about the ecological utilization, control, distribution, and construction. The research and discussion on the development process of Latin America's political ecology has important reference value to better understand Latin America, enhance strategic mutual trust and strategic docking between China and Latin America.

Key Words: Latin America; Political ecology; Construction of ecological civilization; Civilization conflict

中拉经贸合作

阿根廷牛肉在中国市场的
竞争力分析

宋海英　　林丹妮

摘　要： 基于中国人均收入水平不断提高，而国内牛肉供给产不足需的现实，中国对进口牛肉的需求日益扩大。运用中国市场占有率、贸易竞争力指数、区域显示性比较优势指数三个相互补充的指标，本文综合测度了阿根廷牛肉在中国市场的竞争力，发现阿根廷牛肉具备非常强且不断提升的竞争力水平，但同时面临着来自巴西、澳大利亚、新西兰、乌拉圭等国同类产品的激烈竞争。进一步，我们运用钻石模型，从供给、需求条件、相关支持产业、产业结构与竞争对手、机遇、政府六个层面考察了阿根廷牛肉在中国市场竞争力的影响因素，进而提出三个增强阿根廷牛肉竞争力的政策建议：依托"一带一路"倡议，降低贸易成本；发展跨境电子商务，树立品牌形象；加强市场溯源监测，保证产品质量。

关键词： 阿根廷；牛肉；竞争力；钻石模型

一　引言

随着中国经济的飞速发展，人均收入水平的不断提高，进口牛肉已经从奢侈型消费品转变为日常食品，走上了中国寻常百姓的餐桌。2001年，中国仅从国外进口0.39万吨牛肉（包括鲜、冷牛肉和冻牛肉）[①]，2020年

---

① 除了特别说明外，这部分中的牛肉包括两个HS4位代码：0201（鲜、冷牛肉）、0202（冻牛肉）。数据来源：联合国国际贸易中心（ITC）数据库（https：//www.trademap.org/Index.aspx）。

这一数值猛增到 211.83 万吨，扩大了 542 倍；牛肉进口金额也从 2001 年的 5.84 百万美元增加到 2020 年的 10179.1 百万美元，增加了 1741 倍。而位于南美洲东南部的阿根廷，具备肥沃的土地和辽阔的草原，素有"世界粮仓和肉库"的美称，现已成为全球第四大牛肉出口国。自 2002 年以来，阿根廷每年对外出口的牛肉都达十万吨以上，2020 年的出口数量为 61.76 万吨。其中，对中国出口冻牛肉 46.22 万吨，占其冻牛肉出口总量的 87.41%。那么，阿根廷牛肉在中国市场的竞争力如何？除了阿根廷牛肉，中国还进口哪些国家的牛肉？与竞争对手相比，阿根廷牛肉在中国市场的竞争力强吗？其竞争力受到哪些因素的影响？今后该如何提升阿根廷牛肉在中国市场的竞争力，以更好地满足中国消费者的需求呢？

二 文献述评

通过查阅相关文献发现，学者们主要从三个方面展开同类问题的研究。

（一）农产品国际竞争力的评价

由于不同的测算指标都存在自身的优点和缺点，国内外学者运用各种指标、从各自的维度，测度各类农产品在不同市场的竞争力状况。王如玉和肖海峰从出口技术结构和竞争态势的角度，测算中国和澳大利亚农产品在"一带一路"沿线国家的出口竞争力。[1] 刘志雄等通过建立指标体系对比分析中国与东盟水产品的竞争力。[2] 欧阳凌等运用国际市场占有率、显示性比较优势指数和贸易竞争力指数测算中国茶叶的国际竞争力。[3] 刘长全等从绝对优势、比

---

① 王如玉、肖海峰：《中澳对"一带一路"沿线国家农产品出口竞争力比较分析——基于出口技术附加值视角》，《中国农业大学学报》2021 年第 2 期。
② 刘志雄、卢玲、王义魏：《中国与东盟水产品贸易竞争力比较研究》，《中国物价》2020 年第 5 期。
③ 欧阳凌、廖翼、梁景普：《我国茶叶产业国际竞争力与提升对策分析》，《湖南农业科学》2020 年第 4 期。

较优势和品牌竞争力三个层面分析中国奶业的国际竞争力。[①] 王丹等基于恒定市场份额模型和显性比较优势指数考察中国苹果的国际竞争力。[②] 耿献辉和齐博采用市场集中度和恒定市场份额模型测算中国鲜切花的出口竞争力。[③]

　　Erdem 等运用显示比较优势、相对出口优势、相对进口优势、相对贸易优势和相对竞争力指数测度中国、美国、智利、德国、伊朗、荷兰、南非、法国、乌兹别克斯坦、阿根廷、西班牙、土耳其和印度的干燥类产品（如苹果干、李子、杏子、无花果和葡萄）的竞争力水平。[④] Fojtíková 借助贸易平衡指数和显示比较优势指数对中国农产品的出口竞争力进行测算。[⑤] Firlej 等运用出口导向、出口覆盖进口、进口渗透和显示性比较优势等指标评估波兰食品工业的竞争力。[⑥] Buleca 等基于显性比较优势指标、竞争力增长指数、净贸易绩效指数、相对进口渗透率指标、相对出口优势指标、相对商业优势指标，对斯洛伐克的原料奶和乳制品的竞争力进行测度，并将其与欧盟 27 国进行对比。[⑦] Kaminska 等通过构建一个综合衡量标准，评估 2009—2011 年欧盟的农业竞争力。[⑧] Ferto 和 Bojnec 运用显示比较优势指数测度欧盟 27 国在全球市场上水果和蔬菜产品的出口竞争力，发现大多数国家的水果和蔬菜在全球市场上表现出相对劣势。[⑨]

　　① 刘长全、韩磊、张元红：《中国奶业竞争力国际比较及发展思路》，《中国农村经济》2018 年第 7 期。

　　② 王丹、高道明、包利民：《我国苹果产品国际竞争力下降原因分析》，《农业技术经济》2017 年第 9 期。

　　③ 耿献辉、齐博：《中国鲜切花出口：市场规模、市场分布与竞争力效应》，《农业经济问题》2011 年第 10 期。

　　④ Erdem, Tunahan, "Competitiveness of Dried Sector: A Case Study of World and Turkey", *Agricultural Economics-Zemedelska Ekonomika*, Vol. 66, No. 8, 2020, pp. 365 – 372.

　　⑤ L. Fojtíková, "China's Trade Competitiveness in the Area of Agricultural Products after the Implementation of the World Trade Organization Commitments" (2018).

　　⑥ Firlej K., Kowalska A., Piwowar A., "Competitiveness and Innovation of the Polish Food Industry", *Agricultural Economics*, 2017, 63 (No. 11): in press.

　　⑦ Buleca, Jan, Simo, et al., "Assessment of Milk Production Competitiveness of the Slovak Republic within the EU-27 Countries", *Agricultural Economics*, 2016.

　　⑧ Kaminska, Agnieszka, Nowak, et al., "Agricultural Competitiveness: The Case of the European Union Countries", *Agricultural Economics*, 2016, 62 (11): 507 – 516.

　　⑨ Ferto I., Bojnec S., "Export competitiveness of the European Union in fruit and vegetable products in the global markets", *Agricultural Economics*, 2016, 62 (7): 299 – 310.

（二）农产品竞争力影响因素的分析

钻石模型、引力模型、多元回归估计是用来考察农产品贸易竞争力影响因素的主要方法。纪良纲和米新丽运用钻石模型证实了农产品供需关系、农产品供应链以及农产品企业经营状况是影响竞争力的主要因素。① 江影舟等运用市场占有率指标，并结合钻石模型综合分析甘肃省苜蓿产业竞争水平的影响因素。② 陶艳红和熊巍基于迈克尔·波特的钻石模型，通过因子分析法对中国柑橘国际竞争力的影响因素进行多因素回归分析，发现人均柑橘消费量、农业技术推广、农业支出占比、农业的劳动生产率与柑橘的国际竞争力呈正向关系；汇率和工业劳动生产率则呈负向关系。③ 陈迪和王一茹采用偏最小二乘回归方法对中国花生国际竞争力的影响因素进行实证研究，认为成本和价格的影响显著，国内需求的增加导致出口量下降，生产率的提高并未转化为国际竞争力。④ 张瑞荣等通过建立计量经济模型实证分析中国肉鸡产业竞争力的影响因素，认为国内生产供给、人民币汇率及入世等都产生了显著的影响。⑤ 崔燕等运用引力模型对影响中国羊肉国际竞争力的主要因素进行实证分析，指出羊肉产量对羊肉出口具有显著的正向影响，中国的人口数量产生显著的负向影响，贸易对象国的经济规模及人口数量、汇率并未产生影响。⑥ Taylor 的研究认为，政府要素（如改进饲料供给方式，改良肉羊品种）对南达科他州肉羊产业的竞争力有积极的推动作用。⑦

---

① 纪良纲、米新丽：《农产品国际竞争力提升研究——基于农产品供应链视角》，《河北经贸大学学报》2017 年第 6 期。
② 江影舟、南志标、王丽佳：《基于钻石模型理论的甘肃省苜蓿产业竞争力分析》，《草业科学》2016 年第 4 期。
③ 陶艳红、熊巍：《我国柑橘产品国际竞争力分析》，《农业技术经济》2016 年第 3 期。
④ 陈迪、王一茹：《中国花生产业国际竞争力影响因素分析——基于生产环节指标的实证分析》，《农业技术经济》2013 年第 11 期。
⑤ 张瑞荣、申向明、王济民：《中国肉鸡产业国际竞争力的分析》，《中国农村经济》2010 年第 7 期。
⑥ 崔燕、穆月英、李秉龙：《我国羊肉贸易及国际竞争力影响因素分析》，《农业经济问题》2009 年第 10 期。
⑦ Taylor G. , "Economic Impact of The Sheep Industry in South Dakota", *Issue Briefs*, 2011.

（三）牛肉生产及其竞争力的研究

国内学者中，王士权等从生产成本、出口价格和竞争力指数入手，对中国牛肉产品的国际竞争力进行综合评估，并采用引力模型对其影响因素展开实证分析，指出尽管中国是牛肉生产大国，但牛肉的出口规模却非常小，中国牛肉的国际竞争力比较薄弱。[①] 王士权等借助 DID 和 Heckman 两步法估计了 CNFTA 对中国牛肉进口的贸易创造和贸易转移效应，发现了正效应的存在。[②] 曹建民等运用引力模型考察了自由贸易区关税调减对中国牛肉进口的影响，发现除了中澳、中印自贸区外，其他自贸区的关税调减不会导致协议国出口到中国的牛肉数量激增。[③] 田露等采用相关指数测算了中国冷鲜牛肉的国际竞争力，认为牛杂产品竞争力水平最低，而其他类别的牛肉在生产技术和生产效率两方面都具备较强的竞争力；进而运用协整分析和有限滞后分布模型量化分析中国牛肉市场价格波动与关联效应，发现中国牛肉市场价格在波动中呈螺旋式增长态势，玉米价格是影响牛肉价格的最重要因素，替代品猪肉和羊肉的价格也对牛肉价格产生显著影响。[④] 胡定寰基于 Robust Variance 估计发现，农业机械化、价格、谷物的产量和价格、牛肉消费量都显著影响中国牛肉的生产。[⑤]

国外学者中，Sutawi 等运用贸易专业化指数和显示性比较优势指数将印度尼西亚的牛肉与其他九个东盟国家牛肉的贸易竞争力和专业地位加以比较，发现印尼牛肉贸易处于东盟中的较低水平。[⑥] Agus 等通过考察印度尼西亚肉牛的

① 王士权、常倩、李秉龙、王宇：《基于贸易自由化的中国牛肉国际竞争力与出口影响因素的实证分析》，《中国农业大学学报》2016 年第 9 期。

② 王士权、常倩、王宇：《CNFTA 背景下中国牛羊肉进口变化特征与贸易效应——基于 DID 和 Heckman 两步法的实证分析》，《农业技术经济》2016 年第 4 期。

③ 曹建民、曹兵海、张越杰：《自由贸易区关税调减对中国牛肉进口的影响》，《农业技术经济》2015 年第 1 期。

④ 田露、王军、张越杰：《中国牛肉市场价格动态变化及其关联效应分析》，《农业经济问题》2012 年第 12 期。

⑤ 胡定寰：《影响我国牛肉生产和消费行为的各因素研究》，《中国农村经济》2000 年第 9 期。

⑥ Sutawi S., Hendraningsih L., Wahyudi A., " Competitiveness of Indonesian beef trading in Asean", *Journal of the Indonesian Tropical Animal Agriculture*, 2019, 44（2）: 213.

生产体系，进而提出改善育种和繁殖技术、赋予小农权力、加强技术推广等建议。① Flores 和 Arce 采用恒定市场份额模型与相对出口优势指数，研究墨西哥的新鲜牛肉在美国市场的竞争力，发现由于牛肉生产率和生产集中度的提高，墨西哥肉类行业的竞争力明显提升，墨西哥新鲜牛肉在美国市场的份额不断增加。② Tebogo 使用显示性比较优势指数分析了 1961—2011 年博茨瓦纳牛肉的出口竞争力，结果表明博茨瓦纳一直都是南部非洲发展共同体中牛肉最具竞争力的国家，且与世界领先的牛肉出口商之间的差距在缩小。③

（四）简要评价

综上，国内外学者运用多种评价指标或模型对农产品的国际竞争力及其影响因素进行了大量的研究，但每种评价指标或模型都具有自身的优势和不足，根据研究问题的需要，采用几种相互取长补短的方法进行测度不失为更加合理的选择。同时，纵观现有的研究可知，学者们尚未对阿根廷牛肉在中国市场的竞争力展开足够的研究，而与竞争对手相比，阿根廷牛肉在中国市场竞争力影响因素的研究更为缺乏。但就提升阿根廷牛肉的国际竞争力，以及满足中国消费者的牛肉需求而言，这类研究是极为紧迫而又非常必要的。

因此，本研究基于中国市场占有率、贸易竞争力指数、区域显示性比较优势指数三个指标的优缺点，综合测算阿根廷牛肉在中国市场的竞争力水平；进而运用钻石模型考察阿根廷牛肉在中国市场竞争力的影响因素，为提升阿根廷牛肉在中国市场的竞争力建言献策。这一方面有利于厘清阿根廷牛肉在中国市场的竞争力水平，把握其优势和劣势，进而扩大阿根廷牛肉对中国的出口，增加阿根廷的外汇收入；另一方面，更有利于填补中国不断扩大的牛肉需求缺口，满足中国人民日益增长的美好生活需要。

① Agus A., Widi T., "Current Situation and Future Prospects for Beef Cattle Production in Indonesia — A Review", *Asian-Australasian Journal of Animal Sciences*, 2018, 31 (7).

② Flores J., Arce M., "Competitiveness of Fresh Mexican Beef in the U. S. Market", *Estudios Fronterizos*, 2015, 25 (14): 342.

③ Tebogo, B., Seleka, et al., "Export Competitiveness of Botswana's Beef Industry", *The International Trade Journal*, 2016, 31 (1): 76–101.

三　阿根廷牛肉在中国市场的竞争力测算

考虑到测算的是一国某类农产品在特定区域（国家）的竞争力水平，笔者借鉴并改进赵海燕和何忠伟的研究方法①，运用中国市场占有率、区域贸易竞争力指数、区域显示性比较优势指数三个指标综合评价阿根廷牛肉在中国市场，相较于巴西、乌拉圭、澳大利亚、新西兰、美国等主要竞争对手的竞争力（参见表1）。

表1　　　　　　　　　外国牛肉在中国市场竞争力的评价指标

衡量对象	指标	计算公式	数值的含义
市场份额	中国市场占有率（MSC）	$MSC_{ij} = M_{ij}/M_{rj}$ M_{ij}：第 j 类产品中国自 i 国的进口额 M_{rj}：第 j 类产品中国从全球的进口总额	MSC_{ij} 的取值通常在 0—1 之间，数值越大表示产品占中国市场的份额越高，竞争力越强
贸易差额	区域贸易竞争力指数（RTC）	$RTC_{ij} = (X_{ij} - M_{ij})/(X_{ij} + M_{ij})$ X_{ij}：i 国第 j 类产品对该区域的出口额 M_{ij}：i 国第 j 类产品自该区域的进口额	RTC_{ij} 越接近于 1，表示竞争力越强；越接近于 −1，表示竞争力越弱；当它趋于 0 时，表示竞争力趋于平均水平
出口相对占比	区域显示性比较优势指数（RRCA）	$RRCA_{ij} = (X_{ij}/X_{it})/(X_{rj}/X_{rt})$ X_{it}：i 国所有产品对该区域的出口总额 X_{rj}：全球对该区域第 j 类产品的出口总额 X_{rt}：全球对该区域所有产品的出口总额	当 $RRCA_{ij} > 1$ 时，表明这类产品在该经济区域具有比较优势，竞争力强 当 $0 < RRCA_{ij} < 1$ 时，表明不具有比较优势，竞争力弱

资料来源：赵海燕、何忠伟：《中国大国农业国际竞争力的演变及对策：以蔬菜产业为例》，《国际贸易问题》2013 年第 7 期。

运用这三类指标的原因主要基于其优缺点，且指标之间可以相互补充，进而更加综合地评价阿根廷牛肉在中国市场的竞争力。中国市场占有率（MSC）是反映贸易竞争力强弱的直接指标，其缺点在于仅考虑了单向

---

① 赵海燕、何忠伟：《中国大国农业国际竞争力的演变及对策：以蔬菜产业为例》，《国际贸易问题》2013 年第 7 期。

的进口贸易，当一国既有出口又有进口时，其有效性就变弱了①。因此，区域贸易竞争力指数（RTC）从进口和出口双向贸易的角度测算竞争力，是对市场占有率指标的有力补充。但按照茅锐和张斌的观点，贸易竞争力指数的缺陷在于仅分析了一国自身的进出口，而尚未与世界水平进行对比。② 故而运用区域显示性比较优势指数（RRCA），将全球的贸易规模纳入考量，这既是测算竞争力较为理想的指标，也是对其他指标的改进与完善。

（一）中国市场占有率（MSC）

由于 2010 年以前中国从阿根廷进口的牛肉③几乎为 0，故笔者在竞争力的评价方面仅截取 2010 年以来的数据加以分析。

从图 1 可以看出，在中国市场上，主要有来自巴西、阿根廷、澳大利亚、乌拉圭、新西兰和美国的牛肉产品，这六个国家所占的份额加起来接近 100%。其中，阿根廷牛肉在中国市场所占的份额呈现出不断扩大的趋势。自从 2010 年阿根廷开始对中国出口冷冻牛肉以来，2011 年曾停止出口，但之后便逐渐增多，2020 年的市场份额已提升至 21.24%，跃居中国牛肉进口的第二大来源国，紧随巴西之后。但必须指出的是，阿根廷牛肉在中国市场面临着来自南美国家，尤其是巴西的激烈竞争。巴西牛肉除了曾经因疯牛病一度未对中国出口之外，近年来稳居中国第一大牛肉进口来源国的地位，2020 年的市场份额高达 42.73%。此外，来自大洋洲的澳大利亚和新西兰同样也在中国市场对阿根廷牛肉构成竞争。澳大利亚曾经是中国牛肉进口的第一大来源国，2011—2014 年所占的份额接近或超过50%，尽管近年来的份额有所回落，但其竞争地位不容小觑；新西兰牛肉在中国市场也占有一席之地，长期以来的份额都保持在 10% 左右。

---

① 刘琦：《中南半岛地区对中国稻米出口的竞争力与潜力研究》，博士学位论文，浙江大学，2019 年，第 57—62 页。

② 茅锐、张斌：《中国的出口竞争力：事实、原因与变化趋势》，《世界经济》2013 年第 12 期。

③ 由于地理距离遥远，中国主要从阿根廷进口冻牛肉，鲜、冷牛肉的进口规模非常少。因此，本部分阿根廷牛肉在中国市场竞争力的分析仅考察冻牛肉（HS4 位代码为 0202）。

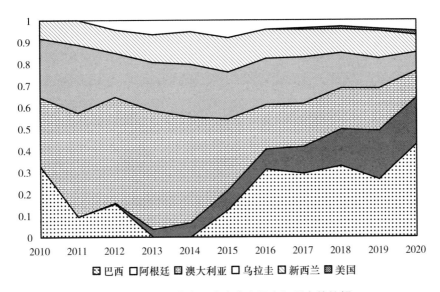

图1　2010年以来各国牛肉在中国市场所占的份额

数据来源：联合国国际贸易中心（ITC）数据库（https：//www.trademap.org/Index.aspx）。

（二）区域贸易竞争力指数（RTC）

区域贸易竞争力指数测算结果表明，阿根廷牛肉在中国市场具有非常强的贸易竞争力。2010年以来，由于中国并未对阿根廷出口牛肉产品，仅从阿根廷进口牛肉，因此，其区域贸易竞争力指数（RTC）均为1，表示阿根廷牛肉在中国市场存在极强的竞争力（参见表2）。但必须指出的是，与阿根廷牛肉的强竞争力相似的是，中国市场上来自巴西、澳大利亚、乌拉圭、新西兰、美国的牛肉都具有非常强的竞争力，其RTC指数计算结果都为1或接近1。可见，阿根廷牛肉在中国市场具备强竞争力的同时，面临着来自巴西、澳大利亚等对手的激烈竞争，其竞争地位并不稳固。

表2　　　　　2010年以来各国牛肉在中国市场的RTC指数测算结果

年份	阿根廷	巴西	澳大利亚	乌拉圭	新西兰	美国
2010	1.000	1.000	1.000	1.000	1.000	1.000
2011	1.000	1.000	1.000	1.000	1.000	1.000
2012	1.000	1.000	1.000	1.000	1.000	1.000

续表

年份	阿根廷	巴西	澳大利亚	乌拉圭	新西兰	美国
2013	1.000	1.000	1.000	1.000	1.000	1.000
2014	1.000	1.000	1.000	1.000	0.999	1.000
2015	1.000	1.000	1.000	1.000	0.999	1.000
2016	1.000	1.000	1.000	1.000	1.000	1.000
2017	1.000	1.000	1.000	0.999	1.000	1.000
2018	1.000	1.000	1.000	0.999	1.000	1.000
2019	1.000	1.000	1.000	0.998	1.000	1.000
2020	1.000	1.000	1.000	0.986	1.000	1.000

数据来源：联合国国际贸易中心（ITC）数据库，经作者计算获得。

（三）区域显示性比较优势指数（RRCA）

综合性指标区域显示性比较优势指数（RRCA）的测算结果表明，阿根廷牛肉在中国市场的比较优势不断增强，具有极强的竞争力。自从 2012 年以来，阿根廷牛肉在中国市场的显示性比较优势指数均大于 1，且数值不断扩大，2020 年的 RRCA 指数测算结果高达 78.536，说明具有非常强的竞争优势。同样，巴西和澳大利亚牛肉在中国市场也具有非常强的竞争力，尽管受疯牛病的影响，巴西牛肉的 RRCA 指数值一度接近 0，但之后迅速恢复到超过 1 的水平，但相较于阿根廷牛肉，巴西和澳大利亚牛肉的 RRCA 指数测算结果普遍较小，表明在中国市场上，阿根廷牛肉的竞争力比巴西和澳大利亚的牛肉要强。与此相反，乌拉圭和新西兰牛肉在中国市场的 RRCA 指数值普遍高于阿根廷，说明其竞争力特别强，比阿根廷牛肉的竞争力更强。美国牛肉在中国市场的 RRCA 指数值较小，表明不具备竞争力。

表3　　　　2010 年以来各国牛肉在中国市场的 RRCA 指数测算结果

年份	阿根廷	巴西	澳大利亚	乌拉圭	新西兰	美国
2010	0.379	2.876	7.949	1061.849	34.110	0.185
2011	0	4.457	11.153	1092.471	41.653	0
2012	4.531	13.222	13.213	672.532	55.883	0

年份	阿根廷	巴西	澳大利亚	乌拉圭	新西兰	美国
2013	14.371	0.032	11.623	328.760	30.218	0
2014	33.400	0.017	10.363	343.948	36.006	0
2015	24.770	9.908	9.354	256.209	45.050	0
2016	33.388	12.927	4.591	300.182	31.465	0
2017	57.903	12.037	5.292	211.145	28.675	0.116
2018	103.624	10.602	5.317	199.806	24.821	0.204
2019	85.210	11.108	4.739	136.032	24.478	0.172
2020	78.536	12.530	2.565	103.112	14.399	0.377

数据来源：联合国国际贸易中心（ITC）数据库，经作者计算获得。

综上，阿根廷牛肉在中国市场具有很强的竞争力，且竞争力呈现不断增强的趋势。中国市场占有率、区域贸易竞争力指数、区域显示性比较优势指数的测算结果均表明，阿根廷牛肉在中国市场的竞争力非常强。同时，巴西、澳大利亚、乌拉圭、新西兰等国牛肉的竞争力也很强，与阿根廷牛肉争夺中国市场的份额，存在激烈的竞争。相比之下，巴西牛肉在中国市场所占的份额更高。

四　阿根廷牛肉在中国市场竞争力的影响因素分析

从现有的研究可见，尽管考察竞争力影响因素的研究方法较多，如恒定市场份额模型、引力模型、多元回归模型等，但这三种均属于定量分析方法，一方面需要为变量的选取提供科学的依据，另一方面需要严格的数理经济学推导，模拟的结果很容易出现偏误；而笔者采用更加定性的钻石模型对阿根廷牛肉在中国市场竞争力的影响因素进行综合考量。这主要是基于如下考虑：其一，阿根廷牛肉市场竞争力的评价已采用定量分析指标进行测度，影响因素的分析采用定性的钻石模型，也就是将定性分析与定量分析结合起来，从而使问题的分析更加深入；其二，钻石模型考察的影响因素更加全面，波特指出①，除了生产要素、需求条件、相关支持性产业、企业战略、结构和竞争对手四个因素外，政府和机会也应该作为影响竞争力的重要因素；其三，钻石模型强调要素之间的相互作用，可以为竞争力的进一步提升指明方向。

迈克尔·波特于1990年提出的钻石模型（Diamond Model）已成为分析国际竞争优势的重要工具之一。该模型认为，决定一个国家某一行业（产品）国际竞争优势的因素有四个：生产要素（包括人力资源、天然资源、知识资源、资本资源、基础设施）；需求条件（主要是目标市场的需求结构、需求性质和市场规模）；相关支持性产业（上下游行业的发展状况，是否具有国际竞争力）；企业的战略、结构、竞争对手（包括企业经营战略、产业的结构以及竞争对手的影响）。这四大因素相互作用，形成钻石体系（参见图2）。此外，还有两个不确定性因素：政府与机遇。这两个辅助因素分别指政府对四个基本要素的介入影响和外部环境的突发事件对产业（产品）所带来的影响。钻石模型的理论架构如图2所示。

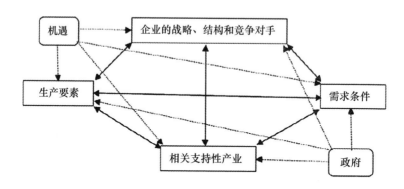

图2 迈克尔·波特的钻石模型

（一）供给因素

在地理条件上，范剑青指出，气候和土壤为阿根廷的牛肉生产提供了

---

① Michael P. , "The Competitive Advantage of Nations", *Harvard Business Review*, 1990, 68.

得天独厚的自然条件，也为其强竞争力奠定了良好的基础。[①] 阿根廷地处潘帕斯草原，其牛肉产业是世界上典型的大牧场农业。潘帕斯草原属于亚热带草原湿润气候，冬季气候温暖，最冷月平均气温高于 0 摄氏度；夏季气候温和，最热月平均气温为 26—28 摄氏度。草原上的光照充足，热量丰富，土壤类型以黑土为主，土壤肥沃，这样的气候条件有利于牧草的生长。优良的牧草品质直接促进了阿根廷牛肉营养价值的提升，其牛肉油脂少、胆固醇含量低，更适合健康饮食的需要，也使其在国际竞争中占据优势。同样，作为阿根廷在中国牛肉市场竞争对手之一的新西兰，也具有得天独厚的地理优势。新西兰的地形以山地为主，气候温和，雨量丰富，非常适合牧草的生长。同时，独特的地理位置使新西兰拥有天然的海洋屏障抵御外来疾病的入侵，因此，新西兰从未发生过口蹄疫、疯牛病等与牛肉生产相关的重大疫情，从而保障了新西兰牛肉竞争力的提升。反观中国，宫晶认为，作为阿根廷牛肉的主要输入国之一，中国尽管人均耕地面积较小，导致饲料粮草的供应相对短缺，但由于中国永久草地总面积在世界范围内占比较高，因而中国的牛肉产业也具备相对的地理优势。[②] 但最近几年中国由于存在草场过度利用的现象，草场沙化、盐碱化日益加重，国内草地质量不断恶化，草场资源不断减少，原有的地理优势正在不断削弱。

在良种繁育上，阿根廷的肉牛品种比较集中，主要是纯种黑安格斯与纯种红安格斯，还有一部分海福特、婆罗门与安格斯杂交牛以及婆罗门与海福特杂交牛。总体而言，阿根廷的肉牛体格小、身躯低矮，成年肉牛体重大约在 450 千克/头，其牛肉的油脂少、胆固醇含量低，能在很大程度上满足现代人对健康饮食的需求，成为阿根廷牛肉竞争优势的源泉之一。在中国，当前的肉牛品种以地方黄牛为主，牛肉的品质不高，中国肉牛养殖行业也缺乏科学有效的育种体系，虽然经过长期的生产实践，国内肉牛育种水平已有所提高，也出现了一些地方特色鲜明的黄牛品种，如山东的鲁西黄牛，但依然缺乏肉用性能佳的优质肉牛品种。尽管政府采取了一定的措施，如从国外引

---

① 范剑青：《阿根廷：创新提升农业竞争力》，《人民日报》（国际版）2016 年 11 月 12 日第11 版。

② 宫晶：《我国牛肉国际竞争力及其影响因素分析》，硕士学位论文，南京农业大学，2011年，第 47 页。

进肉牛品种用于改良地方黄牛品种，但是受养殖水平的限制，杂交培育的肉牛品种性能与国外的纯种肉牛相比，仍存在较大的差距。

在养殖方式上，阿根廷具有专业化的繁育体系，可以节省自繁自育的成本。阿根廷的养殖场几乎不采用直线育肥的方式，因为这种方式无法充分发挥牛的生理特点优势，从经营角度看也并不实惠，而较高的专业化程度能大大提高阿根廷生牛的养殖效率，从而对牛肉的生产与出口都产生积极的影响。中国畜牧业协会牛业分会的研究指出，阿根廷完整的肉牛生产周期通常分为两个阶段：前期喂养（18 个月）和后期育肥。① 肉牛育肥有饲养场催肥育肥和利用天然牧草放牧育肥两种方式：在饲养场采用精料催肥育肥，3—4 个月即可达到出栏体重，这种方式下，整个肉牛的生产周期为 21—22 个月；而采用牧场放牧育肥，则取决于草场牧草的质量，通常需要 12—30 个月才能达到出栏体重，这种方式下，整个肉牛的生产周期为 30—48 个月。不管采用哪种育肥方式，肉牛优良的遗传物质都能充分地发挥出来，进而转化成阿根廷牛肉参与国际竞争的优势。新西兰的牲畜饲养方式不同于阿根廷，其实行分区围栏放牧，既没有棚舍，也不需要喂料和清粪，劳动力消耗极少。牧场会根据自己的草地资源来确定肉牛的饲养量，并根据不同时节的放牧需求，将草地划分为若干区域，参照制订好的计划进行分区轮牧。这种饲养方式不仅能降低饲养成本，而且养育出的肉牛体格健壮，精神压力小，肉质优良，饱和脂肪相对较低。此外，新西兰非常重视草场和畜种的改良，当前新西兰饲养的牲畜已全部良种化。与上述两国相比，中国的牛肉生产仍以分户饲养、集中育肥为主，肉牛养殖的规模不足 10 头/户，规模化程度低，养殖户对先进养殖技术的掌握滞后期很长，从而导致中国的肉牛养殖效率大大低于其他国家。

在生产成本上，根据联合国粮食及农业组织（FAO）的牛肉生产者价格数据②，中国牛肉的生产成本高，且与国内市场上其他国家的差距很大。2015 年，中国牛肉的生产者价格为 6931.8 美元/吨，而阿根廷、巴西、澳

---

① 中国畜牧业协会牛业分会：《阿根廷牛业考察报告》，《饲料与畜牧》2019 年第 5 期。
② FAO 公开的生产者价格数据（2021 年 8 月查询）中，澳大利亚、新西兰、美国等国家未能及时更新，因而无法采用最近两年的数据进行对比分析。

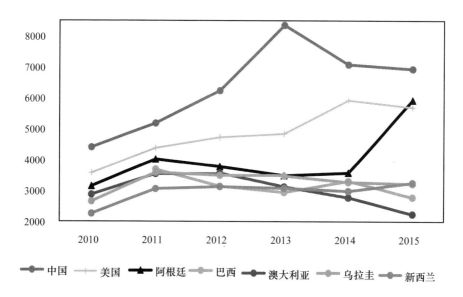

图3　2010 年以来各国牛肉的生产者价格（美元/吨）

数据来源：联合国粮食及农业组织（FAO）数据库（http://www.fao.org/faostat/zh/#data/PP），经作者整理获得。

大利亚、乌拉圭、新西兰、美国牛肉的生产者价格分别仅为 5919.9 美元/吨、2779.3 美元/吨、2235 美元/吨、3214 美元/吨、3246.9 美元/吨、5686 美元/吨（参见图3）。总的来看，中国长期高昂的牛肉生产者价格表明，中国肉牛养殖的单位成本较高。相比之下，阿根廷虽然具有专业化养殖体系，但其生产成本也高于巴西、乌拉圭、新西兰等国，并不具备明显的成本优势；而最近两年澳大利亚牛肉的生产者价格处于较低的水平，且呈现成本不断降低的趋势，在生产成本上占据较大的优势。

（二）需求条件因素

随着中国经济的稳健发展和综合国力的不断增强，人民的生活水平及消费能力不断提升。李建发现，在中国居民的肉类消费结构中，牛肉在肉类消费中所占的比重增速极快。[①] 从图4 中可见，2013 年以来，中国居民

---

　① 李建：《中国牛肉消费特征及其影响因素研究》，硕士学位论文，南京农业大学，2006年，第24页。

的人均可支配收入不断提高，同时，居民的人均消费支出也日益扩大，从
而可以预想的是，对牛肉产品的需求也不断增多。但与此不相匹配的是，
国内农产品供需矛盾日渐凸显，中国自己生产的牛肉已远远无法满足市场
的需求。郭磊和张立中的研究进一步指出，中国牛肉消费供不应求的局面
不会在短期内有巨大的改观，再加上牛的养殖周期长，无法达到快速供
给，中国只能依靠进口填补牛肉的供需缺口。[①] 因此，中国市场对牛肉的
进口需求日益扩大，而阿根廷、新西兰、巴西等国的牛肉可以有效弥补中
国的牛肉需求缺口。

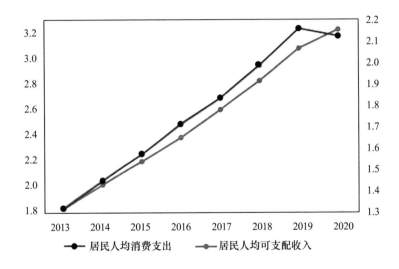

图 4　2013 年以来中国居民人均收入及支出（万元）

数据来源：国家统计局（www. stats. gov. cn/tjsj/）。

在营养价值上，牛肉中含有丰富的蛋白质、氨基酸以及大量维生素 B6，
这些成分可以帮助人体增强免疫力，有效促进蛋白质的新陈代谢和合成，因
此牛肉非常适合手术后、病后调养的人补血和修复组织。在食用方法上，牛
排、涮牛肉、烤牛肉串等多样的食用方式也间接增加了对牛肉的需求。

---

① 郭磊、张立中：《我国牛肉供给面临的困境与应对措施》，《中国畜牧杂志》2015 年第 4
期。

（三）相关支持产业因素

与牛肉产业相关的产业主要有饲料业、屠宰加工业、运输业等。在饲料产业上，中国人均耕地面积有限，缺乏完善的人工草地保护制度，导致中国饲料资源不足，竞争力总体比较弱。而阿根廷、新西兰等国拥有天然的地理优势，牧草资源丰富，竞争优势明显。

在屠宰加工技术上，中国牛肉加工水平低，牛肉制品的运输和加工与发达国家相比差距较大，具体表现在：肉牛屠宰加工集约化程度低、冷链保鲜技术不完善，因而导致牛肉的保质期短、牛肉制品加工率低、品种单一。宝音都仍和王星星认为，中国肉牛屠宰在很大程度上以个体为主，规模较大的屠宰企业数量非常少。[①] 而阿根廷、巴西、澳大利亚等国的牛肉加工体系完整，有先进的牛肉保鲜技术和科学的产品质量保障体系，这使其出口的牛肉在中国市场上具有较强的竞争力。

在交通运输上，随着中国物流运输业的蓬勃发展，国内牛肉的运输成本和运输时间都大大减少，运输效率较高。而阿根廷与中国地理距离遥远，海运是贸易往来的主要方式，运送费用、运送时间、运送效率都会影响阿根廷牛肉对中国市场的出口。同时，大批量的牛肉在运输和储存上都必须满足相当严苛的条件，否则，就会影响牛肉的市场销售。此外，阿根廷国内的公路、港口等基础设施建设较为落后，通关手续烦琐复杂，通关效率低下，进而提高了综合运输成本，这对阿根廷牛肉的出口产生不利影响。

（四）产业结构与竞争对手因素

在产业结构上，阿根廷有完善且先进的牛肉生产链，阿根廷肉牛产业的组织化程度较高，不仅有按照行业划分的生产者、加工者、营销者和贸易者组织，也有按照区域划分的微观、中观和宏观组织；此外，阿根廷牛肉产品屠宰和加工的规模都比较大，市场集中度较高，因此大大提高了其国际竞争力。而中国肉牛养殖企业的产业化组织程度低，缺乏具备较大影

[①]　宝音都仍、王星星：《我国肉牛生产现状及未来展望》，《中国饲料》2021 年第 2 期。

响力的龙头养殖企业。市场上大多数分散饲养的农户养殖规模小，缺乏专业的产销一体化组织，不仅削弱了牛肉的市场竞争力，同时也使牛肉产品难以适应不断变化的市场需求。另外，必须提及的是，阿根廷牛肉的品牌建设力度不足，品牌带动力较弱；同时，阿根廷牛肉还缺少科学完善的牛肉评级制度，与市面上广为人知的澳大利亚、日本的牛肉相比，知名度低且缺乏足够的宣传推广，不利于其在中国市场的销售。

在竞争对手上，郑国富指出，近年来中国与澳大利亚、新西兰等国相继签署并实施了双边贸易合作协议，对农业领域的合作也有明确的指示，并建立了科学高效的合作体系。① 然而，中国与阿根廷在农业领域的合作起步较晚，两国的农业部门尚未建立起灵活的沟通机制，使得在农业发展计划的对接上存在缺漏，对已达成的合作协议的落实工作不到位，进而导致两国农业领域的合作滞缓。

（五）机遇与政府因素

受新冠肺炎疫情的影响，中国消费者非常注重牛肉等生鲜食品的安全。作为在中国牛肉市场占有一席之地的美国，从产地到出口整个供应链的每个环节，全程都有一整套非常严格且完善的安全管理系统监控，以保证每块牛肉都拥有卓越的食用品质。倪瑞捷研究发现，阿根廷有完善的牛肉品质溯源系统。② 通过先进的信息采集系统，牛的出生信息、疾病史、饲料等重要信息都记录在牛的耳标上，牛肉生产过程中也会生成相应的二维码置于牛肉包装中，以便分销商或牛肉进口国的检疫部门查询相关信息。同样，乌拉圭也有一套科学的牛肉品质追溯机制。乌拉圭肉牛在整个生产繁育过程中的所有重要信息都记录在一个特定的耳环芯片上，政府工作人员可以将管理系统和这个芯片装置相连接查阅需要的信息。总体来看，这些国家对牛肉的质量安全把控都非常严格，进而提升了其牛肉产品在中国市场的竞争力。

---

① 郑国富：《新时代中国与阿根廷农产品贸易合作发展的机遇、挑战与前景》，《区域与全球发展》2020 年第 5 期。

② 倪瑞捷：《南美牛肉供应商看好中国市场》，《经济参考报》2018 年 6 月 28 日第 3 版。

值得一提的是，随着区域全面经济伙伴关系协定（RCEP）等新的经贸合作协议的签订，未来中国的牛肉市场将进一步开放。澳大利亚和新西兰作为 RCEP 的成员方，其出口到中国的牛肉在未来可以享受零关税待遇，这无疑会降低两国牛肉的出口成本，进而增强其在中国市场的竞争优势。而阿根廷新政府为了缓解国内财政的严峻形势，在 2019 年将牛肉的出口关税从 7% 提高至 9%，这一举措不仅增加了阿根廷牛肉的出口成本，也会阻碍其在中国市场的竞争力。

总体而言，阿根廷牛肉受储存条件以及物流基础设施建设滞后等因素的影响，牛肉出口的运输成本增加，从而导致其综合成本高于中国市场上的其他竞争对手；同时，由于缺乏专业的牛肉评级制度，阿根廷牛肉品牌在中国的知名度较低，也在一定程度上削弱了其在中国市场的竞争力；此外，随着中国消费者对食品安全关注度的不断提高，加强牛肉质量安全的监管对提高竞争力有着深远的影响。

五　提升阿根廷牛肉在中国市场竞争力的政策建议

（一）依托"一带一路"倡议，降低贸易成本

在中拉共建"一带一路"的指引下，中国可以加大对阿根廷的公路、铁路、河运、航空和港口建设的投资力度，以完善阿根廷的交通基础设施，提高物流效率，从而降低牛肉等产品的运输成本。同时，有必要推进中国与阿根廷建立健全的沟通机制，增进两国海关、检疫、运输等部门的信息共享，简化通关手续，提高牛肉等农产品的通关效率，提升贸易便利化水平，促进双边贸易的自由化，从而降低牛肉贸易的成本。

（二）发展跨境电子商务，树立品牌形象

中国与阿根廷两国政府应积极促进跨境电子商务的发展，搭建互联网平台扶持涉农企业产品的推广与销售，借助影响力广泛的互联网电商平台加大对阿根廷优质牛肉的宣传，通过直播带货等形式扩大阿根廷牛肉在中国市场的知名度，利用高效物流降低线下交易的成本，培育和挖掘潜在市场需求。同时，鼓励阿根廷牛肉龙头企业，积极创建优质的牛肉品牌，从

而提高阿根廷牛肉在中国市场的影响力和竞争力。

（三）加强市场溯源监测，保证产品质量

有必要密切监测来自阿根廷等国进口牛肉的销售平台，尤其是对生鲜超市和网络电商等要加强排查，定期进行产品溯源和质量评估，确保牛肉产品检疫合格、渠道正规，以保证中国市场上牛肉产品的质量安全，让消费者吃到安全、放心的进口牛肉。

（作者宋海英，浙江外国语学院国际商学院教授；

林丹妮，浙江外国语学院国际商学院学生）

The Competitiveness of Argentine Beef in the Market of China
Song Haiying and Lin Danni

Abstract：China's demand for imported beef is growing as percapita incomes rise and domestic beef supplies fall short of demand. By using three complementary indicators, Chinese market share, trade competitiveness index and regional revealing comparative advantage index, this paper comprehensively measures the competitiveness of Argentine beef in the China's market, and finds that Argentine beef has a very strong and continuously improving competitiveness level in the China's market. But it also faces fierce competition in similar products from Brazil, Australia, New Zealand, Uruguay and other countries. Furthermore, we use the Diamond Model to investigate the factors that influence the competitiveness of Argentine beef in the China's market from six aspects: supply factors, demand conditions, relevant supporting industries, industrial structure and competitors, opportunities and government. Furthermore, we put forward three policy suggestions to enhance the competitiveness of Argentine beef: Rely on the "Belt And Road" initiative to reduce trade costs; Develop cross-border e-commerce and establish brand image; Strengthen the monitoring of market traceability to ensure product quality.

Key Words：Argentina; Beef; Competitiveness; Diamond Model

中国对拉美七国直接投资的
贸易效应研究

吕宏芬　　王阳　　李欣琪

摘　要：2020 年新冠肺炎疫情在全球暴发，给世界经济带来前所未有的冲击和影响，也影响了我国的对外投资与贸易。研究我国对拉美地区直接投资的贸易效应，对于"后疫情时代"我国如何安全开展对外投资与加强贸易联系，具有重要意义。本文以巴西、墨西哥、智利、秘鲁、阿根廷、哥伦比亚和委内瑞拉七个拉美国家为例，通过 2005—2019 年我国对这七个国家直接投资与贸易数据，实证研究我国对拉美七国直接投资对产品进出口带来的贸易效应。结果显示我国对拉美七国的直接投资有助于促进双方初级加工品和高级加工品的贸易往来。基于实证研究的结果，本文就我国如何同拉美国家开展进一步的经贸往来，从政府和企业层面提出若干建议。

关键词：直接投资；贸易效应；拉美；回归分析

一　引言

自 2010 年中国经济跃居世界第二以来，对外直接投资额逐年扩大，尤其是近年来进一步落实开放型世界经济的构建，使得我国企业"走出去"的意愿不断加强。虽然对外投资的发展势头越来越强劲，但我国仍属发展中国家，从投资国家和地区的角度来看，对外直接投资的首选国家应为那些经济发展水平与我国相似的国家。拉丁美洲地区资源丰富，发展潜力大，投资前景良好，同时经济发展程度与我国类似，因此拉丁美洲是我国对外投资的理想选择。

而目前我国对外投资的东道国家和地区，主要集中于亚非欧大陆，对于拉美的直接投资主要局限在几个拉美国家。因此进一步开辟拉美市场，对于满足国内企业对外投资的需求意义非凡，但拉美对外开放直接投资的主要行业均被发达国家所抢占。新冠肺炎疫情在全球范围内的蔓延，打破了这一势头，但也阻碍了我国对外投资的步伐，因此如何防范和应对这些风险，是需要考虑的问题。作为新兴经济体和发展中国家的重要组成部分，拉美地区在经济上不断发展[①]。自改革开放以来，我国与拉美地区的关系发展迅速，中国加入 WTO 后，对拉美地区的直接投资进一步加大。

二　文献综述

关于国际直接投资与贸易，国外专家学者在这一方面开展研究的时间比较早，也取得了比较多的成果。作为调整资源在国家间流动的直接与间接手段，国际直接投资与国际贸易之间的关系是替代还是互补，不断引发讨论。

Mundell[②] 是最早研究贸易替代理论的学者之一，其提出的替代贸易理论极具代表性。该理论认为国际投资规模和贸易规模呈相反的趋势，即双方的贸易数量会随着投资资本的扩大而减少。R. Vernon 认为传统的要素禀赋理论脱离现实，他通过研究产品兴衰的周期循环过程，提出了生命周期理论，表明企业在产品的不同时期会有不同的对外投资特征。Johnson[③] 在 Mundell 理论的基础上研究发现，贸易额的变化与投资政策、贸易政策等约束条件之间存在一定的相互影响和制约关系。

---

① Otaviano Canuto, "How Chinese Investment in Latin America Is Changing", *Americas Quarterly*, 2019. 3. 12.

② Mundell R. A., "International Trade and Factor Mobility", *American Economic Review*, 1957, 47 (3): 321–335.

③ Johnson H. G., "Essays in Monetary Economics", *Revue Économique*, 1968, 19. 1084–1085.

　　Svensson 采用新模型验证了对外直接投资与对外贸易之间是互补还是替代关系，取决于这种对外直接投资是否由贸易障碍引起，资本是流向进口替代部门还是出口替代部门。Markusen 等①研究也发现，投资和贸易的关系是替代还是互补，依赖于贸易与非贸易要素间是合作还是非合作的。Brainard 拓展了 Johnson 的理论，认为在不同的发达国家市场之间，要素禀赋的差异会由于要素禀赋和生产率变化等因素而缩小，从而导致国内外的生产趋向一致，最终实现输出对外直接投资对贸易的替代。Markusen 和 Venables②解析了横向一体化的对外直接投资对国际贸易的影响，认为如果两个国家的市场规模与要素禀赋都非常接近的话，那么跨国企业就能输出对外直接投资，实现对贸易的替代。

　　有学者从贸易互补的角度来看待直接投资带来的影响，其中比较具有代表性的是小岛清的边际产业扩张论。③ 边际产业扩张论从宏观角度入手，将投资国对东道国的 FDI 贸易效应分为创造型和替代型。他认为传统对外直接投资带来的贸易效应都是贸易替代型，因为对外投资的企业以比较优势居多，投资金额的加大会导致投资国出口的减少，而如果投资国的直接投资集中于自然资源开发，把具有比较优势的产业留在本国，会促进东道国与投资国双方的良性发展，也就是贸易互补。

　　Schmitz 和 Helmberger 在贸易替代理论发展的早期阶段就发现，当技术先进的投资国向技术落后但资源丰富的东道国的基础产业投资时，投资国的高级产业出口额将会提高。这一现象表明了投资国与东道国的垂直一体化生产会创造国际贸易，从而实现贸易互补。小泽辉智以小岛清的边际产业扩张理论为基础，进一步阐述了国际直接投资不同阶段的贸易效应。

　　国内对于直接投资相关的研究开展得较晚，不过也已经有学者开展一些研究。邱营④根据资本流动的方向，将国内学者的研究总结为两类。第

---

　　① Markusen J. R., "Multinationals, Multiplant Economies and the Gains from Trade", *Journal of International Economics*, 1984, 16: 205 - 226.

　　② Markusen, J. and Venables, A., "Multinational Firms and the New Trade Theory", *Journal of International Economics*, 1998, 46: 183 - 203.

　　③ ［日］小岛清：《对外直接投资论》，日本钻石出版社 1977 年版。

　　④ 邱营：《中国对巴西直接投资的贸易效应分析》，硕士学位论文，辽宁大学，2013 年。

一类是外企对我国直接投资所产生的贸易效应，第二类为我国对外直接投资所产生的贸易效应。

王群英比较了 1988—1996 年中国对外直接投资与外企对中国直接投资数量，发现中国对外直接投资的地区分布与各个国家和地区的经济发展水平相一致，即对发达国家和地区的投资数量要高于发展中国家，我国需要提高对新兴经济体和国外资源密集型产业的直接投资。

孔凡爱从对外直接投资的动机视角切入，选取 2002—2012 年 55 个国家的面板数据，将研究的东道国按照投资动机划分为三类，即资源导向型、资本寻求型和市场寻求型国家；再运用引力模型检验在这三种动机投资下带来的进出口贸易效应。结果显示资源导向型和资本寻求型的投资多为贸易创造型投资，而动机为市场寻求型的投资在大部分条件下会带来贸易创造效应，但在特定条件下也会带来贸易替代效应。叶修群[1]以 1997—2013 年的国内 28 个省、自治区、直辖市的自由贸易区进出口和总量作为分析数据，检验了自由贸易区的贸易效应和地区性差异，认为自由贸易区的设立大体上对于我国商品的进出口贸易具有正向的促进作用。叶晔[2]通过分析中国对金砖四国的直接投资金额数据，发现对东道国的直接投资能够有效地促进产品的进出口。张勇通过分析发现拉美地区吸引 FDI 的能力会由于外部环境变化而受到影响，且拉美不同国家间的投资环境存在差异，而中国与拉美地区的经济联系主要依靠工程合同。因此，他认为国内企业不但需要重视这些差异，而且未来投资的领域应当重点关注农业、制造业、虚拟经济等。

三　中国对拉美七国直接投资的特点及领域

近几年来，拉美已成为仅次于亚洲的中国海外投资第二大目的地区。当然，虽然我国对拉美地区直接投资的金额在逐年提高，但大部分投资额

---

[1]　叶修群：《"一带一路"战略下我国自由贸易园区的贸易效应研究》，《广东财经大学学报》2016 年第 3 期。

[2]　叶晔：《中国对金砖国家直接投资的贸易效应研究》，硕士学位论文，宁波大学，2017 年。

却集中于开曼群岛与英属维尔京群岛等避税海岛，对拉美大陆地区的投资较少，经验比较欠缺。本文基于我国对拉美国家投资流量和存量的年度数据、双边贸易的商品结构以及重点投资产业选择等因素，选择巴西、墨西哥、智利、秘鲁、阿根廷、哥伦比亚和委内瑞拉七个国家作为研究对象，有效展示我国对这七个国家近年来直接投资的情况及其产生的贸易效应，为我国企业对拉美和其他类似国家布局投资提供启示。

（一）中国对拉美七国直接投资的流量特点

1. 流量规模起伏较大

我国对拉美七国直接投资流量波动较大。从图 1 看，2005—2019 年增长较快的年份有 2007 年、2009 年、2010 年、2012 年和 2017 年，其增长率分别为 620.4%、249.3%、189.2%、279.1% 和 169.3%。由于 2007 年我国对拉美七国的投资基数小，因此当年增长率也最高。总额增加最高的年份是 2012 年，这一年我国对拉美七国的投资额比 2011 年增加了 194354 万美元，达到了 13 年来直接投资流量的峰值 263989 万美元，增幅 279.1% 位居第二；2013 年有所下滑，且下滑幅度达到了 330%；2014 年保持微弱

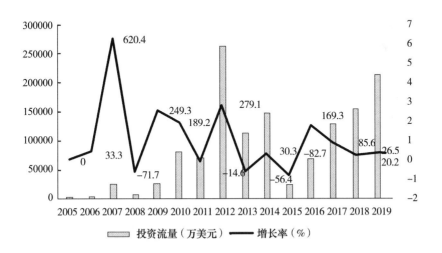

图 1　2005—2019 年我国对拉美七国直接投资流量及增长率

数据来源：中国对外直接投资公报，http://www.fdi.gov.cn/.

增长；2015 年强烈下滑了 362%，因此当年我国对拉美七国的投资流量仅为 25985 万美元，原因是对巴西和秘鲁的投资下滑，导致了整体数值的下降①。

2. 国别差异大，总体增长

2005—2019 年，我国对拉美七国的 FDI 流量总体是增长的。分布到国别来看：巴西 56.9 倍，墨西哥 46.1 倍、智利 336.5 倍，秘鲁 640 倍，哥伦比亚 19.9 倍，阿根廷 1010.1 倍，墨西哥 46.1 倍。委内瑞拉 FDI 流量 2005—2018 年总体是增长的，增长倍数为 44.3，但在 2019 年实现负增长。我国对阿根廷的 FDI 存量增长率在拉美七国中位居第一，智利的增长倍数也达到第二。

表1　　　　　　　2005—2019 年我国对拉美七国直接投资流量　　　（单位：万美元）

年份	巴西	墨西哥	智利	秘鲁	阿根廷	哥伦比亚	委内瑞拉
2005	1509	355	180	55	35	96	740
2006	1009	−369	658	540	622	−336	1836
2007	5113	1716	383	671	13669	22	6953
2008	2238	563	93	2455	1082	676	978
2009	11627	82	778	5849	−2282	574	11572
2010	48746	2673	3371	13903	2723	694	9439
2011	12640	4154	1399	21425	18515	3325	8177
2012	19410	10042	2622	−4937	74325	8351	154176
2013	31093	4973	1179	11460	22141	1793	42556
2014	73000	14057	1629	4507	26992	18310	11608
2015	−6328	−628	685	−17776	20832	370	28830
2016	12477	21184	21696	6737	18152	−284	−9986
2017	42627	17133	9963	9826	21479	1372	27448
2018	42800	37845	16800	8481	14100	3222	32800
2019	85993	16356	60572	35200	35355	1919	−22376

数据来源：中国对外直接投资公报、对外投资国别指南，http：//www.fdi.gov.cn/.

①　张勇：《拉美地区吸引 FDI 特征及中国对拉美投资展望》，《西南科技大学学报》2018 年第 5 期。

（二）中国对拉美七国直接投资的存量特点①

1. 存量规模稳步上升

从存量增长趋势看（图 2），除了 2015 年存量有略微减少，2005—2019 年，我国对拉美七国的整体的 FDI 存量增长了 33.4 倍，说明我国对拉美七国整体的直接投资存量是增长的；分阶段来看：2005—2009 年，增长幅度较慢，但均匀平稳，从 4.1 亿美元增长到 13.5 亿美元；2010 年与 2011 年增速开始提升，整体存量也提升到了 32 亿美元；2012—2014 年快速增长到 93.1 亿美元，主要是因为巴西充当了拉美七国投资的"火车头"；2015 年巴西和秘鲁动力不足，巴西下滑了 5.7 亿美元，秘鲁下滑了 2 亿美元，导致整体存量下滑到 90 亿美元；2016 年恢复增长；2019 年达到存量 137.1 亿美元新高，同时增速也趋于稳定。

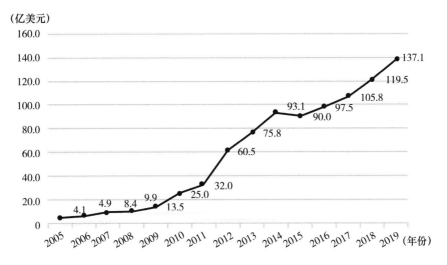

图 2　2005—2019 年我国对拉美七国直接投资存量

数据来源：中国对外直接投资公报，http://www.fdi.gov.cn/.

---

① 王永中、徐沛原：《中国对拉美直接投资的特征与风险》，《拉丁美洲研究》2018 年第 3 期。

　　但是各国间的存量增长速度并不一致。表 2 显示的是 2005—2019 年我国对拉美七国直接投资存量的变化。可以看到，各国的存量增长在2005—2009 年间是循序渐进的。我国对巴西和秘鲁的直接投资存量在 2010 年有了小幅增长，增长率分别为 255% 和 230%。这是 2010 年我国 GDP 超越日本，开始在海外布局，持续提升国际影响力的举措；2012 年也是一个重要节点，智利、哥伦比亚、阿根廷和委内瑞拉四个国家的投资存量在 2012 年均有相当大的提升。特别是委内瑞拉，从 2011 年的 50100 万美元飞跃到 2012 年的 204276 万美元，涨幅 407%；智利、哥伦比亚和阿根廷的涨幅也分别达到了 200%、578% 和 221%。2012 年之后，我国在拉美的影响力逐渐扩大，与拉美七国的经贸合作也进一步深化，我国对拉美七国的直接投资也进入新阶段。

表 2　　　　　　　2005—2019 年中国对拉美七国直接投资存量　　　　（单位：万美元）

年份	巴西	墨西哥	智利	秘鲁	阿根廷	哥伦比亚	委内瑞拉
2005	8139	14186	371	12922	422	736	4265
2006	13041	12861	1084	13040	1134	570	7158
2007	18955	15144	5680	13711	15719	677	14388
2008	21705	17308	5809	19434	17336	1371	15596
2009	36089	17390	6602	28454	16905	2050	27196
2010	92365	15287	10958	65449	21899	2297	41652
2011	107179	26388	9794	80224	40525	5980	50100
2012	144951	36848	19628	75287	89719	34615	204276
2013	173358	40987	17904	86778	165820	36869	236338
2014	283289	54121	19583	90798	179152	54730	249323
2015	225712	52476	20464	70549	194892	55443	280029
2016	296251	57860	40362	75978	194366	36245	274171
2017	320554	89802	52757	83943	153954	35787	320725
2018	381200	110688	61400	94200	158300	39009	350100
2019	443478	116108	117189	139894	180841	30710	343130

　　数据来源：中国对外直接投资公报、对外投资国别指南，http://www.fdi.gov.cn/.

2. 国别存量占比不均

从存量占比来看，2005—2019 年，巴西的投资存量总量占比最高在 2010 年达到了 37.0%，最低的 2005 年也有 19.8%，将近五分之一；秘鲁的投资存量在 2005 年占比较高（31.5%），此后波动较大，但总体占比在缩小，2017 年跌到 7.8%，与智利秘鲁之和相当；智利和哥伦比亚占直接投资存量总量的比重始终过小，智利占比最高年份为 2019 年的 8.5%，最低为 2005 年的 0.9%；哥伦比亚占比最高的年份为 2015 年的 6.2%，最低为 2007 年的 0.8%。与秘鲁相反的是，阿根廷和委内瑞拉的存量占比总体在扩大，委内瑞拉 2005—2011 年占比平稳（10.4%—15.6%），在 2012 年有较大涨幅（33.7%）；阿根廷的占比虽小，但波动更大，从 2005 年的 1.0% 增长到 2019 年的 13.2%。

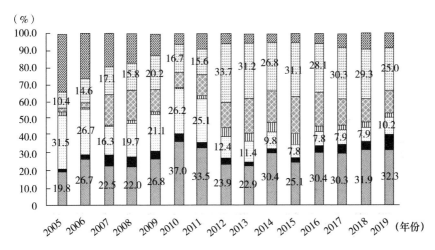

图 3　2005—2019 年我国对拉美七国直接投资存量占比

注：每一年度柱状图中，自下而上依次是巴西、智利、秘鲁、哥伦比亚、阿根廷、委内瑞拉、墨西哥拉美七国。

数据来源：中国对外直接投资公报，http://www.fdi.gov.cn/.

（三）中国对拉美七国直接投资的领域分析

1. 整体投资领域

近年来，我国对拉美的投资领域有所扩大，从能源矿产和基础设施等传统投资产业拓展到农业、制造业、金融行业、租售行业、电子商务行业等众多产业。2008 年国际金融危机后，收购高新技术专利也成为中国在拉美直接投资的主要领域之一。

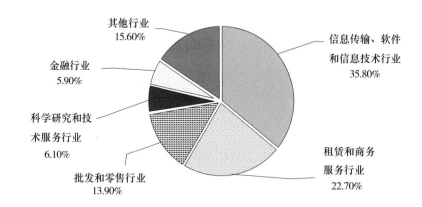

图 4　2019 年我国对拉美七国直接投资存量行业占比

数据来源：中国对外直接投资公报，http：//www.fdi.gov.cn/.

我国对拉美直接投资占比最大的是信息传输、软件和信息技术行业，占据了投资存量总量的 35.8%（1561 亿美元），其余依次为租赁和商务服务行业、批发和零售行业、科学研究和技术服务行业和金融行业，占比分别为 22.7%（991.5 亿美元）、13.9%（606.3 亿美元）、6.1%（266.5 亿美元）和 5.9%（257.2 亿美元）。其他行业共占比 15.6%（627.7 亿美元）。

四　中国与拉美七国的双边贸易发展

（一）我国与拉美七国整体贸易

1. 贸易规模稳健增长①

从整体来看，根据表 3 的数据，2005 年我国对拉美七国的贸易总额还只有 358.8 亿美元，在 2019 年已经提高到了 2771.8 亿美元，增长了 7.72 倍。

_____

① 联合国贸易数据统计网，https：//comtrade.un.org/.

表3　　　　　　　2005—2019 年我国对拉美七国总体进出口贸易额　　（单位：亿美元）

年份	进口额	出口额	进出口总额	顺逆差
2005	209. 3	149. 6	358. 8	−59. 7
2006	270. 7	235. 1	505. 8	−35. 5
2007	403. 4	342. 7	746. 1	−60. 8
2008	569. 1	479. 9	1049. 0	−89. 2
2009	549. 0	386. 5	935. 4	−162. 5
2010	781. 7	613. 7	1395. 4	−168. 0
2011	1043. 2	836. 5	1879. 6	−206. 7
2012	1082. 8	944. 0	2026. 8	−138. 8
2013	1104. 0	970. 5	2074. 4	−133. 5
2014	1108. 7	999. 7	2108. 4	−109. 1
2015	908. 3	937. 4	1845. 7	29. 1
2016	923. 8	824. 2	1748. 0	−99. 7
2017	1547. 9	1038. 3	2586. 2	−509. 7
2018	1500. 6	1198. 9	2699. 5	−301. 7
2019	1543. 8	1228. 0	2771. 8	−315. 8

数据来源：中国统计年鉴，http：//www. stats. gov. cn/.

我国对拉美七国进出口总额在 2009 年、2014—2016 年有所减少，其余年份均保持稳固增长。2010 年我国对拉美七国的商品交换总额超过千亿美元，接下来一直保持增长，直到 2014 年由 2108.4 亿美元下降到 2016 年的 1748.0 亿美元。而后复苏，在 2017 年超 2000 亿美元，比 2010 年翻了一番。

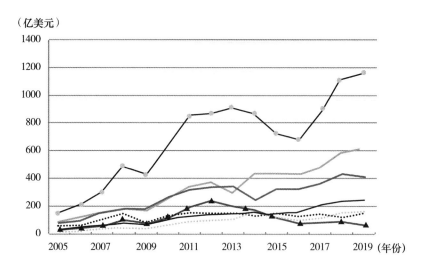

（亿美元）

图5　2005—2019 年我国对拉美七国国别进出口总额（亿美元）

注：右端从上至下依次为巴西、墨西哥、智利、秘鲁、哥伦比亚、阿根廷、委内瑞拉。

数据来源：中国统计年鉴，http://www.stats.gov.cn/.

2. 贸易逆差创新高

我国对拉美七国整体的贸易状态为逆差，且差额在逐年扩大，从 2005 年的 59.7 亿美元扩大到 2019 年的 315.8 亿美元。逆差额在 2011 年有所缩小，从 2011 年的 206.7 亿美元到 2015 年顺差 29.1 亿美元，此后又逐年扩大，一直扩大到 2019 年的 315.8 亿美元，而在 2017 年达到峰值 509.7 亿美元。

我国与拉美七国的贸易逆差在 2005—2011 年有比较平稳的抬升，2011—2014 年保持稳固态势，在 2015 年达到顺差，2016 年和 2017 年逆差额陡升，主要是我国和巴西的逆差额扩大 200 亿美元导致；2018—2019 年我国对拉美七国逆差趋势回暖，比 2017 年减少 193.2 亿美元。

整体而言，除了 2008 年全球金融危机的冲击与 2014—2016 年的影响，进出口额没有维持增长态势以外，2005—2019 年我国和拉美七国的贸易额总体是稳步上升的，但也始终处于逆差状态；且逆差除了少数年份以外在逐年扩大。

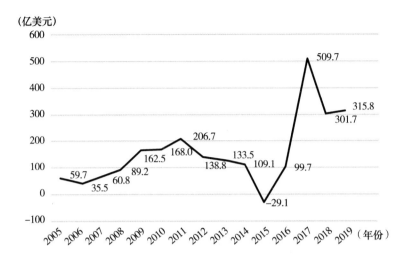

图 6　2005—2019 年我国与拉美七国贸易逆差额趋势

数据来源：中国统计年鉴，http：//www. stats. gov. cn/.

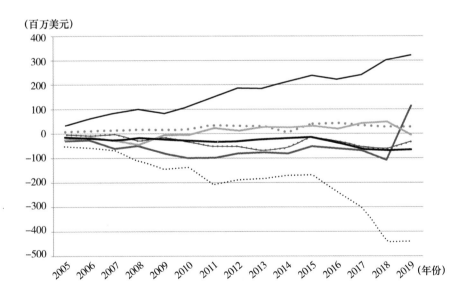

图 7　2005—2019 年我国对拉美七国国别贸易差额

注：右端从上至下依次为巴西、智利、哥伦比亚、阿根廷、委内瑞拉、秘鲁、墨西哥。

数据来源：中国统计年鉴，http：//www. stats. gov. cn/.

（二）贸易结构

联合国贸易数据统计库（UN Comtrade Database）的 HS、SITC 和 BEC 三种商品分类方法提供了 1962 年至今 200 多个国家的产品进出口统计数据。在对商品的分类上，本文采用《商品名称及编码协调制度的国际公约》（以下简称"HS"）的商品分类方法，将产品分为 22 个大类，98 个小类，分析我国与拉美七国的贸易结构。其中，本文将 HS 的第 1—15 类归纳为原材料及初级加工品，第 16—22 类归纳为高级加工品。①

1. 进口贸易结构

2019 年拉美七国从我国进口的商品中，第 6 类（化学工业及其相关工业的产品）进口额 120 亿美元，占据了约 23% 的比重，第 15 类（除贵金属以外金属加工品）进口额 117.8 亿美元，占据了 22.2%，第 11 类（纺织原料及纺织制品）进口额 114.6 亿美元，占据 21.6%，这三类占据了总体进口的 65% 左右。第 7 类（塑料及其制品、橡胶及其制品）进口额 77.6 亿美元，占比有 14.6%。剩下的第 12 类（鞋、帽、伞、杖、鞭及其零件；已加工的羽毛及其制品；人造花；人发制品，进口额 22.2 亿美元），第 13 类（石料、石膏、水泥、石棉、云母及类似材料的制品；陶瓷产品；玻璃及其制品，进口额 20 亿美元）占比之和低于 10%。第 1 类、第 2 类、第 3 类、第 4 类、第 9 类、第 14 类、第 17—22 类占比都不足 1%。

从初级加工品进口来看，我国与拉美七国的贸易以第 6 类（化学加工品）、第 11 类（纺织原料及加工品）和第 15 类（贵金属以外金属及加工品）为主。其中，第 11 类占比最高，2005—2019 年占比一直在 19%—24% 之间波动，占比最低的年份 2008 年（19.1%），最高年份 2017 年（24.8%）；第 15 类次之，占比在 16%—24% 之间波动，2011 年最高（24.2%），2005 年最低（16.5%）；第 6 类再次之，占比在 17%—23% 之间波动，2008 年最高（23.2%），2006 年最低（17.8%）。

再从高级加工品进口来看，第 16 类商品（中小型机器、电气设备）

---

① 杨汝岱、吴群锋：《企业对外投资与出口产品多元化》，《经济学动态》2019 年第 7 期。

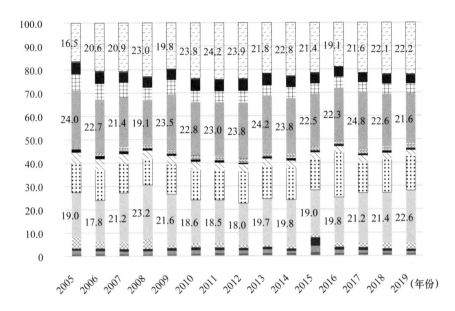

图 8   2005—2019 年拉美七国从我国进口初级加工品比重（%）

注：每一年度立柱图中自下而上依次是按 HS 划分的第 1—15 类初级加工品。

数据来源：联合国贸易数据统计库。

在我国与拉美七国进口贸易中占据绝对比重，2005—2019 年占比在 78%—82% 之间徘徊，占据大致五分之四的总进口额；第 20 类（杂项加工品）次之，占比在 6%—8% 之间波动，其中 2007 年和 2008 年最高（9.2%），2016 年最低（6.4%）；第 17 类（车辆、运输设备）再次之，占比均匀稳定在 5%—7% 之间，从 2009 年开始一直以稳定的速度增长，其中 2018 年最高（10.4%），2005 年最低（3.8%）。

2. 出口贸易结构

2019 年拉美七国对我国出口的商品中，以初级加工品为主。其中，第 5 类（矿类加工品）出口额 581.18 亿美元，占据了 49.34% 的比重；第 1 类（活动物；动物产品）第二，占比 22.60%，出口额 266.25 亿美元。第 15 类（化学加工品，出口额 100.82 亿美元）和第 2 类（植物产品出口额 261 亿美元），出口额分别占比 8.56%、22.16%；第 10 类木浆及其他纤维状纤维素浆回收出口额 47.92 亿美元，占比 4.07%。从初级加工品出口来看，我国与拉美七国的贸易以第 5 类（矿类加工品）、第 2 类（植物加工品）

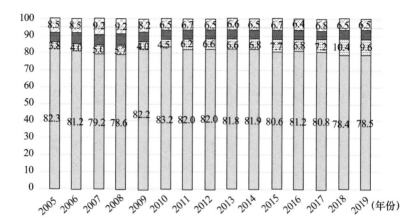

图9 2005—2019年拉美七国从我国进口高级加工品比重（%）

注：每一年度立柱图中自下而上依次是按HS划分的第16—21类高级加工品。

数据来源：联合国贸易数据统计库，https：//comtrade. un. org/.

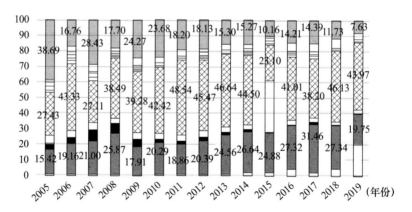

图10 2005—2019年拉美七国对我国出口初级加工品比重（%）

注：每一年度立柱图中自下而上依次是按HS划分的第1—15类初级加工品。

数据来源：联合国贸易数据统计库，https：//comtrade. un. org/.

和第 15 类（贵金属以外金属加工品）为主。① 其中，第 5 类占比最高，
2005—2018 年占比一直在 36%—52% 之间波动，占比最低的年份 2005 年
与 2015 年，最高年份 2013 年（46.64%）；第 2 类次之，占比在 18%—
31% 之间波动，2005 年最低（15.42%），2017 年最高（31.46%）；第 15
类再次之，占比在 7%—40% 之间波动，2005 年最高（38.69%），2009 年
最低（7.63%）。

再从高级加工品出口来看，第 16 类（中小型机器、电气设备）与第
17 类加工品（车辆、飞机与船舶）在我国与拉美七国进口贸易中占据大部
分比重，其中，第 16 类加工品占比最高，且贸易结构呈现倒橄榄形：
2005—2012 年，除了 2012 年占比较前一年有提高以外，其余年份都呈下
趋势；2016 年开始回升，且幅度变化较小。第 17 类商品贸易结构与之相
反，从 2005 年开始比重逐年上涨，一直涨到 2011 年的 60.85%；此后两
年比重缩小，2013—2017 年波动较频繁，在 27.26%—73.86% 之间波动。

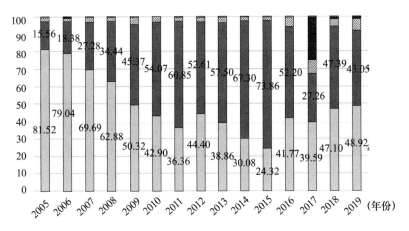

图 11　2005—2019 年拉美七国对我国出口高级加工品比重（%）

注：每一年度立柱图中自下而上依次是按 HS 划分的第 16—21 类高级加工品。

数据来源：联合国贸易数据统计库，https：//comtrade. un. org/.

① 马文秀、孟彤：《中国对拉美新兴市场工业制成品出口竞争力及潜力研究》，《河北大学学报》2018 年第 2 期。

五 中国对拉美七国直接投资贸易效应的实证研究[①]

本部分将我国与拉美七国的贸易产品分为初级加工品与高级加工品，从拉美七国整体与国别两个维度，使用 EVIEWS 8 软件分析我国在拉美七国直接投资对贸易带来的影响。

(一) 模型建立

假如两个变量的变化是线性相关的，例如假设本文中我国对拉美七国的直接投资的变化与我国对拉美七国（初级加工品、高级加工品）进出口的贸易金额变化是一致的，就能解释这些变量之间有着一种长期均衡的关系。

鉴于一国对外直接投资的存量比增量所带来的影响更大且更久远，因此在对数据变量进行选择时，本文选择的自变量是我国对拉美直接投资的存量（即 OFDI）；选择我国对拉美原材料及初级加工品的出口额（即 PEX）、我国对拉美高级加工品的出口额（即 MEX）、我国对拉美原材料及初级加工品的进口额（即 PIM）、我国对拉美高级加工品的进口额（即 MIM）作为因变量。

为了使数据更加平稳直观，并且在不影响实证结果的情况下简便计算量，本文对上述变量 PEX、MEX、PIM、MIM 和 OFDI 分别选取了自然对数，因此获得全新变量 LnPEX、LnMEX、LnPIM、LnMIM 与 LnOFDI。实证研究使用的回归模型如下：

$$\ln PEX = x1 + y1\ln OFDI + z1 \tag{1}$$

$$\ln MEX = x2 + y2\ln OFDI + z2 \tag{2}$$

$$\ln PIM = x3 + y3\ln OFDI + z3 \tag{3}$$

$$\ln MIM = x4 + y4\ln OFDI + z4 \tag{4}$$

上述式中，$x1$、$x2$、$x3$、$x4$ 表示截距，$y1$、$y2$、$y3$、$y4$ 分别表示直接投资对初级加工品出口、高级加工品出口、初级加工品进口和高级加工品

---

① 史本叶、张超磊：《中国对东盟直接投资：区位选择、影响因素及投资效应》，《武汉大学学报》2015 年第 3 期。

进口的弹性变化，$z1$、$z2$、$z3$、$z4$ 代表其余未考虑进的干扰项。假设实证结果某一个 y 项为大于 0 的值，那么我国对东道国的直接投资是贸易创造的。y 值越大，创造效应越大；反之，某一项 y 为小于 0 的值，那么我国对东道国的直接投资是贸易替代的。y 值越小，替代效应越大。

（二）数据来源与处理

实证研究采用的数据来源于历年联合国贸易数据统计库（UN Comtrade Database）与我国对外直接投资统计公报，将 2005 年至 2019 年我国对拉美七国的投资存量、拉美七国对中国的原材料及初级加工品进出口额，以及拉美七国对中国的高级加工品进出口作为原始数据，再对数据进行对数化处理。

表 4　　　　　　　　　　　　　　变量汇总

变量类型	变量名	变量解释	来源
自变量	OFDI	对东道国直接投资存量	对外直接投资公报
因变量	PIM	东道国进口初级加工品	联合国贸易数据统计库
	PEX	东道国出口初级加工品	
	MIM	东道国进口高级加工品	
	MEX	东道国出口高级加工品	

（三）对拉美七国的整体分析

1. 单位根检验

对初级加工品的时间序列 LnPIM、LnPEX 和 LnOFDI 进行 ADF 检验，结果如表 5、表 6 所示。

表 5　　　　　　　　初级加工品进出口贸易 ADF 检验结果

变量	单位根检验 T 值	P 值	临界值			结论
			1%	5%	10%	
LnPIM	−3.076908	0.0559	−4.121990	−3.144920	−2.713751	平稳
LnPEX	−1.513162	0.4930	−4.121990	−3.144920	−2.713751	不平稳
DLnPEX	−7.712292	0.0005	−5.124875	−3.933364	−3.420030	平稳

续表

变量	单位根检验 T 值	P 值	临界值			结论
			1%	5%	10%	
LnOFDI	-2.123020	0.2398	-4.121990	-3.144920	-2.713751	不平稳
DLnOFDI	-4.274306	0.0315	-5.124875	-3.933364	-3.420030	平稳

注：D 表示一阶差分、D2 表示二阶差分。

表 5 检验结果表明，拉美七国对我国的初级加工品进出口额以及中国对拉美七国的非金融直接投资分别取对数后的 LnPIM 在初始情况下，体现出平稳的特征，而 LnPEX 与 LnOFDI 在初始条件下不平稳，一阶差分后平稳，顺利通过 1%、5%、10% 的平稳性检验。

表6　　　　　　　　高级加工品进出口贸易 ADF 检验结果

变量	单位根检验 T 值	P 值	临界值			结论
			1%	5%	10%	
LnMIM	-3.636227	0.0223	-4.121990	-3.144920	-2.713751	平稳
LnMEX	-2.024541	0.2737	-4.121990	-3.144920	-2.713751	不平稳
DLnMEX	-4.603580	0.0065	-4.297073	-3.212696	-2.747676	平稳
LnOFDI	-2.123020	0.2398	-4.121990	-3.144920	-2.713751	不平稳
DLnOFDI	-4.274306	0.0315	-5.124875	-3.933364	-3.420030	平稳

注：D 表示一阶差分、D2 表示二阶差分。

表 6 检验结果表明，拉美七国与中国的高级加工品进出口额以及中国对其非金融直接投资分别取对数后的 LnMIM 在初始情况下，体现出平稳的特征，而 LnOFDI 和 LnMEX 在初始条件下不平稳，一阶差分后平稳，顺利通过 1%、5%、10% 的平稳性检验。

2. 初级加工品回归分析

为了探究 OFDI 存量对于初级加工品进出口的整体效应，笔者选择了固定效应模型，且运用了 F 检验来验定建立的模型是否拒绝原假设。结果发现初级加工品进出口 F 检验的统计量分别为 58.78 和 64.97，且相伴概率均为 0.00，小于 0.1，故使用固定效应模型。初级加工品进口与出口的回归公式如下：

$$LnPIM = 6.64 + 0.42lnOFDI \tag{5}$$

$$(t = 15.9)$$

$$LnPEX = 7.25 + 0.45lnOFDI \tag{6}$$

$$(t = 15.5)$$

式（5）与式（6）表示的是我国对拉美七国直接投资存量增加而带来的对初级加工品贸易的促进作用：每当我国对拉美七国整体的 OFDI 增长 1%，则会对拉美七国整体初级加工品的出口增长 0.42%，进口增长 0.45%，是贸易创造型的。

3. 高级加工品回归分析

为了探究 OFDI 存量对于高级加工品进出口的整体效应，笔者选择了固定效应模型，且运用了 F 检验来验定建立的模型是否拒绝原假设。结果发现高级加工品进出口 F 检验的统计量分别为 46.72 和 17.25，且相伴概率均为 0.00，小于 0.1，故使用固定效应模型。初级加工品进口与出口的回归公式如下：

$$LnMIM = 7.11 + 0.39lnOFDI \tag{7}$$

$$(t = 15.4)$$

$$LnMEX = 4.81 + 0.23lnOFDI \tag{8}$$

$$(t = 10.56)$$

式（7）与式（8）表示的是我国对拉美七国直接投资存量增加而带来的对高级加工品贸易的促进作用：每当我国对拉美七国整体的 OFDI 增长 1%，则会对拉美七国整体高级加工品的出口增长 0.39%，进口增长 0.28%，也是贸易创造型的。

（四）对拉美七国的国别分析

1. 初级加工品回归分析

我国对拉美直接投资带来的对初级加工品进出口贸易效应如表 7 和表 8 所示。

表7　　　　　拉美七国对中国初级加工品进口效应的国别差异检验结果

模型	巴西	墨西哥	智利	秘鲁	阿根廷	哥伦比亚	委内瑞拉
Ln OFDI	0.4731 (5.843)	0.5062 (4.925)	0.3433 (6.964)	0.8199 (2.671)	0.2601 (6.263)	0.3116 (6.466)	0.5808 (3.853)
截距	6.8196 (12.499)	7.7729 (10.523)	8.7529 (37.779)	8.0212 (4.272)	10.1086 (40.160)	7.2566 (32.960)	7.2149 (8.189)
R^2	0.8087	0.7465	0.8744	0.8539	0.9028	0.8272	0.8814
调整后的 R^2	0.7913	0.8146	0.8630	0.8407	0.8939	0.8114	0.8645
DW 值	0.9240	0.9053	1.5866	1.1152	2.2040	0.9366	2.1131

　　通过分析表7与表8的初级加工品样本的回归结果，从总体来看，我国对拉美七国初级加工品进出口的模型的拟合优度较好，除了阿根廷与委内瑞拉的出口 R^2 较小以外，剩余的 OFDI 存量系数均为正数，说明我国对拉美七国直接投资带来的初级加工品贸易效大体应为贸易互补型。我国对巴西、智利、秘鲁、阿根廷、哥伦比亚、委内瑞拉的 OFDI 分别会促进中巴、中智、中秘、中阿、中哥、中韦双方的贸易发展。

表8　　　　　拉美七国对中国初级加工品出口效应的国别差异检验结果

模型	巴西	墨西哥	智利	秘鲁	阿根廷	哥伦比亚	委内瑞拉
Ln OFDI	0.5086 (6.717)	0.4096 (5.826)	0.3253 (8.010)	0.6430 (4.661)	0.0628 (8.073)	0.4305 (5.419)	0.1591 (3.914)
截距	9.4626 (18.546)	8.5623 (15.535)	7.9276 (41.537)	9.4331 (11.180)	2.6496 (56.17)	4.7664 (13.133)	0.2919 (1.228)
R^2	0.8905	0.7956	0.8510	0.8899	0.3895	0.6737	0.0120
调整后的 R^2	0.8806	0.8657	0.8375	0.8799	0.3341	0.6441	−0.1291
DW 值	0.8107	0.7326	1.0364	0.9266	1.6233	1.1466	2.1478

　　从国别来看，我国对秘鲁直接投资的贸易弹性最为显著：首先，我国对秘鲁的直接投资存量每增加1%，秘鲁从我国进口和对我国出口初级加工品分别会增加0.8199%和0.6430%。其次为巴西，对巴西的直接投资存量每增加1%，巴西从我国进口和对我国出口初级加工品分别会增加0.4731%和0.5086%。再次是智利与哥伦比亚，智利的增加额为0.3433%

和0.3253%，哥伦比亚的增加额为0.3116%与0.4305%。最后是阿根廷与委内瑞拉，阿根廷与委内瑞拉的出口效应较拉美七国的进口效应相对独立。其中，委内瑞拉的出口效应最为独立：我国投资委内瑞拉每增加1%，委内瑞拉从我国进口的贸易额会增加0.5808%，但是对委内瑞拉向我国出口初级加工品几乎没有产生影响。阿根廷与委内瑞拉类似：我国对阿根廷的直接投资存量每增加1%，阿根廷从我国进口初级加工品会增加0.2601%，但是出口增加额仅仅只有0.0628%。

巴西是拉美的地区大国，与我国在人口、经济、产业方面又都比较类似。因此相较于拉美其他国家，中巴在各方面有更多的合作与交流，在贸易往来方面也更密切；与委内瑞拉的直接投资对中阿与中委双边初级加工品出口的贸易增幅影响不大，委内瑞拉出口的产品以石油为核心。由于近年来受到国际与国内政治斗争以及经济上通货膨胀的影响，导致委内瑞拉的出口额大幅减少，而国内的需求又急剧增加，这正好符合上文的数据结果。

2. 高级加工品回归分析

我国对拉美直接投资带来的对高级加工品进出口贸易效应如表9与表10所示。

表9　　　拉美七国对中国高级加工品进口效应的国别差异检验结果

模型	巴西	墨西哥	智利	秘鲁	阿根廷	哥伦比亚	委内瑞拉
Ln OFDI	0.3801 (6.943)	0.4221 (6.782)	0.2944 (1.128)	0.8296 (2.859)	0.3255 (6.595)	0.3241 (6.766)	0.5076 (4.828)
截距	5.6377 (15.282)	6.0217 (16.193)	1.6502 (1.345)	9.2880 (5.232)	10.8955 (36.420)	8.3290 (38.055)	5.1765 (8.423)
R²	0.7428	0.6849	0.1984	0.8869	0.9151	0.8631	0.7928
调整后的 R²	0.7195	0.8301	0.1255	0.8766	0.9074	0.8506	0.7632
DW 值	0.6473	0.7782	1.4965	1.0181	2.2343	1.0282	1.6576

通过对高级加工品贸易数据进行回归分析，发现巴西高级加工品进口的模型的拟合优度较好，高级加工品出口的拟合优度尚可。智利对于高级加工品进口的拟合优度较差，出口的拟合优度较好，说明我国对智利的直接投资，从而产生的智利对我国出口高级加工品的贸易效应更为显著：我

国对智利 OFDI 每增加 1%，智利从我国进口高级加工品会增加 0.2944%，同时对我国出口高级加工品增加 0.3968%。

表 10　　　　拉美七国对中国高级加工品出口效应的国别差异检验结果

模型	巴西	墨西哥	智利	秘鲁	阿根廷	哥伦比亚	委内瑞拉
Ln OFDI	0.2434 (5.019)	0.3216 (4.328)	0.3968 (6.6433)	0.3348 (−2.095)	0.0455 (2.565)	0.1193 (0.607)	−0.5817 (2.519)
截距	3.9527 (12.094)	4.0228 (9.786)	8.8826 (31.640)	1.6147 (−1.651)	0.5933 (5.511)	0.9471 (1.047)	−1.1905 (0.985)
R^2	0.5868	0.6628	0.8776	0.1916	0.0310	0.0754	0.2616
调整后的 R^2	0.5492	0.6721	0.8665	0.1181	−0.057	−0.0086	0.077
DW 值	2.1027	3.2841	1.1190	2.9067	2.6144	1.4499	3.8663

与智利相反的是，秘鲁对于高级加工品进口的拟合优度较好，出口的拟合优度较差，说明我国对秘鲁的直接投资对秘鲁从我国进口高级加工品的贸易效应比较显著：对秘鲁的直接投资存量每增加 1%，秘鲁对我国进口高级加工品会增加 0.8296%。阿根廷与哥伦比亚的出口效应弹性最小，拟合优度较差，说明我国对这两国的投资几乎不会改变高级加工品出口的状况；进口拟合优度好，每 1% 的投资分别会增加 0.3255% 与 0.3241%，说明这两个国家对于我国的高级加工品进口需求更为明显。因此我国对阿根廷与哥伦比亚的贸易合作还有巨大的挖掘空间，可以在当地加大对技术密集型产业的投资，加强这方面的投资与合作。委内瑞拉的出口弹性十分明显：我国对委内瑞拉的投资每增加 1%，委内瑞拉对我国的出口就会减少 0.5817%，说明委内瑞拉对我国的高级加工品替代弹性非常大。

（五）实证结论

经过上文的实证检验，可以了解我国对巴西、墨西哥、智利、秘鲁、阿根廷、哥伦比亚和委内瑞拉七国的直接投资存量增加能够有效促进经贸的发展。其中，增加对巴西的直接投资，可以提高巴西与我国的贸易额，而且我国对巴西高级加工品的进口额显然要大于我国对巴西高级加工品的出口额。对智利的直接投资，会显著增加智利对我国进口高级加工品的贸易额。对秘鲁直接投资，会增加其对我国的高级加工品出口。对上述七个国家的直接投资都会在各种程度上促进中国与拉美各国的双边贸易额。

通过分析 2005—2019 年的初级加工品与高级加工品的贸易往来数据，从进口和出口两个方向检测了我国对拉美七国直接投资产生的贸易效应，并且根据上文的实证检验，得出如下结论：

我国对拉美七国直接投资和我国与拉美七国的初级加工品进出口贸易往来存在着正相关的关系，且有着巨大的推动作用，说明我国对拉美七国的直接投资与我国和拉美七国的初级加工品进出口贸易为互补关系，这种互补关系指的是中国可以在自然资源投资方面对拉美七国进一步加大力度，让初级加工品的贸易来往更加密切，给我国和拉美七国带来较大利益。但由于历年来中国对拉美的贸易往来还是以逆差为主，所以要注意这种随着贸易额进一步加大，逆差也逐渐加大的趋势以及对我国经济产生的影响。

六　促进我国对拉美投资与贸易的建议

通过上述的实证分析，可以看到我国对拉美七国的直接投资，是能够显著带动中拉双边贸易交流的。尽管目前全球尚未摆脱新冠肺炎疫情的不利影响，许多国家限制国际航班，减少甚至关闭对外经贸交流，导致各国之间的投资和贸易额大幅度下降，甚至会引发全球范围内的经济危机。但是，"后疫情时代"在保证国际国内公共卫生安全的前提下，全球各国继续保持对外投资和贸易交流的良性发展，是历史发展的必然趋势。如何继续推动对拉美地区的投资，如何充分利用投资对贸易的推动效应，促进中拉贸易的长期健康发展，本文从政府和企业两个层面，尝试给出有益的探索①。

---

① 程中海、张伟俊：《要素禀赋、对外直接投资与出口贸易：理论模型及实证》，《世界经济研究》2017 年第 10 期。

（一）对政府的建议

1. 改进风险防控机制，维护公共安全

政府应当改进风险防控机制，加强对于包括重大传染病在内的不确定因素的风险防控。目前国外许多国家风险防控机制缺失或者不成熟，对于新冠肺炎的传播管控不力，导致疫情在全球大流行，严重影响经济发展和对外投资。常态化的健康管理机制，透明化社会信息公开制度，是现代政府必须具备的能力。目前来看，我国虽然有风险防控机制，但是不够成熟。例如，自 2003 年起建立的医疗信息体系在疫情期间失去了其作用，层层上报审核的架构致使效率低下。因此风险防控机制的改进迫在眉睫。

2. 完善对外投资法规

由于立法滞后，我国在外商直接投资立法方面的进展相对缓慢。同时，一些现行的法律法规也存在执行不足、执行不到位等问题，严重干扰了中国的对外直接投资发展速度。且我国公有制企业在拉美的直接投资额逐年降低，因此非公有制企业在拉美直接投资的地位越来越重要。

为了稳固中拉合作，维持经济良好循环，需要政府政策的扶持。因此政府需要尽快完善对外投资的政策制度、法律法规并且执行到位，这样才能确保我国企业的对外投资平稳有序地开展。在法律法规制定的过程中，也可以借鉴国外对于投资相关的法律法规的优秀制定经验。

3. 优化中拉互补产业结构

虽然我国与拉美七国的贸易结构总体为互补，但还有大量优化的余地。因此我国与拉美七国双边国家的贸易应该根据两国的互补产业结构来优化。比如拉美国家为资源大国，而我国是生产大国，对于原材料与初级加工品需求的缺口巨大，所以拉美国家可以对我国增加原材料与初级加工品的出口来弥补这种缺口。相对应的，我国可以增加对拉美七国高级加工品的出口，例如高精密仪器、各类高级器械和电气设备，以满足拉美七国对这类产品的需求。

4. 构建与强化双方贸易平台

第一，在当前的经贸平台上，切实关注拉美七国的经贸需求，让我国驻拉美七国大使馆和各商会平台与拉美七国积极沟通，构建好数据平台，倚靠大数据帮助我国企业对拉美投资与出口。第二，应当提倡中拉自由贸易区的建立，推进国内与拉美七国商品的自由化，同时为未来更多的跨境自由贸易区的构建贡献宝贵经验。因为拉美国家之间的经济分层明显，营商环境差异显著，与我国经济互补性强，因此构建这种贸易区的可行性较强。但同时也要考虑美国在地缘政治中的影响，减少美国对贸易区谈判建立过程中可能施加的压力。

5. 重视针对原始资源的投资

拉美七国皆为原始资源大国，而且在可预见的将来，原始资源的地位将越来越高，因为有部分原始资源（例如油气、稀有矿石）不可再生，属于战略性资源。因此我国官方对于这些资源的投资，可以通过与拉美七国开展对话，签署互惠协定。企业也可以开展民间交流，举办一些活动，尽量减少我国企业对外投资的外部阻碍；再一个就是为了防止国内企业在东道国竞争内卷化，官方还需保持宏观调控，限定投资领域。这样从政府延伸到企业，形成一个优势循环。

（二）对企业的建议

1. 选择合适的对外投资战略

与在国内投资不同，我国企业对拉美七国投资需要根据国际环境、东道国政策、东道国市场、突发事件等综合考量，选择合适的投资战略，例如本次疫情期间，拉美各国的生产与消费能力都急剧下降，对外投资风险极大，我国中小企业就可以选择宽松的投资战略，减少乃至停止对拉美的投资，最大限度缓解外部带来的风险。例如停止在东道国投资新产业，只利用先前已经投资的工厂维持生产。还要考虑企业本身的规模和投资经营的情况，适时加大或者减少投资。而大型企业资本雄厚，抗风险能力强，在发达国家退出对东道国投资时，正是开拓东道国市场的时机，可以适度加大投资力度。

2. 积极开辟新贸易领域

我国企业需要集思广益，积极开辟新的贸易领域。拉美国家高速发展，对各行各业的需求都在增加，因此会孕育大量新的行业。例如对数据中心的需求就催生了信息产业的蓬勃发展，国内部分企业就能够在这方面加强与拉美七国的产能合作。出口国内技术成熟的芯片，一方面，可以去除企业库存的压力；另一方面，芯片作为高端战略物资，能够显著改善拉美国家人民对我国生产力的印象，从而对未来中拉进一步的经贸合作提供民意支撑，夯实基础。

3. 重视对拉美七国前期调研，降低投资风险

拉美七国各有不同的政治、经济、文化特点，即便是地理位置上相近的两个拉美国家，我们也需要分别进行细致的调研。因为这两个国家的人口、经济发展程度、国内市场规模、消费习惯可能完全不同，不能根据地理位置上相近而统一进行调研。否则就会进行误判，导致经营不善。因此，企业应当从经济发展、政治制度、东道国市场、风俗习惯、法制等角度充分了解拉美七国，再进行投资；如果是并购，还需要对并购企业的内部风险（产品风险、营销风险、财务风险）进行评估考量。

4. 对拉美七国进行异质化投资

拉美七国有各自的优势产业，对拉美七国国别投资会各自对不同的产业有促进作用，因此国内企业应当根据不同国家的优势产业进行异质化投资。例如第四部分的实证结果显示，对巴西的直接投资对初级与高级加工品均有显著的互补作用，说明巴西的产业发展在拉美七国中最为均衡，各行业的投资机会都较好，但初级加工品的贸易效应更显著一点。国内企业就可以将投资重心稍微往第一产业（矿业、林业）偏移；再例如对智利直接投资，虽然能够增加中智双边初级加工品的进出口额，但我国对智利出口高级加工品的贸易效应要更显著，同时对智利高级加工品的进口效应相关性不大。我国企业就应当着重投资智利的机械设备、车辆、电气产品等技术含量高的产业。

5. 坚持本土化经营模式

企业应当坚持本土化战略。首先应该是生产与管理本土化。生产本土化可以采取原产原销模式，就地取材，利用拉美当地的自然资源进行生产，然后在拉美范围内销售，生产本土化既可以防止全球原材料价格的涨跌，还可以降低运输成本，影响企业效益；管理本土化即针对当地文化背景，对当地员工采取与国内不同的管理方式。其次是产品本土化。由于语

言、习俗与消费习惯的巨大差异，大部分在国内的产品并不能直接适用于拉美地区，本土化是对这些产品针对拉美人民的偏好进行改良，打造出适合当地人的产品。最后是营销本土化，加强与东道国政府交流，表明帮助当地发展的意愿，再积极开展营销活动，适当投身公益，使自己的品牌形象得到当地人民认可。

（作者吕宏芬，浙江外国语学院国际商学院教授；

王阳，浙江外国语学院国际商学院讲师、博士；

李欣琪，浙江外国语学院国际商学院学生）

A Study on the Trade Effect of China's Direct Investment in Seven Latin American Countries

Lv Hongfen, *Wang Yang and Li Xinqi*

Abstract：The global outbreak of COVID – 19 in 2020 has hitherto unknown and impact on the world economy, and also has affected China's foreign investment and trade. To study the trade effect of China's direct investment in Latin America is of great significance for China's safe foreign investment and strengthening trade ties in the "post epidemic era". Based on the data of direct investment and trade between Brazil, Mexico, Chile, Peru, Argentina, Colombia and Venezuela from 2005 to 2019, this paper empirically studies the trade effect of China's direct investment in seven Latin American countries on product import and export. The results show that China's direct investment in the seven Latin countries helps to promote the trade of primary and advanced processed goods between the two countries. Finally, based on the results of the empirical study, this paper puts forward some suggestions on how to carry out further economic and trade exchanges between China and Latin American countries from the government and enterprise levels.

Key Words：Direct investment；Trade effect；Latin America；Regression Analysis

中国与拉美服务贸易的现状及未来
——以巴西为例

唐 洁

摘 要： 2017 年中国成为仅次于欧盟和美国的世界服务贸易第三大经济体，服务贸易发展迅速，规模增长明显。巴西是拉丁美洲最大的服务贸易经济体，也是中国在拉美最主要的服务贸易合作伙伴，中巴凭借健全的合作机制及多年共同探索成为中国与拉丁美洲服务贸易研究的典范。中国和巴西在服务贸易领域的对比研究、贸易关系现状以及双边服务贸易前景等对于如何在数字经济时代继续加深和优化两国服务贸易联系，把握发展机遇具有重要的意义。中国与巴西服务贸易合作机制基本成熟，两国重视服务贸易持续开放，后疫情时代，服务贸易可能发挥其独特作用推动两国尽快实现经济恢复和双边贸易稳定。

关键词： 服务贸易；贸易关系；中国和巴西；拉美服务贸易

一 拉美的服务贸易概况

拉丁美洲地区的服务贸易是依托其建立的自由贸易框架发展的，拉丁美洲的自由贸易框架搭建较早，在区域经济一体化方面发挥着极其重要的作用，拉丁美洲地区 33 个经济体中有 31 个已经成为 WTO 成员，并已按照 WTO 相关要求做出了相应的服务贸易开放承诺。除履行相关承诺外，拉美国家还积极参与区域服务贸易自由化进程，在服务贸易总协定 GATS 谈判之初就针对服务贸易自由化机制以及发展中国家核心议题提出过内容详尽的草案。

随着拉丁美洲区域自由贸易框架的建立，拉美国家对于服务贸易的关注逐

步从 GATS 扩展和深化到区域服务贸易 RTA 安排中来。通过加入北美自由贸易
协定（NAFTA①），墨西哥成为第一个将服务贸易纳入 RTA 谈判的拉美国家。
随后巴西、哥斯达黎加、哥伦比亚、阿根廷等也逐渐积极投身到区域服务贸易
自由化进程中。根据拉美一体化协会（ALADI）资料，拉丁美洲国家缔结的大
范围区域自由贸易协定主要有中美洲自由贸易协定、跨太平洋伙伴关系协定
（TPP②）以及欧盟与拉美部分国家签署的自由贸易协定。由于拉丁美洲幅员辽
阔，经济体多达 33 个，各种区域组织交叉运作，以南共市、加勒比共同体、
中美洲一体化组织等为主要依托还形成了大量拉美国家内部缔结的双边自由贸
易协定，这些协定以国家—国家或集团—国家③两种形式交叉存在。

　　以巴西为例，除了 WTO 框架下的服务贸易总协定，还签署了 6 份自由
贸易协定、1 份框架协定以及 9 份贸易优惠协定，此外 2020 年 2 月与乌拉
圭签署的经济协定正在履行内部法律程序。相关自由贸易协定均涉及服务
贸易条款，在区域服务贸易谈判过程中，以拉美国家已缔结的区域服务贸
易协定为研究基础可以发现，拉美国家偏好在"市场准入"方面提出高于
GATS 制定标准的相关要求，而在"国民待遇"上偏向根据区域实际情况
弱化服务贸易自由水平的要求或规则的透明度。主要体现在部分区域服务
贸易协定增加了一些与 GATS 责任相背离的条款或"选择性"遗漏部分条
款，并在开放水平及部门承诺方面直接或间接缩小了承诺范围，如通过做
出个别细节化规定缩小承诺范围等。

　　拉丁美洲地区的服务贸易出口以旅行服务为主，占据全部服务贸易出口
约 50%（表 1），其次是电信、计算机和信息服务（以下简称 ICT 服务④）及
其他商务服务；进口以交通运输服务为主，占比 31%，其次为 ICT 服务及旅
行服务，占比分别为 29% 和 26%（表 2）。在服务出口中，巴西、墨西哥、
阿根廷、巴拿马表现出色，但这四个国家服务出口结构有较明显的差异，墨

①　2020 年正式签署 USMCA，同时 NAFTA 作废。
②　拉丁美洲地区参与协定的国家有墨西哥、智利、秘鲁，2017 年美国退出，日本加入，TPP
更换为 CPTPP。
③　以南共市为单位签署的自由贸易协定，呈现的形式有集体签署也有成员分别签署。
④　ICT 服务：Information, Computer and Telecommunication，ICT 服务是信息通信技术咨询、软
件系统设计开发、软件集成、系统数据处理运营维护等的有机结合。

西哥以旅游出口为主，占据总出口高达78%，巴西以ICT出口为主，ICT及其他商务服务占比为60%；在服务贸易进口中，除巴西、墨西哥外，阿根廷、智利和哥伦比亚是主要的服务贸易进口国，巴西和智利的服务进口以ICT及其他商务服务为主，占比分别为54%及39%，墨西哥进口以交通运输服务为主（37%），哥伦比亚则以旅行服务（41%）为第一大进口项。

表1　　　　　　　　2019 年拉美主要国家的出口服务占比

国家/地区	服务贸易额（百万美元）	交通服务（%）	旅行服务（%）	金融保险（%）	ICT 及其他（%）
拉丁美洲	197346	16	50	7	28
巴西	33629	17	18	6	60
墨西哥	31525	9	78	11	1
阿根廷	13942	13	38	2	48
巴拿马	13817	51	33	10	6
哥伦比亚	9794	20	58	1	21
哥斯达黎加	9569	5	42	1	52
智利	9087	33	26	6	34

数据来源：World bank，Structure of service exports 2019.

表2　　　　　　　　2019 年拉美主要国家的进口服务占比

国家/地区	服务贸易额（百万美元）	交通服务（%）	旅行服务（%）	金融保险（%）	信息及其他（%）
拉丁美洲	240250	31	26	14	29
巴西	67358	17	26	3	54
墨西哥	39702	37	25	25	12
阿根廷	19151	20	41	3	36
智利	14058	35	17	9	39
哥伦比亚	13766	23	36	17	23
巴拿马	5001	39	28	12	21
哥斯达黎加	4161	29	26	13	32
中国	501827	21	51	3	26

数据来源：World bank，Structure of service imports 2019.

巴西是拉丁美洲第一大服务贸易经济体，特别是在服务贸易进口领域，巴西的贸易额是墨西哥近一倍，而这两大经济体在服务贸易出口领域不相上下，这也使得巴西的服务贸易呈现长期逆差状态。拉美的服务贸易发展也呈现分布不平衡的状态，贸易主要集中在少数几个国家之间，其中巴西和墨西哥作为地区绝对经济实力的代表在服务贸易领域占据主要地位。

二 中国的服务贸易概况

中国的服务贸易发展起步较晚，但发展迅速，2010—2019 年中国服务贸易年均增速为 5.8% [①]。据世贸组织统计，美国、欧盟等发达经济体的服务贸易增长日渐保守，而中国、日本、印度等则呈现了高速增长，中国服务贸易进出口总额已连续 7 年位居世界第二，成为推动全球服务贸易发展和经济增长的重要引擎。

中国服务贸易规模不断扩大。近年来，中国服务贸易增速持续高于货物贸易增速，中国服务业已成为国民经济第一大产业，占比超过 50%。根据 WTO 相关报告，2021 年第一季度，全球服务贸易仍然低迷，在旅游服务贸易持续疲软的影响下，全球服务贸易于 2020 年出现 21% 的跌幅，2021 年一季度又下降了 9%，而中国服务贸易取得了逆势增长。2021 年第一季度实现服务贸易正增长，1—5 月实现同比增长 3.7%。

表3　　　　　　　　　　中国的服务贸易进出口

年份	中国进口（十亿美元）	全球占比（%）	中国出口（十亿美元）	全球占比（%）
2011	246.8	5.9	200.3	4.6
2012	280.3	6.4	200.6	4.5
2013	329.4	7.1	205.8	4.3
2014	430.9	8.6	218.1	4.2
2015	433.2	9.1	217.6	4.4
2016	449.2	9.3	208.3	4.2

① WTO World Trade Report 2020，p. 15.

年份	中国进口 （十亿美元）	全球占比（%）	中国出口 （十亿美元）	全球占比（%）
2017	464.1	8.9	226.4	4.2
2018	520.6	9.3	269.5	4.6
2019	496.9	8.7	281.5	4.7
2020	380.5	—	235.2	—

资料来源：WTO DATA，2020 年数据来源于中国国际收支报告。

中国服务贸易进出口额在全球所占比重不高（表3），出口占比长期处于4.5%左右，进口占比保持在8%—9%之间，国际竞争力仍需提升。特别是在服务贸易出口方面，与排名第一的美国相比，中国服务贸易出口的国际市场占有率仅约为美国的1/3（表4）。

表4　　　　　　　世界主要服务贸易经济体排名（2019）

排名①	国家	服务贸易出口 （十亿美元）	占比（%）	服务贸易进口 （十亿美元）	占比（%）
1	美国	853	14.1	564	9.8
2	中国	282	4.6	497	8.7
3	德国	335	5.5	363	6.3
4	英国	412	6.8	279	4.9
5	爱尔兰	239	3.9	321	5.6
6	法国	287	4.7	263	4.6

注：巴西位列出口第37位，进口第24位。

数据来源：WTO data Annual trade in services, Commercial services imports and exports by main sector-preliminary annual estimates based on quarterly statistics（2019），https：//timeseries. wto. org/.

中国长期处于服务贸易逆差。中国服务贸易长期处于逆差状态，逆差额持续扩大，但逆差增幅在逐步缩小。过去十年间，中国服务贸易持续逆差，2010年，中国服务贸易逆差仅149亿美元，到2018年，尽管中国服务贸易出口创下十年来的最高增速，但由于进口增长强劲，服务贸易逆差额达到了

---

① 按照服务贸易总额排列。

2511 亿美元，是历史最高水平。此后逆差规模开始收窄，如旅行服务逆差由
2019 年的约 2200 亿美元下降到 2020 年约 1100 亿美元，降幅达到 50%。

从中国服务贸易逆差的行业分布情况看，旅行、运输及知识产权使用等
三个服务行业是逆差规模较大的行业。根据中国外汇管理局 2021 年 3 月发布
的《2020 年中国国际收支报告》显示，2020 年全年，中国旅行、运输和知
识产权使用服务贸易逆差分别为 1163 亿美元、381 亿美元和 292 亿美元。近
年来，伴随着人均收入水平的上升、出国旅行便利化水平的提高及人民币升
值等原因，出境游的旅客消费水平不断上升，中国旅行行业逆差规模呈现不
断扩大趋势，中国已成为世界旅行服务贸易逆差最大的国家。

表 5　　　　　　　　中国主要服务贸易构成及逆差变化　　　　　单位：亿美元

年份 逆差项	运输服务	旅行服务	知识产权服务	总逆差	同比下降
2018	2370 ↑	669 ↑	302 ↑	2922 ↑	135% ↑
2019	590 ↓	2188 ↓	278 ↓	2611 ↓	11% ↓
2020	381 ↓	1163 ↓	292 ↑	1453 ↓	44% ↓

数据来源：中国国际收支报告 2018、2019、2020。

中国服务贸易发展不充分。其一，服务贸易在整个对外贸易中占比不
高，根据《世界贸易报告 2019》显示，世界服务贸易 GDP 比重为 13%，高
收入国家为 15%，中低收入国家为 8%，而中国仅为 4.18%（2020 年），与
美国、日本、印度等国家都存在较大差距。服务贸易与货物贸易比长期居于
15% 左右，且服务贸易占据我国对外贸易逆差的主要来源。其二，服务贸易
结构不平衡，传统服务贸易占比过高。中国的服务贸易收入主要是其他商业
服务、加工服务、维护和维修服务、ICT 服务以及金融服务，支出主要是运
输服务、旅行服务和知识产权使用费。旅游与运输服务是服务贸易逆差的主
要来源。2020 年这两项比例分别为 21.9% 和 24.6%，合计占比仍近 50%。
其三，中国服务贸易区域发展不均。中国服务贸易主要分布在北京、上海、
广州等经济发达地区。2018 年东部沿海 11 个省市服务进出口合计 45037.68
亿元，占全国比重的 86.6%。随着服务业的快速发展和信息技术升级以及数

字贸易发展等因素影响，金融、保险、电信等生产性服务贸易发展潜力巨大，"北上广深"得益于领先的经济发展水平显然有着非常明显的优势。

三　中国与拉美的服务贸易

中国与拉美国家的货物贸易规模逐年增加，与之不匹配的是，中拉服务贸易规模还未到达双方预期的程度。中国和拉丁美洲国家服务贸易交往由来已久，但拉丁美洲并不是中国服务贸易主要的进出口对象区域，两地服务贸易交流正努力打开局面追求增长。长期以来，中国和部分拉美国家致力于深化彼此的服务贸易联系和合作，特别是随着两地货物贸易关系的日益增强，服务贸易越来越引起双方的关注和重视。

中国服务贸易伙伴集中度高。根据中国外汇管理局《2020 年中国国际收支报告》数据，2020 年，中国服务贸易前十大贸易伙伴为中国香港、美国、日本、新加坡、德国、英国、韩国、爱尔兰、加拿大和澳大利亚，与2019 年基本一致，合计贸易规模达 4607 亿美元，占总服务贸易规模的75%，拉丁美洲地区服务贸易占比不足 2%。

中国在拉丁美洲主要的服务贸易伙伴是巴西、墨西哥、阿根廷和智利，这些国家也是拉美国家中服务贸易出口额较大的国家，其他拉美国家服务出口规模较小。巴西的服务进出口规模在拉美均位居第一，但其规模仅为中国的 1/5。中国和巴西间的双边服务贸易不论在中国整体服务贸易还是在巴西整体服务贸易中占比都较低，但就整个拉丁美洲地区而言，巴西仍是中国在该地区最大的服务贸易伙伴。

中拉服务贸易结构寻求优化。中国与拉美国家服务贸易构成仍以传统的旅行服务以及运输服务为主，并占据了较大的比例，服务贸易结构有非常大的改善空间。随着数字技术的快速发展和其在经济中的广泛应用，中拉在数字贸易等知识密集型服务领域的合作机会面临着非常好的机遇。数字贸易是服务贸易的重要组成部分，中国与巴西、墨西哥、智利等拉丁美洲国家已在数字领域建立了良好的合作，同时中国政府长期鼓励跨国公司"走出去"，中国数字平台"出海"，为中拉夯实合作进一步创造了有利的条件。

跨国公司在全球经济活动中发挥着越来越重要的作用。根据联合国贸发会议 2019 年《世界投资报告》，在全球前 100 家非金融跨国企业中，越来越多的服务行业企业独树一帜，在市场国际化的背景下，跨国公司已将部分业务和运营外包给其他国家和地区，带来了进一步的服务一体化发展趋势。而国际金融和国际贸易日益相互交织，使得数字经济能够发挥更大作用。近几年，中国在拉丁美洲的投资活动十分活跃，特别是在巴西、秘鲁等国家，涌现了一大批有口碑的中资企业以及为人津津乐道的成功项目。中国与拉丁美洲国家服务贸易面临的良好机遇是可预见的，而这种关系的发展取决于国家各自服务贸易的发展水平以及经济发展对于服务贸易新的需求。从这一点上讲，中国完全可以与拉丁美洲国家实现发展同步、经验共享。

四　中国与巴西的服务贸易

中国和巴西都还处在服务贸易发展的初级阶段，发展不充分，服务贸易结构有待继续平衡和优化，特别是在知识密集型服务如 ICT 服务、金融服务、保险服务领域还应有更多的侧重发展，这方面巴西的表现要比中国更好。但巴西也存在国际竞争力不足、服务贸易规模增长缓慢等问题。此外，中国和巴西在服务贸易统计方面都在区域内率先走出了各自的特色，两国在统计领域若有可能进行深度交流与合作，将为国际服务贸易统计的发展进程提供丰富的素材。中国和巴西的双边服务贸易规模持续增长，但仍以运输服务等传统服务贸易为主，多年来难以改善其比重过大的现状。但双方政府都极其重视服务贸易的持续扩大开放，在相关机制的鼓励下，中国和巴西的服务贸易合作前景特别是新型体育服务、旅行服务以及数字平台合作的融合交流前景积极。

（一）中国和巴西的服务贸易研究

中国和巴西的国际服务贸易都长期处于逆差，二者在服务贸易种类上相似，但在结构占比上有细微差别。中国服务出口以运输、旅游及其他商业服务为主，其中传统运输服务贸易及旅游占比高达 50%，服务贸易结构平衡性不足。而巴西的情况而言，服务贸易结构较中国更显合理，传统运输服务贸易和旅游占比未达到 50%，同时，现代服务贸易如金融保险服务在其出口中的地位显著。

1. 中国和巴西的服务贸易现状

巴西是拉丁美洲地区第一大经济体，同时也是地区第一大服务贸易国。2010—2019 年十年间，巴西的服务贸易规模整体稳定，呈现低速增长，进口规模远大于出口规模。2019 年，巴西的服务贸易总额占全球服务贸易的0.55%①，占据整个拉丁美洲服务贸易总额超过 20%，超过第二大服务贸易经济体墨西哥 5 个百分点。巴西的服务贸易呈现逆差，2019 年出口 673.58亿美元，出口 336.29 亿美元，逆差差额 337.29 亿美元，接近巴西当年的出口额，超过第二大经济体墨西哥 2019 年全年出口总额 22 亿美元。

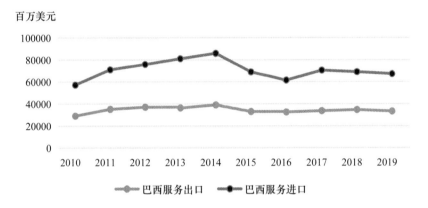

图1　2010—2019 年巴西服务贸易进出口

数据来源：中国商务年鉴 2019 年。

2010 年到 2019 年，巴西的服务贸易结构未见明显变化，服务贸易保持低速增长，贸易规模比较稳定（见图 1），可以说面临着高质量发展尤其是规模增长的艰难局面。巴西的主要出口服务是保险服务、其他商业服务（咨询和与技术相关的服务）、金融服务、信息技术服务和运输服务。巴西服务贸易结构较传统服务贸易出口国其技术含量更高，从前文表 1 和表 2可以看到，巴西的电脑、信息和技术服务及其他商务服务这一项的进出口都占据绝对优势，金融保险类服务出口具备相对优势，同时传统服务如旅

---

① 2020 Trade Profile-Brazil WTO.

行服务及运输服务的占比也相对合理。

　　巴西服务贸易主要具有三个特征：出口由较少数企业创造、贸易对象为少数国家、产品种类较少，这也造成了巴西服务贸易发展后劲不足，难以突破。巴西的主要服务贸易企业可以分为两大类。一是由通信和信息技术服务公司组成，例如 Cisco、IBM、Linx、Nextel、Oracle 等，其中一些是跨国公司的子公司；二是中介类，例如物流、金融服务、咨询和娱乐，其中最重要的企业是公共和私人银行（Banco do Brasil、Bradesco，Itaú）、航空公司（Gol、Latam）、咨询公司（Ernst Young、Deloitte）、物流公司（FedEx、TNT）和娱乐公司（Globo、Nextel）。

　　服务业增加值占巴西国内生产总值的64%，从业人员约占全国劳动力的70%，这些可观的数字证明了服务业在巴西经济中的重要性。自 2005 年以来，服务业增加值在巴西经济中的比例稳定上升。服务业增加值的相对重要性（以占国内生产总值的百分比衡量）在中国和巴西两国呈现出相似的上升趋势，如图 2 所示，并可见巴西服务业所占的百分比更高。但是，巴西的服务行业结构薄弱，国际竞争力不强，生产力不足限制了巴西服务提供商向全球市场扩张的能力，因此巴西的服务贸易伙伴集中于少数国家。此外，较高的生产成本、复杂的税收制度和基础设施不足等抬高了服务价格，减弱了巴西服务竞争力，虽然在过去二十年里，巴西服务贸易在国内生产总值中所占的比重有所增加，但也仅达到国内生产总值的6%左右。

　　中国和巴西两国服务对国际经济的贡献可以从其服务贸易增加值（或附加值）来看，根据经合组织 2018 年 TIVA（贸易增加值）报告，2015 年服务业占巴西总出口的 48.3%，服务业增加值占巴西制造业出口总额的37.1%，其中信息通信技术和电子（47.6%）、汽车（41.0%）以及化学和制药（40.7%）的比重最高①。

　　中国服务贸易对经济增长的贡献日益增加，占到中国出口总额的34.8%，但仍未达到经合组织 54% 的平均水平，服务业增加值占中国制造业出口总额的 29.7%，主要是信息通信技术和电子服务（32.3%）、电气

---

　　① Trade in value added Brazil，December 2018，http：//oe. cd/tiva.

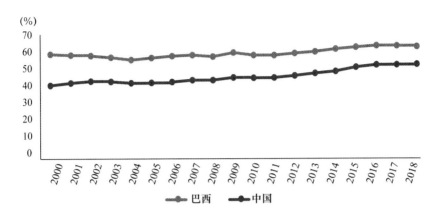

图 2　服务业增加值中国巴西对比

数据来源：World Development Indicators，World Bank.

设备（31.2%）以及橡胶和塑料制品（30.7%）①。

　　图 3 显示，中国和巴西服务贸易占国内生产总值的比重均在 5% 上下，巴西相应比重要略高于中国，而根据世界贸易报告显示，世界服务贸易占 GDP 国内生产总值的比重为 13%，高收入国家为 15%，中低收入国家为 8%，而中国和巴西显然都远远低于这一比重，这表明，两国面临着同样的服务贸易发展不充分的现状。

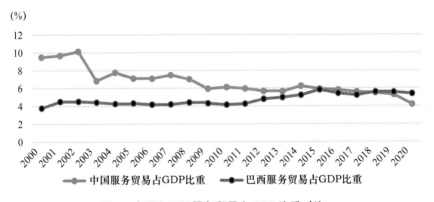

图 3　中国和巴西服务贸易占 GDP 比重对比

数据来源：World Development Indicators，World Bank.

---

① Trade in value added China，December 2018，http：//oe. cd/tiva.

服务贸易推动经济体贸易快速增长，提升经济包容性，生产性服务对国民经济的稳定增长起着至关重要的作用。根据经合组织国家报告，2015 年，巴西服务贸易出口占其出口总额的 48.3%，中国服务贸易出口占其出口总额的 34.8%。2017 年，中国成为仅次于欧盟和美国的全球服务贸易第三大经济体①。服务出口总额达 2260 亿美元，占世界出口总额的 5.7%。服务进口总额为 4640 亿美元，占世界总额的 11.9%。同年，巴西服务出口总额为 340 亿美元，占世界的 0.8%，服务进口总额为 660亿美元，占世界的 1.7%。上述数据反映了服务贸易对两国未来经济发展的重要性，中国和巴西都需要开展更多研究，推动服务出口。促进中巴双边服务贸易有望提高两国制造业及其他产业竞争力，帮助两国在国际分工中发挥更突出的作用。

2. 中国和巴西的服务贸易统计

经济全球化进程推动了贸易生产方式的重大变革，从而对现行服务贸易统计标准和统计体系提出挑战。如何获取更准确、更翔实和更具国际可比性的服务贸易统计数据是世界各国（地区）统计追求的共同目标。世界上大多数国家自有的服务贸易统计制度都存在较大差异，较难从技术上解决数据互认问题，尤其是涉及双边服务贸易的统计，在这点上，中国和巴西需要更多的探讨和交流。

中国的服务贸易统计开始于 2007 年，商务部、国家统计局结合服务贸易的发展特点以及中国服务贸易统计工作的实践联合印发了《国际服务贸易统计制度》。《制度》规定，中国的服务贸易统计遵循联合国等国际组织编发的《国际服务贸易统计手册》和世界贸易组织《服贸务贸易总协定》（GATS）的有关标准，并与联合国《国民经济核算体系》的有关标准相衔接。

2010 年，中国首次开展了服务贸易企业直报工作，健全了服务贸易统计机制，为编制发布我国服务贸易统计数据提供了依据。2017 年以来，商务部推进服务贸易数据共享机制，与中国人民银行、证监会、银保监会等部门合作，首次编制发布附属机构服务贸易统计数据，成为少

---

① 相关排名将欧盟国家作为一个整体计算。

数能够同时发布服务进出口和附属机构服务贸易统计的国家之一。目前，商务部通过《中国服务贸易统计》和《中国服务贸易发展报告》的形式对外发布年度中国服务进出口、外国附属机构服务贸易和自然人移动等统计数据，统计对象为从事服务贸易活动的企事业单位、其他组织、个体工商户和个人。结合《服贸总协定》GATS 中关于服务贸易的分类以及结合中国自身情况，该检测系统中的统计工作将服务贸易依次分类①为：运输服务、旅游服务、通信服务、建筑及相关工程服务、金融服务、保险服务、计算机和信息服务、教育服务、环境服务、医疗保健和社会服务、文化和体育服务、特许使用和许可、分销服务、其他商业服务14 类。

巴西的服务贸易官方统计主要依托于 SISCOSERV 系统，即对外服务贸易综合系统完成。该系统隶属现巴西经济部管辖，2019 年，巴西新政府将五个部合并为经济部，原商业和服务秘书处隶属于新设的外贸和国际事务特别秘书处②。SISCOSERV 的目标用户是居住在巴西和（或）定居在巴西的自然人与法人，他们与居住在国外和（或）定居在国外的自然人与法人开展服务与无形资产相关业务，包括服务和无形资产进出口业务。

对外服务贸易综合系统分为两个不同的模块：销售和购买。销售业务包括巴西居民或定居在巴西的人向国外居民或定居在国外的人销售服务和无形资产，也包括通过国外商业存在进行的交易，此类活动需要在系统中登记。购买业务是指巴西居民或定居在巴西的人从国外居民或定居在国外的人那里购买服务和无形资产。

在第三产业蓬勃发展的情况下，"巴西服务和无形资产分类"已成为巴西服务和无形资产交易的官方分类系统，发挥着重要作用，2012 年设立了巴西服务和无形资产分类委员会，成员来自当时的工业部和联邦税务局官员，其主要职责是长期审核和改进"巴西服务和无形资产分类"及"巴

---

① 世贸组织服务贸易谈判分类与国际服贸统计分类不同，国际服贸统计分类更细致。

② 2021 年，巴西总统博索纳罗欲再次对该部委的职能进行改革，目前改革的最后方案还未确定。

西服务和无形资产术语"。

值得特别关注的一点是，中国与巴西的服务贸易统计来源具备较大的差异，无法直接对比，因此在实际研究中，仍然以国际机构统计的数据为标准辅助以各国自己进行的统计作参考和对比，这种情况同样也适用于任何两个国家，统计制度完善和科学工作仍在探索中，中巴在统计规则对接和达成相互谅解方面仍要付诸更多实践。

3. 中国和巴西的双边服务贸易

根据世贸组织 2020 年《世界贸易统计》相关数据，2019 年，贸易相关服务领域，中国分别占据出口第二及进口第七[1]；维护维修服务领域，中国分别占据出口第三及进口第四；交通运输服务领域，中国分别占据出口第四和进口第三；旅行服务领域，中国占据出口第八和进口第二；建筑服务领域中国占据出口第二及进口第二；ICT 服务领域中国占据出口第四及进口第三。与此同时，巴西是维护维修服务第九大出口国，ICT 服务第八大进口国，其他商务服务（法律、会计、咨询、公共服务等）第十大进口国。在贸易伙伴方面，巴西在中国服务贸易进口来源国中居第 15 位，在中国服务贸易出口对象国中未进入前 15。2019 年，中国从巴西进口服务贸易 34.33 亿美元，仅占中国全部服务贸易的 0.8%。

中巴双边服务贸易结构有较大的改善空间。中巴双边服务贸易规模不断增长，但与中巴货物贸易发展相比较仍远远不足，且服务贸易结构有待调整和改善。经合组织服务贸易数据库数据显示，2005—2015 年，中巴两国服务贸易快速增长，其中双边服务贸易总额增加了七倍，中国自巴西进口增加了九倍（见表 6）[2]。2018 年，中国与巴西服务进出口 76.1 亿美元，同比增长 22.9%，其中出口 8.1 亿美元，增长 15.3%，进口 68.1 亿美元，增长 23.9%[3]，巴西成为中国第 15 大服务贸易进口来源地[4]。

---

① 相关排名未将欧盟国家作为一个整体计算。

② https：//stats.oecd.org/Index.aspx? DataSetCode = TISX#.

③ 前 15 位是中国香港、美国、欧盟、日本、加拿大、澳大利亚、韩国、中国台北、新加坡、泰国、俄罗斯、中国澳门、马来西亚、阿拉伯联合酋长国和巴西。

④ 《2019 中国服务贸易统计》第 31 页，该报告为现存数据最新的关于中巴巴西双边服务贸易的统计。

表6　　　　　　　　中国—巴西双边服务贸易（2005—2015）　　　　　单位：亿美元

年份	中国从巴西进口	中国向巴西出口	贸易平衡
2005	3.7	2.9	-0.8
2006	4.9	3.9	-1.0
2007	6.6	5.4	-2.2
2008	8.9	5.5	-3.4
2009	9.5	6.6	-2.9
2010	10.9	7.5	-3.4
2011	14.3	5.3	-9.0
2012	16.6	5.0	-11.6
2015	35.6	6.93	-28.7

资料来源：OECD database.

备注：2013 年、2014 年统计数据缺失①。

　　中国对巴西的服务贸易呈现长期逆差，双边服务贸易结构变化不大，可以看到运输服务贸易、货物相关服务、保险服务、ICT 服务仍然是中国巴西双边服务贸易的主要部分，传统出口的商业服务和运输服务占据了总出口一半以上的份额。2015 年，其他商业服务占中巴服务贸易总额 5%，旅行服务占 4%，保险类服务占 3%，电信、计算机和信息服务占 6%。2016 年，其他商业服务贸易额占 4%，旅行服务占 4%，保险类服务占 3%，电信、计算机和信息服务占 3%。②

　　由于中国连续 12 年成为巴西第一大货物贸易伙伴，推动运输服务贸易持续增长。根据世贸组织服务贸易数据库统计，2015 年，运输服务占到了中巴双边服务贸易总额的 79%，2016 年这一比例提高到 82%。商务部相关数据显示，2018 年这一比例达到了 88.8%③。2018 年，中国对巴西出口

---

　　①　由于中国和巴西均不是 OECD 成员国，故 2016 年之后不再纳入 OECD 的统计范围，而由于统计口径的差异，中国此前未大范围公开过双边服务贸易数据，后将巴西放入金砖国家进行了专门的统计，但相关统计不大范围发布仅做内部资料使用，因此中国巴西双边服务贸易数据获取十分困难。

　　②　根据 OECD 统计数据计算所得。

　　③　2019 中国服务贸易统计。

运输服务 4.0 亿美元，同比增长 15.4%，占双边服务贸易出口总额的 49.9%；从巴西进口 64 亿美元，同比增长 25.0%，占双边服务贸易进口总额的 93.2%。以上数据显示，运输服务贸易在中巴双边服务贸易结构中的占比稳中有增，这种结构短时间内很难改变，因此，中国和巴西应当采取更多措施丰富双边贸易结构，增加其他贸易种类，培育新的服务贸易增长点。

4. 中国和巴西推动服贸持续开放

中国服务业持续开放。为扩大服务业对外开放，创新服务贸易发展模式，提升服务贸易便利化水平，2016 年，中国在 15 个省市启动了服务贸易创新发展试点，2018 年，试点进入了深化阶段，重点在电信、旅游、工程咨询、金融、法律等领域推出一批开放举措，同时探索完善跨境交付、境外消费等模式下服务贸易准入制度，逐步取消或放宽限制措施，为相关货物进出口、人才流动等提供通关和签证便利。此外，中国还同步推进了 31 个服务外包示范城市，13 个国家文化出口基地建设，与自贸试验区、北京服务业扩大开放综合试点协同发展，形成了全面推进服务贸易对外开放的体系。随着北京市服务业扩大开放综合试点、上海自由贸易试验区增设新片区、海南探索建设自由贸易港以及粤港澳大湾区建设的深入推进，中国将形成服务领域全方位对外开放新局面。

中国自加入世贸组织 WTO 以后，迅速与国际接轨，注重货物贸易和服务贸易的全面开放，中国国际进口博览会（China International Import Expo）、中国（北京）国际服务贸易交易会（China International Fair for Trade in services）和中国（上海）国际技术进出口交易会［China（shanghai）International Technology Fair］等国家级展会呈现出常态化、多元化发展趋势，为中国乃至世界服务贸易进出口提供新平台。相关政策及措施的落实推进将进一步完善中国服务贸易管理体系，在推动服务贸易区域协调发展的基础上，实现服务贸易的高质量发展。

巴西的服务开放环境稳定。巴西除了是《服贸总协定》的成员，还是《拉丁美洲一体化协会文化、教育和科学领域商品合作与交流区域协定》的缔约国，该协定旨在打造文化商品与服务的共同市场。此外，在南方共同市场框架内，巴西致力于按照 2005 年《南共市服务贸易蒙得维的亚议定书》的规定，实现服务自由流动。

巴西政府出台了一系列促进服务业发展的措施，包括提高服务业国际竞争力：

2012 年，实现巴西服务和无形资产分类（NBS），以联合国产品总分类为基础，对服务和无形资产进行了正式分类。

2012 年，启动对外服务贸易综合监测系统（Siscoserv①），该系统是服务贸易正式申报电子平台。

2012 年，建立每月服务调查（PMS），即服务行业表现指标，包括就业、收入和产出。

2013 年，启动港口监管新框架，旨在增加特许经营权数量，实现现代化并改善港口的竞争与私人投资。

2016 年，修改与服务出口有关的出口加工区条例（将服务纳入加工区允许的业务范围）。

2016 年，修订 2005 年《创新法》（Marco Legal da Inovação），推动创新和技术发展领域的投资。

2018 年，启动巴西数字转型战略（E-Digital），大力支持包括服务在内的数字经济。

此外，巴西服务贸易的重要发展还包括 2015 年启动的国家出口计划（PNE），该计划目的是促进巴西的服务和货物出口并使之多样化。从市场准入、贸易促进、贸易便利化、出口融资和担保以及支持出口税收制度改革五个战略支点，为服务贸易发展创造良好环境。

依托巴西服务贸易体制环境，1999 年巴西政府在当时的工业、外贸和服务部（MDIC）下设立了商业和服务秘书处（SCS），作为一个政府单位，负责制定、协调、执行和评估商业与服务业发展方面的公共政策、计划和行动。商业和服务秘书处还负责分析和监测巴西国内外的行业趋势，规划和出版有关服务贸易的资料。此外，秘书处还负责管理对外服务贸易综合系统以及其他促进商业和服务行业的计划。对外服务贸易综合系统符合《服贸总协定》的准则，该协定自 1994 年起已纳入巴西法律体系。

---

① 全称为葡萄牙文"服务、无形资产以及产生权益变化的其他业务的综合外贸系统"。

（二）中国和巴西服务贸易合作前景

1. 中巴服务贸易合作机制日趋成熟

进入 21 世纪以来，中巴双边经贸关系取得长足发展，特别是在投资、金融和贸易领域。中国成为巴西第一大投资来源国，双方不仅在传统领域如农业、矿业、电力基础设施建设领域开展广泛合作，还将合作扩展到诸如数字经济、技术进步等新兴领域。中国政府已经出台了针对服务贸易的各种优惠政策，中巴建立双边服务贸易合作机制，鼓励对外贸易和服务业双边投资。

在多边合作领域，中国与巴西同属于金砖国家，《金砖国家服务贸易合作路线图》《金砖国家电子商务合作协议》的签署推动建立了一个积极的多边服贸合作机制，并取得了初步成效。2018 年，中国与金砖国家服务进出口总额为 331 亿美元，同比增长 49.7%，占中国服务进出口总额的 4.2%，其中出口 59 亿美元，进口 272 亿美元。中国与巴西的服务贸易额约占金砖国家服务贸易总额的 1/4。①

在双边合作领域，2014 年在中国国家主席习近平对巴西进行国事访问之际，中国—巴西高层协调与合作委员会（COSBAN，以下简称中巴高委会），作为指导双边关系发展并为两国未来设定新目标的委员会，为 "2015—2021 年共同行动计划" 拟订了新工作计划，该计划从战略角度为中巴战略合作关系及相关领域发展提供了指导。新 "共同行动计划" 第五条经济贸易领域特别提道：

"双方将在经济和贸易小组委员会框架下建立服务贸易工作组。工作组将促进服务贸易数据和统计信息交换，并推动双方商定的关键服务部门开展对话与合作。"

"双方将充分利用经济和贸易小组委员会下的工作组平台，包括贸易、投资、统计协调、知识产权和海关方面的现有平台。双方将加强各领域工作层面的对话，在可能的情况下，向另一方解释其关心的政策和法规问题，并跟踪和分析双向货物贸易、服务贸易、电子商务和投资中的热点问

---

① 2019 中国服务贸易统计。

题。如果需要，可以在一致同意的基础上建立其他工作组。"

2016 年，中巴签署了《关于服务贸易合作的谅解备忘录》，将服务贸易确立为两国政府合作重点，主要涉及信息技术、交通、旅游、外包、视听、咨询工程和中医药服务。作为落实备忘录的具体举措。

2017 年，中巴签署了《关于服务贸易合作的谅解备忘录（两年行动计划）》，明确了双方将加强在建筑、工程咨询、工程建设、信息技术、电子商务和银行自动化、旅游、文化和中医药等领域的服务贸易合作。同年 9 月，又签署了《关于电子商务合作的谅解备忘录》，决定进一步加强两国间的商业交流，并在职业培训和分享最佳做法方面展开合作，包括在消费者保护和创新方面的合作。

2018 年，中国工业与信息化部与巴西科技通信部签署信息通信领域合作备忘录，双方将加强新一代移动通信、信息通信基础设施、云计算、大数据、物联网等新技术与新业态领域的交流合作。

2019 年，第五次中巴高委会会议在北京举行，双方发布了联合公报，其中第八条指出，双方认识到关键项目在服务业等多个领域的重要性。根据高委会经济商业委员会的报告，双方致力于加强电子贸易、服务贸易、知识产权和统计协调等领域的合作，推动双方就"经认证的经营者"互认①开展谈判工作。

2. 巴西是中国数字服务出海的实验高地

巴西是中国数字服务出海的实验高地，巴西服务贸易进口及出口中，ICT 服务占比较高，这是未来巴西服务贸易升级的重点领域。而随着大数据、人工智能、云计算等数字技术的应用及升级，服务的可贸易性得到了极大的提升，以通信、计算机、电信等为依托的服务贸易将成为服务贸易增长动力的关键。顺应全球价值链分工新趋势，加快服务业转型升级步伐，推动以数字技术为支撑、高端服务为先导的新兴服务贸易发展，催生了平台经济、体验经济和分享经济等一大批新产业、新模式，中国正是这些新型产业和模式的大胆实验者和创新者。数字技术在推动中国与拉丁美洲服务贸易快速增长的同时，也推动服务业与投资活动，与制造业深度融合。

① 该谈判已完成。

近年来，中国企业通过收并购和竞买公共项目特许经营权等多种形式，投资巴西能源、基础设施、银行业、信息通信技术等多个领域，成为巴西收购企业最多的国家①。目前，在巴西投资的中国企业有 1824 家②，金融服务领域有国家开发银行、工商银行、建设银行、中国银行等；水电基础设施服务领域有国家电网、国家电投、中国电建、三峡公司等；建筑工程服务领域有中国交建、中国铁建等；航空服务领域有海南航空；信息通信技术服务领域有华为、中兴等。中国的数字平台和数字企业正在巴西如火如荼地探索本地化发展之路，希望能够使用中国的技术实现数字经济的再一次飞跃。

华为技术有限公司（以下简称"华为"）作为全球领先的 ICT 技术基础设施和智能终端提供商自进军拉美以来屡创佳绩，在巴西先后完成总统府政务信息化服务项目、政府数字城市项目、平安城市解决方案、巴西联邦储蓄银行（CAIXA）信息化建设、麦肯锡大学数据中心等重要项目，截至 2020 年底，仅华为官网公布的有关服务巴西的产品记录就达到了 1628 条，这个数字还在不断增加。在巴西，华为积极履行社会责任，于 2008 年发起全球 CSR 旗舰项目——"未来种子计划"（Seeds for the Future），旨在帮助当地培养更多通信信息技术人才。

2017 年，滴滴出行与巴西移动出行服务商"99"（原名 99TAXI）签署战略合作协议，滴滴出行成为"99"的战略投资者加入"99"董事会，为"99"提供技术、产品、运营经验、业务规划等全方位战略支持，助力"99"在巴西及拉美市场积极扩张，这是中国服务贸易出口的一个成功案例，也是滴滴出行作为网约车平台在拉美展开业务做出的重要成绩之一。滴滴出行利用其合作伙伴在当地和政府已建立的良好合作关系，得以在立法以及行业管制方面对政府产生较大影响力，并在一定程度上减少企业文化、社会文化差异的影响。滴滴出行进军拉美，不仅是把中国的服务贸易出口到拉美，也是把中国"共享经济"的成功经验带到了这片大陆。从经济发展水平到业务模

① http://www.ccpit.org/Contents/Channel_ 3929/2017/1025/901481/content_ 901481. htm, China Council for the promotion of international trade representative office in Brazil. China is the country with the largest number of enterprises acquired in Brazil.

② 巴西经济部 2020 年数据。

式，巴西都跟中国有相近的地方，滴滴的成功展示着中国的"共享经济""互联网经济"完全可以移植分享到巴西乃至整个拉美，助力拉美建设美好"智慧城市"和推动发达的互联网经济继续发展。

除了数字平台，中国的大数据、5G 技术、区块链、人工智能 AI 技术等都有可能在拉美进行广泛的实验及应用，对标巴西"智慧巴西"计划等国家级数字建设计划；在数字消费领域，数据挖掘技术帮助更好地识别消费者的偏好模式，合理分配资源和组织国际经济活动，消费者的需求可以得到更精确的满足；在金融服务领域，数字平台和软件系统能够为金融决策提供便利，降低交易成本，产生规模经济效应，实现专业化分工。经过新冠肺炎疫情的检验和洗礼，中国数字企业的活力得到了最好的证明，中国率先全面复工并实现经济正增长，数字平台为经济生活、教育等各个领域广泛应用并迅速在海外普及，成为中国恢复经济活力的一剂良药，这对于全球经济复苏来说绝对称得上是一剂良药。

3. 中巴两国双边服务贸易前景广阔

中国和巴西在服务贸易领域已建有完善的多双边合作机制，在该机制引导下，中巴服务贸易合作面临历史机遇期。国际数字经济的蓬勃发展为服务贸易的未来指明了方向，中巴双方在信息科技、5G 网络应用、区块链、AI 技术等领域面临广泛的合作机会，这些新技术的发展也将改变和升级现有服务贸易模式。

在新冠病毒肆虐全球期间，远程医疗、在线教育、跨境电商等服务业态迅速得到广泛应用和全球普及，对稳定经济发挥了重要作用。中国的 5G 技术已经走在世界前列，数字技术较世界其他国家更早开始普及和应用。中国企业在数字化发展特别是电子商务、远程办公等领域实践已久，全球疫情最严重的 2020 年，比亚迪为巴西打造的云轨项目几乎没有受到影响，华为为巴西打造的海底通信系统也在有条不紊推进，这要得益于这两家企业较早完成了企业数字化运营维护和升级，才能在面临国际环境巨变时有能力即时处理和有效应对。国际服务贸易的规则认定、谈判和推进曾一度遭遇瓶颈，由于各国服务业态和统计管理异同，迄今仍有很多内容未能达成完全的一致和谅解，在完善的多边规则短期内难以形成的情况下，中国和巴西可以通过双边协调先行，为两国包括跨境电商、数字经济深度合作、智慧城市建设等各个领域提供先期鼓励和保障。中巴也应尽快探讨签署电子商务合作备忘录的可能性，鼓励两国电子商务行业组织通过协商交流，推动电子商务标准的统一和互认，解决观点概念、市场结构、各自关切和不当使用国家安全管制等方面的问题，为双边合作提供友好、可预期的发展平台和环境。

从推动中巴双边服务贸易的具体领域来看，传统的服务贸易领域运输服务和旅游服务仍将是两国服务贸易的主要提升领域，双边旅游仍值得关注，虽然由于疫情的影响国际旅游业难以在短时间内恢复，但不可忽视的是旅游服务曾一度在双边贸易中占据很重要的地位。中国的投资可以大大改善巴西旅游业的基础条件，巴西独特的拉美文化一直以来也吸引着包括中国人民在内的全球各地游客，而巴西人对中国的历史和进步也充满了好奇。此外，中巴两国在体育产业方面也具有较大的合作潜力。2019 年，中国成为仅次于美国的第二大体育市场，中国体育产业年增长率预计达到21%，且这一高增长率将至少持续到 2023 年。巴西的体育爱好者数量在全球排名第三，760 万巴西人每月至少观看一场职业比赛。因此，发展体育服务业有助于丰富中巴服务贸易的内涵。

而在附加值较高的知识密集型服务领域，特别是在金融服务领域，中国五大行先后进入巴西市场，工行、建行、中行、交行均在巴西设立了子行，农行在圣保罗建立了代表处。中国国家开发银行也在巴西设有代表处，是唯一一个可出具巴西雷亚尔保函的中资银行。而巴西政府也十分重视金融保险服务作为其服务贸易出口关键领域在未来的可持续发展。巴西金融服务出口具备一定竞争优势，在为银行业提供软件方面，以及电子政务和社会计划方面，巴西也有不同于其他国家的独特经验。两国数字金融发展经验相互交流和融合将创造有利条件，使其在金融保险服务合作领域找寻到新的发展高地。

中国和巴西作为全球重要的服务贸易国家，应当携手合作，共同在世贸组织等多边机制中发挥重要作用，继续深入探讨双边服务贸易合作，尽快建立双方认可的服务贸易规则或条例或服务贸易合作体系。两国可以在金砖国家机制的支持下，改善双边合作，实现更好、更可持续的发展。双方可充分利用中国巴西高层协调与合作委员会服务贸易工作组机制，增进中巴相关政府机构、行业协会和企业之间的理解，学习和了解相关服务贸易法律法规和限制、技术标准、物流周期、专业培训等配套服务，为双方企业创造一个良好公平的环境，支持双方企业进一步提高国际竞争力，获得长期和可持续的发展。

（作者唐洁，商务部国际贸易经济合作研究院
美洲与大洋洲研究所助理研究员）

Status and Future of Service Trade between China and Latin America —Take Brazil as an Example

Tang Jie

Abstract：In 2017, China became the world's third largest economy in service trade after the EU and the United States. Service trade has developed rapidly and its scale has increased significantly. Brazil is the largest service trade economy in Latin America, at the same time is also the main service trade partner in Latin America of China. Trade relations between China and Brazil have become a model of service trade research by their sound cooperation mechanism and years of joint exploration. The comparative study for trade in services China-Brazil, the status quo of their trade relations, and the prospects of bilateral service trade are important and also instructive for how to continue to deepen and optimize the service trade ties, to seize development opportunities between the two in the new digital economy era. The service trade cooperation mechanism between China and Brazil is basically mature. The two countries attach importance to the continuous opening of service trade. In the post-epidemic era, service trade may play its special role in promoting economic recovery and bilateral trade stability as soon as possible.

Key Words：Trade in services；Trade relations；China and Brazil；Service trade in Latin America

中国对墨西哥直接投资的风险研究

白文静　林春秀

摘　要： 随着中墨两国政府关系的日益紧密、拉美地区其他国家政局的动荡以及美墨关系的不稳定性增强，中墨之间的合作空间与机遇进一步得到拓展，这让中国企业注意到中墨经济合作存在着的商机。然而，中国对墨投资的项目近年来却屡次受阻，当前对于研究中国对墨西哥直接投资中存在的风险、探索其成因以及总结防范措施显得尤为重要。中国对墨直接投资的风险主要包括经济风险、政治风险、文化风险和法律风险。经济风险主要受墨西哥经济发展、国内贫富差距以及政府的财政支出等因素影响；政治风险源于墨西哥政局不稳定、政府腐败与社会治安混乱；文化风险则源于中墨两国信仰、语言以及商务礼仪与禁忌的不同；法律风险受墨西哥投资法律与司法"双轨制"的影响。

关键词： 中国；墨西哥；对外直接投资；风险研究

引　言

习近平主席于 2017 年 5 月在北京召开的"一带一路"国际合作高峰论坛期间指出"拉丁美洲是'一带一路'的自然延伸"，这一重要论断清楚地表明了中国已将拉美纳入到"一带一路"的倡议之中，阐明了拉美与"一带一路"之间"天然的关系"，为中拉合作指明了前进的方向。作为拉美第二大经济体以及第四个与中国建交的拉美国家，墨西哥在过去 20 年间与中国的经贸合作不断深化。中墨于 2003 年建立战略伙伴关系，并在 2013 年升级为全面战略伙伴关系，这给两国的经济合作打下了坚实的政治基础。2020

年，据中国海关统计，墨西哥是中国在拉美第二大贸易伙伴、第一大出口市场和第三大进口来源国。[①] 墨西哥不仅是位于巴拿马运河以北属于北美洲的国家，还是在美国以南属于拉丁美洲的国家。综上，由于墨西哥在政治、经济、地理位置等诸多方面具有优越条件，对于促进中国经济进一步向南美市场开放，同时向美国、加拿大市场辐射均发挥着不可替代的作用。此外，自美国总统特朗普上任以来，由于修建隔离墙与对墨加征关税等事件加深了美墨经贸合作关系的负面影响以及拉美其他国家的动荡局势，给中墨之间的合作空间带来了进一步的拓展机会，以上都让中国企业看到了中墨经济合作的巨大商机。然而，近年来，中国对墨投资的项目多次受阻，著名的案例包括中国铁建中标墨西哥城至克雷塔罗高速铁路项目被无限期暂停以及中墨坎昆龙城项目的夭折。在这样的背景下，研究中国对墨西哥直接投资中的潜在风险、探索原因以及总结防范措施显得尤为重要。

通过梳理相关研究发现，国内外学者对于中国对外直接投资给予了高度的关注，整体而言，中国学者对此内容的研究在数量上远多于国外学者。与此同时，国内外学者对于境外投资的研究主要将整个国际市场作为研究对象，虽然也有从一个国家出发，研究中国对该国直接投资的风险，但是针对墨西哥市场直接投资的研究凤毛麟角，对其风险研究不足，为本文留出了一定的研究空间。本文在总结国内外相关研究的基础上，探究目前中国对墨直接投资的现状以及其中潜在问题，并结合典型案例剖析风险成因，总结经验与教训，提出具体的风险防范措施，以期丰富对墨直接投资领域已有的研究成果。从现实层面看，此研究的意义在于能够明确中国对墨直接投资的风险因素与成因，并就中国对墨直接投资有针对性地提出风险防范策略，为中国企业识别、防范与控制对墨直接投资的风险提供了科学的理论依据与方法指导，以资企业参考借鉴，助力我国"走出去"战略的实施。

一 中国对墨直接投资发展现状

（一）中国对墨直接投资发展历程

中国对墨直接投资具有阶段性特征，表现出从竞争到合作的深化态

---

① 资料来源：http://mds.mofcom.gov.cn/article/Nocategory/200812/20081205968699.shtml.

势。墨西哥是中国在拉美地区最重要的经贸合作伙伴之一，两国在 1972 年
2 月 14 日建立外交关系，建交后，关系发展顺利。但是 20 世纪 70 年代
时，墨西哥对于外国投资秉持排斥态度，认为这是对本国资源的剥削与掠
夺，因而在此方面把控甚严。到了 80 年代，为面对债务危机，墨西哥进行
了经济改革，开始对外国直接投资采取积极的态度。20 世纪 90 年代，墨
西哥的经济持续繁荣发展，于 1992 年 8 月签订北美自由贸易协定，且于
1994 年 1 月实行了新的外国投资法，这一法案宣扬的是积极引进外资的自
由贸易思想。因此，中墨作为两个积极引进外资的国家，在 70 年代至 90
年代末都处于竞争的状态。

随着中墨经济的稳定以及快速发展，两国的经贸交流日益频繁。2003
年 12 月，温家宝总理对墨西哥进行正式访问，两国宣布建立战略伙伴关
系。2004 年 8 月，中墨政府间常设委员会成立。2013 年习近平主席访墨期
间，两国建立全面战略伙伴关系，中墨关系进入全面快速发展的新阶段。
2017 年习近平会见墨西哥总统，培尼亚表示墨西哥愿积极参加"一带一
路"建设，密切在国际事务中沟通协调。① 此外，近年来双方在各个论坛、
研讨会、展会中都密切往来，探索与紧抓每一个潜在的合作机会。

（二）中国对墨直接投资的发展现状

1. 中国对墨直接投资总体规模

根据墨西哥经济部发布的 2020 年度外国直接投资情况统计报告，2018
年 1—12 月，墨西哥共吸收外国直接投资（FDI）316.04 亿美元，与 2017
年相比增长 6.4%。按投资国别分类，2018 年外国投资数量和占比依次为：
美国 122.73 亿美元，占 38.8%；西班牙 41.27 亿美元，占 13.1%；加拿
大 31.82 亿美元，占 10.1%；德国 26.04 亿美元，占 8.2%；日本 21.23
亿美元，占 6.7%；意大利 14.18 亿美元，占 4.5%；其他国家共计 58.75
亿美元，占 18.6%。相比美国、西班牙、加拿大、德国、日本和意大利等
国家对墨直接投资的规模，中国对墨直接投资的规模虽然较小，投资金额
少，所占比重偏低，但是，增长幅度大，意味着存在巨大的上升空间。

---

① 资料来源：https://www.yidaiyilu.gov.cn/xwzx/xgcdt/26216.htm.

表1　　　2010—2019 分年度中国对墨西哥直接投资流量与存量情况

年份	中国对墨西哥直接投资流量 （万美元）	中国对墨西哥直接投资存量 （万美元）
2010	2673	15287
2011	4154	26388
2012	10042	36848
2013	4973	40987
2014	14057	54121
2015	−628	52476
2016	21184	57860
2017	17133	89802
2018	37845	110688
2019	16356	116108

数据来源：《2019 年度中国对外直接投资统计公报》。

　　这里选取近十年中国对墨西哥直接投资数量，以更好地展现墨西哥在这个时间段投资流量与存量的关系。如表 1 所示，不论是从流量还是存量来看，2010 年至 2019 年中国对墨西哥直接投资数量整体都呈现持续上升趋势，预示着中国对墨西哥的投资信心不断增强，表明投资规模仍将继续扩大。

　　2. 中国对墨直接投资结构

　　截至 2017 年底，中国在墨西哥投资的企业约有 85 家，各类投资共计约 9 亿美元。目前中国企业在当地开展合作涉及的领域主要包括能源、电信、基础设施、制造业、矿业、金融等。[①] 近年来，中国企业在墨西哥开拓新市场、绽放新活力、呈现新亮点，多家中资企业积极抓住墨西哥能源与电信领域改革的机遇，取得了业务新突破。

二　中国对墨直接投资潜在风险分析

　　对外投资风险是指在特定的环境下和特定的时期内，客观存在的导致

---

① 数据来源：《2018 年国别投资经营便利化状况报告》。

企业在海外投资经济损失的变化，是一般风险的更具体形态。① 对外投资项目因为涉及跨国元素，各国的法律制度、政治背景、经济文化等因素都不同，所以风险众多。对外投资项目的风险通常包括经济、政治、文化、法律等风险因素，这些因素都可能作用于中国对墨西哥的直接投资项目，并将产生不同程度的影响。

（一）经济风险与成因

企业在东道国进行经济投资活动时，经济风险难以规避。东道国宏观经济变量发生波动、经济政策作出调整等因素致使境外直接投资者未来收益变动存在不确定性，即指一国的经济指标、经济情况的变动都会给企业的海外经营带来经济风险。一个国家经济发展状况的衡量指标主要包括：国内生产总值（GDP）、国民生产总值（GNP）、就业率、利率、汇率、通货膨胀率以及国际收支等。因此，企业直接投资于东道国时需考虑一国的市场潜力（一般按照一国的 GDP 计算）、一国劳动力的可获得性、劳动力成本、通货膨胀和自然资源的禀赋情况等。综上，本节把中国对墨西哥直接投资的经济风险归纳为以下三个方面：宏观经济风险、市场风险和运营风险。

1. 宏观经济风险与成因

一国总体经济运行过程中蕴藏着宏观经济风险，国内生产总值、通货膨胀率、就业率与国际收支等发生波动均会导致宏观经济风险。宏观经济指标的变动意味着风险的变动，它能直接导致中国对墨西哥直接投资的资本流动、收益和成本的不确定性。宏观经济风险能够体现一国的整体经济发展状况。一个国家或地区整体的经济发展状况一般用国内生产总值（GDP）和人均国内生产总值来衡量。2018 年墨西哥 GDP 总量为 1.221 万亿美元，在拉美 34 个国家和地区中排名第二，人均 GDP 为 10403.54 美元，排名第二。2009—2018 年墨西哥国内生产总值从 2009 年的 9000.45亿美元上涨到 2018 年的 12210 亿美元，但是剔除通货膨胀，国内宏观经济年均增幅实际为 -6.587%，投资风险较大。

世界各国经济的波动和国际市场的变化会对中墨经济产生影响。当今

---

① 资料来源：中国商务部和国家统计局联合发布的《对外直接投资统计制度》。

世界，经济全球化不断深化，各国之间的联系也愈加紧密，都是利益共同体，一国产生的经济危机会危及其他各国，这暗示着国际宏观经济指标的不确定性加剧。同时经济全球化也加剧了世界经济发展的不平衡，国际矛盾可能会因此增加。作为两个发展中国家，中墨更容易成为全球化中弱势的那一方，这些都将加剧中国对墨直接投资的不确定性。加之墨西哥贫富差距较大，即使人均 GDP 达到 1 万美元左右，但也无法体现在促进消费的作用上。这意味着对墨直接投资时，中国投资者若想要同时吸引贫富人群需要考虑更多的因素，风险必然也会随之增加，且可能出现"竹篮打水一场空"等问题。

全球性突发黑天鹅事件可能带来的经济冲击不可估量。由于新型冠状病毒的影响，许多国家都采取了停工停学等措施来防止疫情的持续恶化，无疑会给各国的海外贸易、对外投资等经济活动造成重创，它包括企业无法复工、工厂无法生产和发货、国际国内订单大幅削减、国际市场各个指标频繁波动等具体表现。但是疫情难以预料，并且影响范围广、危害程度高，所以中国对墨直接投资的风险还来自一些不可控宏观事件所产生的影响。

2. 市场风险与成因

学界对市场风险的认识，较具代表性的观点有两种。一种观点认为，市场风险源于东道国市场分割的不完全性和市场特殊的导向性给对外直接投资者带来的风险。[1] 东道国某一行业的市场成熟度、市场容量和市场潜力都会给直接投资带来风险。另一种观点认为，市场风险受制于利率、汇率、市场价格等一些外部因素的变动，这些变动导致企业海外投资收益遭遇损失的不确定性。[2] 本文所论述的市场风险实际存在于经济风险之中，它既受到中墨两国利率、汇率、市场供给与需求等不确定因素的影响，也受到墨西哥某一行业在当地市场的现存竞争程度、垄断程度、市场平均薪资与就业市场特殊性等既定因素的影响。

---

[1] 朱兴龙：《中国对外直接投资的风险及其防范制度研究》，博士学位论文，武汉大学，2016 年，第 40 页。

[2] 田学豪：《我国企业对外直接投资风险分析》，博士学位论文，天津商业大学，2017 年，第 14 页。

　　近两年来，墨西哥经济发展缓慢，该国接连遭受了货币贬值、通货膨胀和经济停滞等问题的影响，由图 1 可知，墨西哥经济整体呈现出波动中下降的趋势，其经济的发展十分无力，利率与汇率波动大且不确定性强。在这样的背景下，墨西哥国内存在的潜在市场风险正在显现。尽管墨西哥有石油、钢铁和汽车等工业的支撑，但事实上墨西哥的整体工业能力较弱，总体工业分配也不均衡，在整体市场供给与需求等不确定因素的影响下，市场风险较大。此外，墨西哥不注重科技和高价值产业的发展，新兴产业的进展十分缓慢，这都是导致墨西哥经济停滞不前，加剧市场风险的因素。

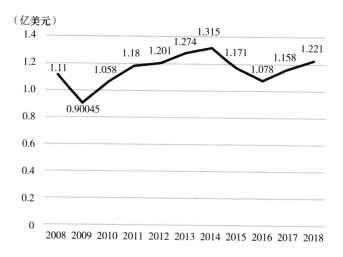

图 1　2008—2018 年墨西哥 GDP 总量（以现价美元计算，单位：万亿美元）

数据来源：世界银行。

3. 运营风险与成因

　　企业在进入东道国时，往往由于自身经营管理不当而引发投资收益及持续经营的不确定性。[①] 这种运营风险通常难以预测，风险评估难度大，涉及市场进入风险、产品风险、价格风险和营销风险。[②] 墨西哥民生支出

---

　　① 韩师光：《中国企业境外直接投资风险问题研究》，博士学位论文，吉林大学，2014 年，第 59 页。

　　② 田学豪：《我国企业对外直接投资风险分析》，博士学位论文，天津商业大学，2017 年，第 14、15 页。

的大幅增长使中资企业面临更大的压力,洛佩斯总统采取了一系列措施来
实现其在竞选期间所提出的关于改善民生的承诺。这意味着在其执政期
间,财政政策的具体实施过程中,墨西哥政府公共开支出现较高水平的增
长,在给联邦政府带来巨大压力的同时,也暗示着一些针对外来投资者的
优惠政策会更难获得甚至被取消。中资企业在墨西哥融资成本高、融资手
续难、融资规模小,这都会造成企业流动资金紧张和生产经营困难的问
题,因此对墨直接投资的企业面临着多维度的运营风险。

与此同时,运营风险也源于部分企业未按现代企业制度完善内部治理
结构,造成产权不明晰、机制不灵活、管理不完善的现象。[①] 由于中方企
业自身的经营管理不善等问题,中国对墨西哥直接投资的运营风险,具体
表现为无法可持续性地控制境外企业的经营管理权为核心的经济活动。我
国企业在"走出去"的过程中,由于缺乏自主知识产权的技术和创新,因
此在国际市场上竞争力较弱。众多企业在海外投资中战略规划不清晰,不
重视履行社会责任,盲目投资。同时,在对外投资中过于依赖国外的银
行、律师等中介机构,缺乏具有国际化经营运作经验的高素质人才,最终
导致企业缺乏准确、及时、科学的决策。

(二) 非经济风险与成因

1. 政治风险与成因

政治风险是我国企业对墨西哥直接投资面临的最主要风险之一。政治
风险指的是在跨国企业经营时,东道国政府非预期地改变政策规则,从而
产生投资者利益或权益受损的可能性。东道国政局更替、政策无法连续、
地缘政治频繁冲突、民族主义与宗教意识形态冲突、战争、恐怖主义威胁
等都能造成政治风险。[②]

在对墨投资过程中,中国与墨西哥外部政治环境发生变化、墨西哥政
局较为不稳定、政策发生变化,甚至是墨西哥周边国家的政治问题等都可

---

① 胡亚静:《中国企业境外投资风险管理研究》,博士学位论文,对外经贸大学,2018 年,
第 19 页。

② 王海军、姜磊:《政治风险、技术外部性与 FDI———一个内生模型的理论分析》,《中央财
经大学学报》2012 年第 4 期。

能给中国的投资带来经济损失，即由于政治事件或政府行为使得中国企业在墨西哥的投资环境发生变动，并导致对投资者预期收益不利的可能性。一般来说，政治风险难以预料与评估，一旦出现，外国投资者的损失往往会比较大。中国对墨西哥直接投资的政治风险成因有以下几个方面：

其一，墨西哥不同派别之间的政权更替使国家政策存在较大的不确定性。2018 年，洛佩斯总统代表的以国家复兴运动党为主组建的"让我们共同创造历史"联盟在总统大选、议会选举和地方选举中都获得了压倒性胜利。这次选举不仅意味着总统职位的变化，还表示总统胜选人所代表的党派在立法机构中赢得了多数优势。从政治倾向和执政理念来看，洛佩斯总统和由他所代表的国家复兴运动党属于拉美地区的传统左派激进势力，他的胜出不仅意味着墨西哥执政权力发生了变化，而且也是数十年来第一次出现的左翼政府。

洛佩斯政府推出了不少与前任政府不尽相同的政策，这可能导致近几年墨西哥政策的不确定性会处于较高水平。因此在政权更替期间，对墨直接投资的企业会面临更大的不确定性，且极有可能发生新政府不承认企业已与旧政府达成的协议，出现撤销项目的情况。除此之外，洛佩斯是从民主革命党退出后加入了国家复兴运动，而且伴随着国家复兴运动党与洛佩斯支持率的提高，该党加入了更多的民主革命党成员，也吸引了其他主要党派支持者。由此可见，目前以洛佩斯总统为代表的国家复兴运动党内部整合就存在着较大的复杂性，这也使得政策不确定性加剧。

其二，墨西哥与别国的合作导致贸易政策的改变，一旦发生改变，外国投资的风险也将发生很大的变化。例如：2019 年 12 月 10 日，英国《卫报》称，美国、墨西哥和加拿大代表签署了修订后的《美墨加协议》（USMCA），此协议取代了 25 年前三国签订的《北美自由贸易协定》（NAFTA）。① 根据新协定，墨方会限制来自外国的零部件的使用，这包括了在香港和中国内地制造的零部件，此外，很多产品将更难获得免关税待遇，这些新规则无疑会加剧中国对墨西哥直接投资的风险。

---

① 报道出处：https://baijiahao.baidu.com/s? id = 1661645194542476398&wfr = spider&for = pc.

其三，拉美地区其他国家政局或者政策的变化会加剧对墨西哥投资的不稳定性。拉美多个国家的政局在 2019 年都较为不稳定，例如智利因为地铁票价上涨引发的暴乱；哥伦比亚由于不满劳工改革方案进行的罢工游行，且最后演变成大规模的骚乱；玻利维亚由于总统选举问题陷入了混乱；等等。虽然周边国家出现政局动荡、经济衰退的情况从竞争的角度来看有利于墨西哥经济发展，但是，经济的发展具有联动性，周边地区政治与经济的混乱最后都会对墨西哥造成不小的冲击，届时会增加中国对墨直接投资的风险。

其四，墨西哥政府腐败问题突出。表 2 是由 Marina Pasquali 于 2020 年 2 月 5 日出版墨西哥 2012—2019 年腐败感知指数得分表，该指数是一个综合指标，它包括以下方面的腐败感知数据：贿赂公职人员、回扣公共采购、挪用国家资金以及政府反腐败努力的有效性。此表中的分数以 100 分为最清廉，0 分为最腐败。通过观察该表可知，墨西哥国内的腐败问题非常严重、分布领域广。有数据显示，墨西哥每年由于腐败而造成的经济损失相当于其国内生产总值的 9%。[1] 由此带来墨西哥国内腐败对中国投资者产生负面影响的风险，还可能带来中国投资者参与墨西哥腐败的风险，不论是哪一种都将不利于企业的发展。

表 2　　　　　　　　　　墨西哥 2012—2019 年腐败感知指数得分

年份	得分
2012	34
2013	34
2014	35
2015	31
2016	30
2017	29
2018	28
2019	29

数据来源：Statista.

[1]　数据来源：https：//world. huanqiu. com/article/9CaKrnK4uSV.

其五，墨西哥的整体社会治安状况较差。长期以来，在包括墨西哥州、格雷罗州、奇瓦瓦州、米却肯州、锡那罗亚州等墨西哥较为危险的地区，偷窃、勒索、绑架、持枪抢劫和故意杀人等各种暴力犯罪活动频发，一直是阻碍墨西哥社会发展和影响其稳定性的主要问题。在利益的驱动下，毒品经济在墨西哥繁荣发展，毒贩甚至建立了军队，丝毫不畏惧政府。在此背景下，中国投资者的信心必受到影响，并且投资成本会由于安全问题而上升，这些都会给中国对墨直接投资带来不稳定因素。

2. 文化风险与成因

文化指的是通过学习和共享等方式形成的强制性、相关性社会符号系统，其对社会成员的思想、行为倾向具有导向性影响。[①] 由于地理位置、政治体制、风俗习惯、语言、宗教信仰和价值观等不同，文化差异长期存在于不同的国家之间。文化风险是指东道国与母国由于不同的文化背景致使两国人民在消费偏好、生活和消费价值观等方面存在差异，这同时也影响了消费者、供应商与企业业务往来或各种关系形成的方式和特点，进而对企业对外直接投资活动产生不确定性的风险。[②] 随着各国经济的发展和历史的演变，每个国家都形成了本土特有的文化习俗与价值观念，企业在"走出去"过程中必将面临不同文化间的冲突。尽管中国和墨西哥在文化层面有一些相似之处，但是从根本上来看，两国的社会文化差异体现在以下几个方面。

其一，中墨两国在宗教方面存在着差异。墨西哥国民普遍信奉宗教，5 岁以上的信教人口 8479.4 万，天主教 88.0%，新教 5.2%。[③] 因此墨西哥人的生活习惯在很大程度上会受天主教的影响。然而，中国信教公民近2 亿，仅占总人口的 10% 左右，宗教教职人员 38 万余人，主要信仰佛教、道教、伊斯兰教、天主教和基督教等宗教。[④] 由此可见，中墨不论是在信

---

① 徐莉：《中国企业对外直接投资风险影响因素及控制策略研究》，博士学位论文，山东大学，2012 年，第 53 页。
② 朱兴龙：《中国对外直接投资的风险及其防范制度研究》，博士学位论文，武汉大学，2016 年，第 41—42 页。
③ 数据来源：《2018 年国别投资经营便利化状况报告》。
④ 数据来源：《中国保障宗教信仰自由的政策和实践》白皮书。

奉宗教的类别还是信教人数占总人口比例上面都存在较大差异。宗教不同，加之前面所说的政体的不同，人们从小所接受的理念与思想截然不同，因此两国民众的力量、消费理念与行为、风俗习惯、对待事物的看法也自然是大相径庭。

其二，虽然墨西哥很多人都会说英语，但更愿意使用西班牙语进行交谈，例如用其他文字来回复用西班牙语写的信件被视为一种失礼的行为。而在中国，目前英语依然是最大众化的第二语言，所以，如果投资者不能雇佣到掌握西班牙语的员工将不能真正地适应墨西哥市场，可能还会出现一些由于语言不通所导致的纠纷，如合同条款制定等。

其三，国家之间不同的商务礼仪也十分值得注意。墨西哥人的问候方式是微笑与握手，商务场合初次见面时一般采用握手礼，男子不能吻一个不熟悉的女士的面颊和手，墨西哥的亲吻和拥抱礼仅适用于熟人之间。一些投资者可能会因为媒体对于墨西哥人民热情的过度宣扬而形成错误的第一印象，不注意禁忌以至于给墨西哥当地的合作者带去不好的印象。

其四，墨西哥存在强烈的经济民族主义思想。墨西哥是一个民族大熔炉，印欧混血人与印第安人占总人口的比重在90%以上。全国共有62个印第安族群、360多种印第安语言。自20世纪40年代起，历届墨西哥政府对印第安族群采取一体化政策，积极促进民族融合。虽然墨西哥是多民族国家，但当地人对于本国制造存在着自豪感，墨西哥人以购买墨西哥制造的商品为傲，因此，出于对本国产品制造、劳动力、土地等资源的保护，墨方容易对来墨投资的企业产生不良情绪，如若处理不当甚至会诱发抵制行为。

其五，过去二十多年，中国商品在国际市场上具有价格低廉和质量不堪的形象，受此影响，墨西哥消费者对于"中国制造"有着极大的误会，认为中国并没有自己创造的技术，只是一味地抄袭、复刻和生产质量堪忧的产品在国际市场进行低价售卖，这种偏见若处理不当，可能会加剧墨西哥民众的反华情绪。

因此，中国在墨西哥的投资，不仅仅是资本的流动，同时也是两种不同文化之间的交流与融合，只有在中国员工同墨西哥员工之间、中国文化同墨西哥文化之间不断摩擦的基础上，才能最终实现更好的融合。如果中国在对墨直接投资时不能充分认识到两国之间存在的文化差异，没有尽早考虑好应对文化风险的具体措施，那么这条投资之路将举步维艰。

3. 法律风险与成因

根据国际律师协会（IBA）的定义，法律风险是境外直接投资企业因经营活动不符合东道国的法律规定或者外部法律事件导致风险损失的可能性。类似地，全球企业法律顾问协会（ACC）将法律风险定义为投资企业由于违背东道国法律所需要承担的潜在经济损失或其他损害的风险。[①]中国对墨西哥直接投资的法律风险指的是中国企业因做出违反墨西哥法律、法规、规章、制度的行为而面临法律惩罚或制裁，即对该企业产生负面影响的相关风险。具体体现在对墨西哥进行直接投资时，分歧和摩擦可能产生于中国投资者与墨西哥投资者、中国投资者与墨西哥消费者、中国投资者与墨西哥员工、中国员工与墨西哥消费者，甚至是中国员工与墨西哥员工之间。同样，违反墨西哥法律的行为也来自多个主体，既可能是驻墨投资者及其员工，也可能是在华对墨投资者。然而，中国对墨直接投资者在没有了解清楚墨西哥投资法律环境的情况下，这些来自多个主体、多种角度的争议的解决将变得难上加难，并导致风险隐患倍增，例如税收缴纳不合规、行业准入存在壁垒、土地使用纠纷、劳工受到不平等待遇等问题的发生都将给投资者和其企业带来金钱与名誉的双向损失。

首先，有关投资的基本法律在墨西哥比较健全，这意味着在墨投资时什么可以做、什么不可以做，都已经是板上钉钉的条款。例如《联邦民法》规定了有关合同及相关义务、担保、民事抵押或质押内容；《商业法》包含了涉及商人或商业行为、合同的有关规定；《证券和信贷业务法》规定了有关担保，获得融资文件的条件，如信用证或借款协议；《联邦财政法》规定了有关发放财税证明和其他发票相关义务的内容；《外国投资法》是外国投资者经济权利和任何其他性质权利的法律框架。[②] 因此对墨直接投资时，投资者的任何违反相关法律的行为都将引发法律纠纷、受到法律制裁。

---

① 陈丽洁主编：《企业法律风险管理的创新与实践》，法律出版社 2009 年版，第 34 页。
② 资料来源：《2018 年国别投资经营便利化状况报告》。

其次，墨西哥司法机构推行的是"双轨制"，这表明墨西哥联邦和各个州都拥有自己的司法系统，且二者之间不存在从属关系。具体而言，联邦法院系统适用联邦宪法和法律，各州法院系统除了适用联邦宪法和法律外，还适用本州宪法和法律。墨西哥宪法规定，联邦的司法权属于最高法院、巡回法院和地区法院。民众调查显示，司法系统位居墨西哥十大腐败领域的第四位。美国有关报告曾指出，墨西哥司法系统腐败、效率低下和缺乏透明度，系统内存在有罪不罚、严刑逼供，以及暴力威胁记者现象，且后者影响了社会舆论对司法系统的审查和监督。[①] 可见，对墨直接投资时如果仅仅熟悉墨西哥联邦法律，没有了解过企业选址地所在州特有的法律与司法系统将会给企业在当地的经营带来不便。此外，由于中国和墨西哥都强调"人情"与"关系"在商业中的作用，投资者很容易涉及当地法律腐败的问题，一经发现必定会受到惩罚且损失巨大。

三 中国对墨直接投资案例分析

（一）受阻案例——中墨坎昆龙城项目

坎昆龙城项目 Dragon Mart Cancún（DMC）是继中东地区最大的中国商品集散平台——迪拜龙城之后，中国和墨西哥企业共同投资建设的拉美地区规模最大的中国商品集散中心。此项目选址于全球知名的海滩旅游胜地、环境优美的坎昆附近。龙城项目启动资金为 1.8 亿美元，占地近 5.6 平方千米，可容纳 3000 多家商铺，且另有配套住宅区 10 万多平方米，配套仓库 4 万多平方米，计划建成集中国产品展示、零售、批发、仓储为一体的大型贸易平台，中国建筑风格与文化也将通过此项目在墨西哥展现出来。

此项目计划于 2011 年动工，2012 年年底建成开业。然而，实际情况是中国商务部外贸发展事务局于 2011 年 8 月与墨西哥坎昆龙城投资有限公司和中国中东投资贸易促进中心签订协议，规定待龙城项目建成后，商务部外贸发展事务局可以租用龙城内的展馆举办中国商品展来支持中国企业

---

① 资料来源：《2018 年国别投资经营便利化状况报告》。

开拓墨西哥市场。但是，由于龙城未能按期建成，中国商务部外贸发展事务局在 2012 年 7 月和该公司签署了中止协议。

2013 年，在获得了一些地方和国家的政策支持后，坎昆龙城项目方开始清理 1370 公顷的植物。然而，在 2014 年，经过墨西哥环境保护机构（PROFEPA）的检查后，得出此地不适宜开发的结论。此外，坎昆龙城项目在建设时砍伐了大约 149 公顷受保护树林，因此多次遭到罚款，至今还积欠 2200 万比索（约合 155 万美元）的罚款。除此之外，墨西哥企业界、学界及当地居民大多对此项目持强烈反对的态度，究其原因主要包括以下几个方面：第一，担心项目工程建设会影响和破坏当地的环境；第二，担心项目落成后出现大量中国廉价商品涌入的现象，继而给当地相关产业带来威胁；第三，还有一些人质疑项目的"透明性"，即投资者与政府之间"合作"关系的透明程度。

据墨西哥《宇宙报》2014 年 8 月 16 日报道，墨西哥联邦环境保护监管局以"未取得联邦环评授权而开工建设"为由对坎昆龙城项目开出 724 万比索（约合 55 万美元）的罚单。此局称，龙城项目无权在湿地上修建道路，且破坏了当地植被，责令工程负责方立即恢复受损植被。"坎昆龙城"方则回应称其并未违反相关法令，也未破坏周遭生态环境。① 一系列的消极事件最终导致坎昆龙城项目在 2015 年年初以失败收场。

（二）成功案例——江淮汽车挑战墨西哥市场

2011 年，江淮国际乘用车公司销售部南美大区总监邓晶晶主动深入墨西哥市场进行实地调研。当时江淮的计划是将自己旗下两款 SUV 车型——瑞风 S2 和瑞风 S3 打入墨西哥市场。为了得到当地用户真实的驾车感受，江淮把车上所有标识进行遮挡，让路过的消费者通过试乘、试驾的方式进行盲测，结果江淮汽车获得了大多数人的认可，部分消费者甚至提出了许多符合当地需求的建议。这一切都是在消费者对该车为中国制造不知情的情况下进行的。

经过调研，邓晶晶发现墨西哥消费者并非不认可品牌产品的实力，而

---

① 资料与数据来源：《墨西哥给"坎昆龙城"开环保罚单》，《环球时报》2014 年 8 月 1 日。

是对"中国制造"存在着严重的偏见。反观其他亚洲海外品牌,特别是蓬勃发展的韩系品牌几乎无不选择了在墨西哥本土进行汽车生产,并获得了当地消费者的青睐。邓晶晶发现只有通过寻求在墨西哥市场中强有力的合作伙伴来进行本地化生产,才能让墨西哥本地消费者不仅接受"墨西哥制造"也认可"中国品牌"的实力。因此,邓晶晶决定不采取直接从国内进口整车的方法在墨西哥销售。

在对墨西哥市场长时间考察的基础上,邓晶晶发现 GIANT MOTORS LATINOAMERICA S. A.(简称 GML)这一墨西哥本土公司符合江淮的发展战略需求。GML 公司拥有一家邻近墨西哥州伊达尔戈州萨贡市(Sahagun)的工厂,且距墨西哥城市中心仅约 90 千米,附近汽车配套产业也较为发达,距离墨西哥城等汽车主销市场也近。邓晶晶与 GML 总部负责人的多次沟通均以婉拒告终,这让其团队认识到 GML 不接受双方合作是因为墨西哥当地企业对于中国制造以及中国品牌信任度的缺失,为解决此问题,邓晶晶团队邀请了 GML 公司相关负责人前往中国安徽江淮工厂去参观以展示江淮的品牌实力以及与 GML 公司合作的诚意。此次参观打下了江淮与 GML 公司合作的基础。

在与 GML 公司通过信任达成合作之后,江淮的策略是以散件进入墨西哥市场并在 GML 公司的工厂进行组装生产。这一组装生产策略不仅让江淮成功规避 20% 的整车进口关税,而且产品组装生产也规避了"中国制造",贴上了"墨西哥制造"标识,迎合了当地消费者对墨西哥制造的执念。

基于墨西哥公众对中国制造的长期误解以及市场激烈的竞争环境,江淮采取通过建立品牌口碑替代新市场进入初期惯用的"低价策略",从聚焦产品质量、产品内涵以及产品差异化特性获得消费市场的认可。既然不走低价战略,那么就要让用户觉得物有所值。江淮针对墨西哥本土进行产品优化,因为墨西哥大部分地区地处高原,所以此市场更需要的是能在高原环境下,驱动力十足的产品。在多轮调研以及工程师们调校和路试的基础上,这一产品最终诞生。

江淮车辆配备的主/被动安全配置和"5 年 10 万公里"的质量保证大幅提升了其在墨西哥的知名度,同时也逐渐改变墨西哥消费者对中国制造的偏见。相比其他汽车品牌因为成本原因不愿给新车更多的配置,江淮即使价格没有低于其他海外品牌，但配备了更多的汽车功能，提升了消费者的消费体验感。

在不到 2 年的时间内，江淮品牌实现了跨越式发展，4S 品牌形象店在墨西哥共有 19 家，分布于 18 个主要城市，终端销售近 4000 台。为了更好地丰富品牌受众群体，江淮与 GML 公司联合举行了以"JAC 与墨西哥"为主题的涂鸦比赛，这一大赛吸引了众多墨西哥、西班牙的民间艺术家参与，16 家经销商共计收到 300 余幅参赛作品。比赛的冠军能够获得江淮瑞风 S2 车型一辆。据数据统计，活动期间江淮在社交平台（Facebook）所发布的活动信息覆盖 1.5 万用户，互动人数达 2.9 万，其中 85% 的互动为积极互动。①

（三）案例分析

通过上述两个案例的论述可知，中国企业对墨西哥直接投资的潜在风险主要存在于经济、政治、文化和法律四个层面，中墨坎昆龙城项目失败的原因在于没有意识到这些风险。文化风险层面，中国投资方忽视了墨西哥当地居民的强烈环境保护意识，更多关注的是坎昆龙城项目选址的战略意义，忽略了对文化风险的规避。作为项目承办方，中国中东投资贸易促进中心董事长郝锋认为，坎昆在地理区位、经济与国际化层面具有得天独厚的优势，其位于全球知名的海滩旅游胜地，经济发展活力强大、国际化程度高。② 然而，当地民众看到的却是文化层面的冲突，此项目的推行导致了 1370 公顷的植物遭到清理，大约 149 公顷受保护树林被砍伐。民众走上街头开展抗议示威活动，要求政府停止此项目的实施，并对项目方公司提起赔偿诉讼。③ 民众指责当地政府相应机制反应迟缓，督促其参与到环境索赔的行动中。

在政治与法律风险两个层面，墨西哥政府腐败问题严重且社会治安混乱是中方投资面临的主要风险，墨方政府单方面解除中标合同的行为是坎昆龙城项目面临的首要政治风险。另外，有关投资与履行合同的法律制度

---

① 数据来源：http://wap.jac.com.cn/companynews/8488.htm.

② 数据来源：https://www.chinaqw.com/zgqj/qkjc_hnyhw/201205/28/179057.shtml.

③ 参见 E. Downie, "The Dragon Mart Fiasco Still Haunts China-Mexico Relations", January 24, 2017, https://thediplomat.com/2017/01/the-dragon-mart-fiasco-still-haunts-china-mexico-relations/.

在"双轨制"下矛盾突出，给投资企业在签订及履行合同的过程中带来诸多的不确定因素，增加了海外投资者所面临的毁约风险。坎昆龙城项目初期建设获得了地方和国家的政策支持，而后，联邦环境保护监管局又以"未取得联邦环评授权而开工建设"为由，拒绝此项目的实施。墨西哥坎昆龙城项目失利的更深层政治经济原因在于洛佩斯政府推出了不少与前任政府不尽相同的政策，导致近几年墨西哥政策的不确定性处于较高水平，因此在政权更替期间，对墨直接投资的企业会面临更大的不确定性。再者，墨西哥国内贫富差距大与凸显的政府腐败问题加剧了民众的怨气，坎昆龙城项目最终沦为政治与经济双重压力下的牺牲品。

反观江淮汽车顺利进入墨西哥市场的案例，其获得当地人民认可的关键因素在于成功规避了经济风险。江淮汽车在进入墨西哥市场前，通过实地调研，让消费者以试乘、试驾的方式进行盲测，掌握了当地消费偏好的第一手资料。同时，江淮汽车以散件进入墨西哥市场并在 GML 公司的工厂进行组装生产，这一策略迎合了当地消费者对墨西哥制造的执念，成功规避了墨西哥民众对中国产品有着根深蒂固误解的文化风险。另一方面，江淮汽车与墨西哥本土 GML 公司的信任合作以及通过合理定价与质量可靠的产品，获得了当地消费者与企业的民心，让品牌理念与文化逐渐渗入墨西哥不同居民阶层的日常生活中，在一定程度上降低了江淮汽车"走出去"在投资过程中遭受政治法律风险的发生概率。

综上所述，中墨坎昆龙城项目经历的失败过程与政治经济文化等风险相关。虽然投资墨西哥的风险与不确定性较大，但是我国企业在这个过程中行事上也存在漏洞。反之，江淮汽车的成功案例折射出企业提升自身风险管控能力的重要性。中国在对墨投资时，"调研"二字应当贯穿始终，包括投资前期调研、中期调研、后期调研。前期调研指的是获得当地市场环境与消费者的想法；中期调研包括分析竞争企业进而探索出一套适合自己公司的发展模式；后期调研集中于举办各种活动来加强员工或企业与消费者之间的联系，以提高客户的满意度与留存度，为我国"走出去"企业起到了标杆作用。

四　中国对墨直接投资风险防范启示

中国对墨直接投资的风险防范需要结合政府宏观层面和企业中微观层面的共同努力来建立起高效的投资风险防范机制，从系统上降低来自经济、政治、文化和法律四个层面的风险。政府最重要的是要为中国企业对墨直接投资提供必要信息、政策和法律支持，创造一个良好的投资环境。而企业作为对墨直接投资风险防范的主体，只有有针对性地防控来自上述四个层面的风险，才能安心且健康地"走出去"。具体防范措施如下。

（一）宏观层面：政府的风险防范措施

1. 中墨政府合作关系的建立

中国和墨西哥政府间关系变得愈加紧密之后，两国将达成许多合作协议，两国企业的贸易和双向投资等也都能争取到更多的优惠政策，例如市场准入的便利性增加、关税和税收减免等都有助于减轻双方企业对外投资的压力。

2. 中墨宏观经济指标的透明化

从宏观层面来看，就中国政府而言，相关部门应该为向墨西哥直接投资的中国企业搭建中国—墨西哥企业与中国—中国企业经验交流平台，提供相关信息保障与事实依据，这不仅有利于国家和企业收集墨西哥经济数据，还有利于企业在对墨直接投资时作出正确、科学的决策。目前相关性最高且具有易得性的平台主要有中华人民共和国驻墨西哥合众国大使馆及其经济商务处、中华人民共和国商务部。虽然已有较大的平台存在，但是网站内的数据更新较慢，不利于作为投资时的决策参考。此外，目前尚没有专门服务于对墨直接投资公司的网站、论坛、机构等平台，这些平台的搭建将会极大便利中国投资者更好地了解墨西哥、获取对墨投资的信息与经验，为中国开拓墨西哥市场奠定良好的基础。

3. 对外投资法律法规的完善

相较于对外直接投资的发展步伐来说，中国对外直接投资法制建设发展相对滞后。截至目前，中国尚无专门针对对外直接投资的法律，现行的对外直接投资条例主要是国务院和有关部委制定的行政法规和部门条例以及地方颁布的地方法规。尽管外部直接投资法规不断完善，但各法规之间缺乏统一的规划，依然存在系统性和稳定性不足等问题，这不仅不利于法律的执行和权益的保障，还不利于企业的遵守。中国政府应加快对外直接投资的立法工作，整合与优化现有部门规章，建立促进对外直接投资、保护对外直接投资利益的法律制度，为中国对墨西哥直接投资提供法律保障，以防范和应对可能面临的风险。[①]

（二）微观层面：企业的风险防范措施

1. 墨西哥市场研发部门的设立

从中微观层面上来看，对墨的投资者需要时刻关注汇率、利率、需求与供给的变动，同时也要多渠道了解行业内其他竞争者的产品情况，具体包括价格与创新点等内容，只有这样才能真正做到知己知彼，以更好地确定产品的定位和定价。

2. 专业化经营管理能力的提升

不论是从前面的风险剖析还是从两个案例分析中都可以清楚地看到，企业自身制定的发展战略以及日常经营管理方法在对墨直接投资中都起着至关重要的作用。有关提高企业的海外经营管理能力，最重要的步骤是贯穿始终的员工培养以及长期、中期、短期合理化目标的制定。员工培养包含两个方面的内容：其一，教育局相关部门可颁布各大高校培养适合在墨西哥发展的精通西班牙语与英语人才的文件，企业可以通过校企合作的形式，定点专项培养企业所需的人才，这不仅能增强大学生的实践能力，增加了对口企业的人才数量，且可大幅减少实习期间的培训花费与时间。其二，企业具备高素质人才之后，制定墨西哥市场的进入策略、产品逐步本土化方案、后期可持续性发展战略等都将促使中国对墨直接投资成功结出果实。

3. 政治保险的购买

保险合同是某种形式的卖权。卖权指的是在指定日期或之前以确定的

---

① 郭建宏：《中国的对外直接投资风险及对策建议》，《国际商务研究》2017 年第 1 期。

执行价格卖出标的资产的权利，它可用于防止标的资产价值的下跌。① 根据太平洋保险官网的信息，政治风险保险涵盖的范围包括承包商的财产被剥夺、项目所在国推行国有化政策、项目所在国发生战争或受到外敌的入侵以及诸如全局性罢工、民众起义等种种事件，导致承包商的投资不能收回或虽然能保证收回但均为当地不可兑换的货币，从而构成重大的政治风险。由此可见，通过了解和购买政治风险保险，能够降低企业的政治风险。

4. 海外员工人身安全的保护

如前所述，墨西哥的社会治安问题突出，暴力违法事件时有发生，因此企业需从多方面保障公司员工的人身安全，如选址时考虑周边的安全系数、为每位员工购买保险，给中国赴墨员工和墨本地无房员工提供住宿，定期开展人身安全教育培训。如果企业不给员工创造一个相对安全的工作环境，员工的工作效率将大打折扣，企业的发展也会受到限制。

5. 当地居民关系的维护

墨西哥公民社会力量强大且自我保护意识强，居民常通过游行示威等行为来表达不满，因此在对墨直接投资时，投资者首先要充分了解当地市民社会的力量，不能轻视，更不能一味地只与政府打交道。投资者应该打入当地居民内部，深入了解他们的需求，生产出能够切实提高生活质量的产品。同时，投资者应该投资造福当地人民的项目，并雇佣当地居民以帮助促进当地的就业。除此之外还可以通过举办各种娱乐与促销活动、组织企业内部团建，提高墨西哥消费者与员工对于中国企业和中国员工的信任度。

6. 本土化生产经营模式

将传统的对外投资模式发展为墨西哥本土化生产经营的方式，利用墨西哥制造巧妙地解决当地居民的疑虑，化解经济民族主义带来的风险。除此之外，墨西哥政府与当地人民都具有较强的环境保护意识，因此，投资者在追求盈利的同时也要履行好相应的社会责任，特别是保护当地资源与

---

① 赵银德：《企业跨国经营中的东道国政治风险及其防范对策》，《中国安全科学学报》2006年第2期。

环境、解决居民的就业问题与增加收入等。这不仅有利于企业树立起良好的社会形象，还有助于将此转化为当地居民消费的动力，推动企业长期可持续性发展。

7. 法律知识培训

通过法律风险的分析可知，墨西哥的法制较为健全，且各州与联邦的司法系统各自独立，所以组织员工了解这些既定规则对于企业的日常经营来说百利而无一害。由于法律法规条例众多，企业应首先让相关法律工作者梳理出与员工工作密切相关的条例并组织学习，为员工答疑解惑。除此之外，雇佣熟悉墨西哥法律、精通西班牙语与英语的法务人员，对于法律风险的防范也有着极其重要的作用。

（作者白文静，澳大利亚西澳大学博士毕业，浙江外国语学院国际商学院讲师；林春秀，浙江外国语学院国际商学院）

Risk Analysis of China's Foreign Direct Investment in Mexico

Bai Wenjing and Lin Chunxiu

Abstract: With the increasingly close government relations between China and Mexico, the political turmoil in other countries in Latin America, and the instability of US-Mexico relations, the cooperation and opportunities between China and Mexico will be further expanded, which has attracted the attention of countless Chinese companies. However, Chinese investment projects in Mexico have been repeatedly blocked in recent years. Therefore, it is important to study the risks existing in China's OFDI in Mexico, explore their causes, and summarize precautionary measures. The risks of China's OFDI in Mexico include economic risks, political risks, cultural risks and legal risks. Political risks come from regime changes in Mexico, bureaucratic corruption and government defaults. Economic risks are caused by Mexico's economic development, the gap between rich and poor in Mexico and government's fiscal expenditure. Cultural risks result from beliefs, languages and the difference of business etiquette and taboos. Legal risk are influenced by the basic laws related to investment and Mexican judiciary implements, a "dual track system".

Key Words: China; Mexico; Outward foreign direct investment (OFDI); Risk analysis

中拉文明互鉴

船员·商人·理发师：美洲早期华人移民的身份考证（1565—1700 年）

李晨光　Jesús Paniagua Pérez

摘　要：欧洲西南伊比利亚半岛两国——葡萄牙和西班牙 15 世纪开启的海外扩张，是人类进入现代意义全球化时代的标志。从 16 世纪下半叶开始，部分祖籍福建沿海地区的华人在迁居西班牙人殖民统治的菲律宾后，继续沿跨越太平洋的马尼拉大帆船航线二次移民西属美洲。本文通过对古西班牙语第一手档案的考据，以及中外其他史料文献和研究成果的比勘，还原和展现了美洲首批中国移民的身份信息、全球化迁移的原因，以及他们在新的生存空间的融入历程。

关键词：华人移民；西班牙帝国；美洲身份

引　言

根据《诗经》"相土烈烈，海外有截"的名句，中国人移居海外的历史最早似可追溯到商周时期。18 世纪，法国汉学家德·吉涅（J. de Guignes）开启了美洲华人移民历史的研究，并在 1761 年向法国文史学院提交了《中国人沿美洲海岸航行及居住亚洲极东部的几个民族的研究》报告，该文认为武王伐纣时期，商殷人大批逃亡漂泊至美洲成为印加人的祖先。这一观点虽然引起了西方汉学家和中国学者持续的关注和讨论，迄今没有获得学术界的承认。① 中外史料和文献可以证实的中国在拉美最早的

---

① 关于中国人最早发现美洲的猜想和论证，参见罗荣渠《美洲史论》，商务印书馆 2009 年版，第 8—43 页。

移民发生在 16 世纪和 17 世纪的明清之交，从我国东南沿海迁居菲律宾群岛的华人，沿着由西班牙人在 1565 年发现的菲律宾至墨西哥跨太平洋航线，乘坐马尼拉大帆船，到达西班牙当时在美洲的殖民地——包括今墨西哥和其他中北美地区在内的新西班牙。[①] 17 世纪晚期，西班牙王室出台了管理美洲殖民地外来移民的法令，宣布解放境内生活的全部亚洲籍奴隶。这一政策作用下，包括华人在内的所有亚洲移民的地位和融入程度发生了根本性的变化，本文关注和研究的历史文献因此止于 1700 年。

对中国人移民美洲的历史，国内学者的研究多以 19 世纪中国第一次拉美移民潮之后的华人华侨为对象展开。聚焦大规模移民的"前身"[②] 或"先驱"[③]——16 世纪和 17 世纪期间移居拉美华人的研究数量不多，其中最为突出的成果为张铠发表的《明清时代美洲华人述略——兼论中国古代文明在美洲的传播》一文。[④] 作者综述了 16 世纪到 19 世纪初华人在美洲的经历和贡献，以及这一历史时期华夏文明在拉美的传播概况。该文创见性地提出了"马尼拉华人"的概念，指出早期移民拉美的华人来自菲律宾中国人聚居的马尼拉地区，并在论文中概述了华人进入美洲大陆的路径、数目和规模，也列举了他们在新环境中所从事的部分行业，是本文重要的中文参考文献。国内此后鲜见以美洲早期华人为主题的论文发表，仅在拉美华人华侨综合性、通史类的著述里包含片段性的论述，[⑤] 对这一群体的

---

　　① 西班牙人在征服了阿兹特克帝国之后于 1521 年在美洲设立了总督辖地——新西班牙，政治中心位于墨西哥城。新西班牙是西班牙的附属地，名义上是一个由西班牙王室任命的"副王"（西班牙语 Virrey）统治的附属地（西班牙语 Virreinato），管辖范围包括今墨西哥、除巴拿马外的中美洲、包括加利福尼亚州在内的美国大部分领土、古巴和亚洲的菲律宾群岛。1565 年，西班牙人发现了连通菲律宾和新西班牙太平洋港口的海上航线，马尼拉大帆船开始来往于亚洲和美洲，一直持续到 1815 年，新西班牙在此期间是西班牙人主导的全球体系中的重要节点。1821 年随着墨西哥脱离西班牙统治而独立，新西班牙终告解体。

　　② 罗荣渠：《十九世纪拉丁美洲的华工述略》，《世界历史》1980 年第 4 期。

　　③ 李春辉、杨生茂：《美洲华侨华人史》，东方出版社 1990 年版，第 3 页。

　　④ 张铠：《明清时代美洲华人述略——兼论中国古代文明在美洲的传播》，《拉丁美洲丛刊》1983 年第 6 期。

　　⑤ 罗荣渠：《中国与拉丁美洲的历史联系（十六世纪至十九世纪初）》，《北京大学学报》（哲学社会科学版）1986 年第 2 期；徐世澄：《拉丁美洲与华人》，王苍柏、黄静编：《世界华人精英传略·南美洲与加拿大卷》，百花洲文艺出版社 1994 年版，第 311—325 页；陆国俊：《美洲华侨史话》，商务印书馆 1997 年版；刘文龙：《华夏文化在近代拉丁美洲》，《拉丁美洲研究》1998 年第 4 期；杨发金：《拉美华侨华人的历史变迁与现状初探》，《华侨华人历史研究》2015 年第 4 期等。

身份信息和在其迁入地的融入状况仍有诸多空白需要研究和补充。

国外学者对美洲华人的研究开始于 20 世纪 40 年代。[①] 21 世纪以来，多位学者利用散落在西班牙、墨西哥、菲律宾等地的西班牙语第一手档案和史料，重构了明清之际华人远渡西属美洲的历史背景，澄清了 16 世纪至 17 世纪美洲包括华人在内的亚洲移民的诸多身份信息，讨论了西班牙殖民者对于这部分特殊移民的接纳和管理方式，使得追踪和重构他们在大洋彼岸的生活轨迹和细节成为可能。[②] 但是需要指出的是，外国学者的论文和著述采用的中文史料不多，忽视了对这一时期迁入美洲的华人祖籍地——福建的地方历史文化分析。

综上所述，中外已有成果为中国在美洲早期移民的研究提供了素材、概念、方法上的基础和借鉴，但是在史料的收集，以及在材料的分析、运用和解读上仍有完善和提高的空间和必要。本文在已有研究成果的基础上，综合最新发掘的西班牙语古档案文献资料，力求对美洲早期华人移民的身份和生命轨迹进行更加深入的解读和讨论。

一　菲律宾的生理人（Sangley）：美洲华人移民来源

征服美洲之后继续寻找扩张，抵达哥伦布航行的终点——亚洲，取得捷足先登的葡萄牙人从东方运回欧洲的香料和其他异域商品，是西班牙人 16 世纪早期锲而不舍的海外扩张战略。与中国一衣带水，北隔巴士海峡相望的菲律宾群岛则见证了西班牙人 16 世纪上半叶探索亚洲的历程：凭西班牙王室资助实现人类历史上首次环球航行的麦哲伦（Magallanes），早在 1521 年就率领船队登陆过菲律宾宿务岛（Cebu）；菲律宾的得名则要追溯到 16 世纪 40 年代，1542 年比亚洛博斯（Villalobos）率领的远征队从今墨

---

① Homer H. Dubs and Robert S. Smith, "Chinese in Mexico City in 1635", *The Far Eastern Quarterly*, Pre-1986（1942）, pp. 1 - 4.

② 以下国外学者的研究对本文具有重要的参考价值：Edward R. Slack J. R., "The Chinos in New Spain: A Corrective Lens for a Distorted Image", *Journal of World History*, Vol. 20, No. 1（2009）, pp. 35 - 67; Tatiana Seijas, *Asian Slaves in Colonial Mexico: from Chinos to Indians*, New York: Cambridge University Press, 2014; Rubén Carrillo Martín, "Los 'Chinos' de Nueva España: Migraciónasiática en el México colonial", *Millars*, Vol. XXXIX（2015）, pp. 15 - 40; Déborah Oropeza, "La migración asiática libre al centro del virreinato novohispano, 1565 - 1700", *Relaciones*, 147（2016）, pp. 347 - 363.

西哥出发驶向亚洲，虽然西班牙人未能在菲律宾安营扎寨，但他们决定用当时西班牙王子菲利普（Felipe）的名字给群岛命名，菲律宾（Filipinas）这一地名沿用至今；菲利普加冕西班牙帝国王位之后继续推进在亚洲扩张的政策，1565 年，在黎牙实比（Legazpi）的率领下，西班牙人征服宿务岛，开始在菲律宾建立起延续三百多年的殖民统治。①

我国古籍对中菲贸易往来的描述出现较晚，《宋史》记录："又有摩逸国，太平兴国七年，载宝货至广州海岸。"② 之后历代均有对双边关系的记录，延绵持续到西班牙人东来征服菲律宾的 16 世纪。虽然之前的史料文献中难觅中国人移居菲律宾的信息，但是西班牙人在征服菲律宾的过程中，曾几次偶遇在岛上从事贸易活动的中国商人以及零散定居在岛内的华人群体。③

西班牙人在南中国海区域征服的同时，晚明政权顺应时代和民情，1567 年开放福建海澄，沿海商民海外贩货合法化。中国资本主义萌芽背景下，南方的丝绸业、制瓷业、手工业等行业生产能力大幅提高，西班牙人携美洲开采的白银在菲律宾建立殖民地，中国和西班牙这两个当时世界上最大的国家，共同创造了早期全球化时代的标志性产物——银丝贸易。④

1571 年，西班牙军队占领菲律宾群岛上最为靠近中国的吕宋良港马尼拉。1573 年，两艘商船从这座成立不久的西属菲律宾首府扬帆，运载

---

① Leandro H. Fernandez, *A Brief History of the Philippines*, Boston: Ginn and Company, 1932, pp. 43 – 44；庄国土、陈华岳等：《菲律宾华人通史》，厦门大学出版社 2012 年版，第 37 页。

② 《宋史》卷四八九，列传二四八《外国五·阇婆》，中华书局 1977 年标点本，第 14093 页。

③ Emma Helen-Robertson Blair and James Alexander Robertson, *The Philippine Islands*, *1493 – 1898*, Cleveland: The A. H. Clark Company, 1903, Vol. 3, p. 181; Juan Gil, *Los chinos en Manila* (*Siglos XVI y XVII*), Lisboa: Centro Científico e Cultural de Macau, 2011, pp. 19 – 25；黄滋生、何思兵：《菲律宾华侨史》，广东高等教育出版社 2016 年版，第 31—36 页。

④ 关于明朝中国与菲律宾的贸易往来参见以下中外学者论著：全汉昇《明季中国与菲律宾间的贸易》，《中国经济史论丛》，香港中文大学新亚学院 1972 年版，第 428—429 页；钱江《1570—1760 年西属菲律宾流入中国的美洲白银》，《南洋问题研究》1985 年第 3 期；李金明《十六世纪后期至十七世纪初期中国与马尼拉的海上贸易》，《南洋问题研究》1989 年第 1 期；喻常森《明清时期中国与西属菲律宾的贸易》，《中国社会经济史研究》2000 年第 1 期；李庆《晚明中国与西属菲律宾的贸易规模及历史走向——基于"货物税"（almojarifazgo）文献的数据分析》，《中国经济史研究》2018 年第 3 期；Pierre Chaunu, *Les Philippineset le Pacifique des Iberiques* (*XVIe, XVIIe, XIIIeSiecles*), Paris: S. E. V. P. E. N., 1960; William Lytle Schurz, *The Manila Galleon*, New York: E. P. Dutton & Co., INC, 1959.

712 匹中国丝织品和22300 件精美的中国陶瓷器件横渡太平洋，抵达新西班牙的太平洋港口阿卡普尔科。① 西班牙王室不久即开始出台法律规范这个跨洋贸易航线，将商船运营严格限制在菲律宾与新西班牙之间。1593年之后，大帆船贸易收归王室所有，建立贸易许可证制度（Permiso），对参与者、货物数量、船舶吨位、经停港口等诸多细节做出了明确规定。此后绝大多数年份的6 月底至7 月初，持有王室许可证满载中国、日本等亚洲各地货物的商船从马尼拉湾出发，历经半年左右的航行到达美洲目的地。返回亚洲的船队则于次年的2 月底至3 月初驶离美洲，经过3 个月的航行抵达菲律宾，作为世界早期全球化形成的重要标志的马尼拉大帆船贸易直至1815 年才正式退出历史舞台。②

西班牙人在菲律宾的殖民统治和马尼拉大帆船贸易，离不开中国人特别是16 世纪活跃在东南亚海域的福建商人的参与，"其地迩闽，闽漳人多往焉，率居其地曰涧内者，其久贾以数万，间多削发长子者"③。早期华人多为从月港随中国商船到菲律宾"压冬"的华商和他们的雇佣者，这一群体在西班牙史料文献中被称为 Sangley（生理人）。④ 安东尼奥·德·摩加（Antonio de Morga）于1595 年至1603 年间在菲律宾担任最高法院院长和代理总督，根据他的记载，中国商人运往菲律宾的货物主要分为以下几大品种：生丝和丝织品；亚麻布、棉布等各类纺织品；粮食、肉类、水果等食物；陶瓷；铁、铜等金属；珠宝、饰品、工艺品；硝石和火药；中国商人转运的其他国家和地区特产。⑤

西班牙殖民政府对中国移民严格管理，极力限制。⑥ 1581 至1582 年，位于马尼拉北部，专供中国移民经商和居留的八连（Parian）落成，历史上虽

---

① William Lytle Schurz, *The Manila Galleon*, pp. 366 – 367.

② William Lytle Schurz, *The Manila Galleon*, pp. 193 – 195；Ernest Schäfer, *El Consejo Real y Supremo de las Indias*, Sevilla：Escuela de Estudios Hispano-Americanos, 1947, pp. 340 – 342.

③ 何乔远：《名山藏》，明崇祯刊本，第25 页。

④ 关于 Sangley 一词的来源考证参见赖林冬《菲律宾语 Sangley 的汉语词源及翻译研究》，《兰州文理学院学报》（社会科学版）2016 年第5 期；范启华、吴建省《浅析西菲时期闽南语译词"Sangley"的汉语词源问题》，《福建史志》2021 年第2 期。

⑤ Antonio de Morga, *Sucesos de las Islas Filipinas*, México：FCE, 2007, pp. 286 – 287.

⑥ 关于西班牙殖民菲律宾时期对于华人的立法问题，参见果海英《西法东来的样式：西班牙殖民时期的菲律宾法研究》，法律出版社2015 年版，第74—85 页。

几经迁移改建，八连一直是华人在菲律宾最主要的聚集地。中外史料文献显示，菲律宾早期华侨主要的职业为面包师、裁缝、银匠、理发师、火药制造者等各类工匠，贩卖来自中国各色货物的商人，在八连出售食品、日用品的小商贩，自由职业的医生和护理人员，受雇的伙计和家庭服务人员。①

华人到达菲律宾后如果选择皈依天主教，则被允许与当地土著妇女结婚，还可以迁到菲律宾岛内其他地区定居。通过信仰天主教、贿赂西班牙殖民者、参与西班牙传教士的传教活动、受雇于西班牙商人等方式，部分华人将居留和商业活动的空间拓展到马尼拉八连之外，有些中国船主和水手甚至凭借其掌握的在造船和航海上的先进技术，在菲律宾诸岛之间各地从事运输等商业活动。② 在菲华人虽遭严格限制和约束，更是在 1603 年、1639 年、1662 年、1686 年和 1762 年数次被统治当局屠杀和驱逐，但是在 16 世纪至 17 世纪，菲律宾一直生活着几千至数万的华人群体。③ 正是他们中的一部分人，因为主体和环境等种种原因，最终乘坐马尼拉大帆船从菲律宾出发，跨越太平洋到达新西班牙，成为美洲最早的华人移民。

二　美洲早期华人移民的身份和融入

国内外学者，特别是西班牙语国家的研究者已经注意到，16 世纪和 17 世纪一定数量的 chinos④ 或者来自 China⑤ 的人群不间断地从菲律宾出发移民新大陆。但是值得着重强调的是，西班牙人开始在亚洲扩张的早期，由于知识和经验不足，缺乏对周边国家和族群的了解，16 世纪和 17 世纪新西班牙的原始档案文献中，现代西班牙语里专门指代"中国人"的 chino 一词适用

---

① 黄滋生、何思兵：《菲律宾华侨史》，广东高等教育出版社 2016 年版，第 123 页。
② 金应熙：《菲律宾史》，河南大学出版社 1990 年版，第 181 页。
③ 在综合中、西史料基础上，对 16 世纪和 17 世纪在菲华人移民数量的演变和原因分析参见庄国土、陈华岳等《菲律宾华人通史》，厦门大学出版社 2012 年版，第 137—178 页；黄滋生、何思兵：《菲律宾华侨史》，广东高等教育出版社 2016 年版，第 41—177 页。
④ Chino 用作名词指代人物时，在现代西班牙语里的最为常用的含义为"中国人"，文中 chinos 为单词 chino 的复数。参见孙义桢主编《新时代西汉大辞典》，商务印书馆 2008 年版，第 480 页。
⑤ China 现代西班牙语中多指代"中国"。参见孙义桢主编《新时代西汉大辞典》，第 478 页。

人群极为广泛——可指所有搭乘马尼拉大帆船到达美洲的包括中国人在内的所有亚洲人。与此同时，China 的词义也与现在不同，既可特指中国也可泛指东亚地区。① 西班牙历史学家加斯帕尔·德·圣奥古斯丁（Gaspar de San Agustín）早已注意到 chino 和 China 在古西班牙语文献中的特殊用法，他在 17 世纪出版的著作中指出："把菲律宾称作中国不是值得责备的错误，因为从发现这个地方一直到如今，在新西班牙没有别的名字来指代菲律宾。"②

因掌握和引用的史料文献不同，也由于计算和统计方式有所差别，不同学者对于 16 世纪至 17 世纪之间迁入美洲的亚洲移民总量看法不一，目前已有的研究中最大胆的猜测认为在马尼拉大帆船贸易延续的 250 年间，有 10 万人在菲律宾登船踏上移居美洲的旅途。③ 而最为保守也是我们认为最为可信的估量是墨西哥学者欧罗佩萨（Oropeza）做出的，她深入研究了墨西哥国家综合档案馆（Archivo General de la Nación）和西班牙印度综合档案馆（Archivo General de Indias）中对 1565 年至 1700 年进入马尼拉大帆船美洲终点——阿尔普尔科港的移民登陆信息记录，共收集了 7227 名 chinos 即亚洲移民的资料，其中有奴隶 3630 人，船员 3360 人和 233 名其他行业者。④

---

① 多位学者在其各自的研究中论证了 chino 和 China 在 16 世纪和 17 世纪用法特殊的问题，以下为有代表性的著作和论文：Rubén Carrillo Martín, *Asian to New Spain: Asian Cultural and Migratory Flows in Mexico in the Early Stages of "Globalization"*, Dissertation in Universitat Oberta de Catalunya, 2015, pp. 27 – 38；Gustavo Curiel, "Perception of the Other and the Language of 'Chinese Mimicry' in the Decorative Arts of New Spain", in Donna Pierce and Ronald Otsuka eds., *Asia and Spanish America, Asia and Spanish America. Trans-Pacific Artistic and Cultural Exchange, 1500 – 1850. Papers from the 2006 Mayer Center Symposium at the Denver Art Museum*, Denver: Frederick and Jan Myer Center for Pre-Columbian and Spanish Colonial Art at the Denver Museum, 2009, p. 25；Francisco de la Maza, *Catarina de San Juan, princesa de la India y visionaria de Puebla*, Mexico: Consejo Nacionalpara la Cultura y lasArtes, 1990, p. 21；Manel Ollé, "La proyección de Fujian en Manila: los sangleyes del parián y el comercio de la Nao de China", in Salvador Bernabéu Albert and Carlos Martínez Shaw eds., *Un océano de seda y plata: el universoeconómico del Galeón de Manila*, Sevilla: Consejo Superior de InvestigcionesCientíficas, 2013, p. 155；Virgina González Claverán, "Un documento colonial sobreesclavosasiáticos", *Historia Mexicana*, 38 (3), 1989, pp. 523 – 532；Claudia Paulina Machuca Chavéz, "El alcalde de los chinos en la provincia de Colima durante el siglo XVII: un sistema de representación en torno a un oficio", *Letras Históricas*, 1 (2009), p. 98；[美] 孔鲁克：《近代早期太平洋的商人、移民、传教士与全球化》，王志红译，《全球史评论》2017 年第 1 期。

② Gaspar de San Agustín, *Conquistas de las Islas Filipinas, 1565 – 1615*, Madrid: Consejo Superior deInvesíciacionesCientíficas, 1975, p. 478.

③ Edward R. Slack J. R., "The Chinos in New Spain: A Corrective Lens for a Distorted Image", p. 37.

④ Déborah Oropeza, *Los "indios chinos" en la Nueva España: la inmigración de la Nao de China, 1565 – 1700*, Dissertation in El Colegiode México, 2007, pp. 78 – 79, 186. 关于 7227 个 chinos 的具体信息参见此书第 203—250 页的"附录三"。

这一历史时期包括华人在内的亚裔新移民对于西班牙人统治下的美洲殖民地具有特殊的意义，他们的到来缓解了黑人奴隶和印第安人因为战争、疾病、劳作等原因大批死亡后劳动力的短缺。从原始档案上有记载的身份信息来看，chinos 主要可分为四个类别：奴隶、马尼拉大帆船上的船队成员、美洲新西班牙太平洋沿岸港口劳动者、包括商人和手工业者等在内的其他人群。① 有一部分人在登船之前就已经申请到了移民的合法手续，以正当途径踏上跨越太平洋的艰难旅程。其中也不乏被菲律宾的西班牙殖民者流放，或者采取非法偷渡的方式前往陌生的新大陆的人。

（一）少数奴隶身份的记录

根据西班牙帝国 16 世纪出台的法律和政令，特别是王室于 1542 年颁布的《新法》（Leyes Nuevas）规定，征服者在海外殖民扩张中严禁奴役土著居民。但当遇到拒不服从西班牙国王、以暴力的手段反抗接受天主教、从事异教迷信活动、背叛等四类人员时，可以发动"公平战争"（Guerra Justa），战俘则沦为西班牙人的奴隶。② 此外，由于葡萄牙王室没有类似的法律规定，葡萄牙人从他们位于非洲和亚洲的殖民地向菲律宾和美洲贩运了一定数量的奴隶。虽然西班牙王室屡次下令奴隶交易和买卖，并在 17 世纪 60 年代开始宣布陆续还自由身份给包括中国人在内的亚洲奴隶群体，直到 18 世纪才先后在美洲和菲律宾群岛彻底废除了奴隶制度。③

如前文所述，中国移民虽然在西班牙帝国——先是菲律宾群岛，后是新西班牙受到了区别甚至是歧视性的对待。《明史》和西方文献也留下了

---

① Déborah Oropeza, Los "indios chinos" en la Nueva España: la inmigración de la Nao de China, 1565 – 1700, p. 17；Claudia Paulina Muchuca Chávez, "El alcalde de los chinos en la provincia de Colima durante el siglo XVII: un sistema de representación en torno a un oficio", p. 100.

② Jesús María García Añoveros, "Carlos V y la abolición de la esclavitud de los indios. Causas, evolución y circunstancias", Revista de Indias, LX: 218（2000），pp. 76 – 78.

③ 西班牙王室从 17 世纪 60 年代开始出台针对解放新西班牙的亚洲和印第安奴隶身份的政策，之前在经营、生活等方面的诸多限制被废止，从法理上被承认是殖民地社会独立的群体。据统计，1565—1700 年间，至少有 8100 名来自亚洲的移民以奴隶的身份移民美洲。参见 Tatiana Seijas, Asian Slaves in Colonial Mexico: From Chinos to Indians, pp. 83 – 84, 247 – 250；Edward R. Slack J. R., "The Chinos in New Spain: A Corrective Lens for a Distorted Image", p. 42。菲律宾的西班牙统治者则直到 1692 年才接到了王室逐渐废除奴隶的命令，奴隶制度在群岛延续至 18 世纪中叶才告终结，参见 William Henry Scott, Slavery in the Spanish Philippines, Manila: De La Salle University Press, 1991, p. 58.

葡萄牙人在中国沿海，尤其是在侵居澳门之后掠夺买卖中国人，并在葡萄牙帝国内部和包括菲律宾在内的西班牙帝国贩卖为奴的内容；菲律宾和新西班牙的部分西班牙人拥有来自中国奴隶作为个人助手或者家庭服务人员[1]；也有一些在菲律宾生活的华人因为发动反对西班牙殖民统治者的暴乱，或者犯下其他严重罪行，接受法律审判和制裁后被贬为奴隶。[2] 然而，第一手史料中关于中国人以奴隶身份移民美洲的记录不多，在墨西哥和西班牙两大档案馆中发现的 3630 名有记录的亚洲奴隶中，仅有一个名为 Anton 的葡萄牙黑人注明是来自中国（China）。[3] 总的来说，16 世纪至 17 世纪移居美洲的中国人是以自由人的身份客居他乡的。

（二）马尼拉大帆船的船员

西班牙有关马尼拉大帆船贸易的档案资料显示，1565 年至 1700 年，共有 140 艘商船在太平洋夏季的东南季风中从菲律宾起航，向南驶过米沙鄢群岛后继续北上，循黑潮经中国台湾东部、日本群岛后乘西风穿越大西洋到达今加利福尼亚海岸线，继续南行抵最终的目的地——新西班牙的阿尔普尔科港。[4] 航路开通一直到 16 世纪末期，商船上的船员主要是西班牙人。学者欧罗佩萨从档案馆搜集整理出的 3360 人的船员名单中，绝大多数人能够查询到出生于今菲律宾、马来西亚、印度尼西亚等地的身份信息，其余的 1435 人仅标明是 chino，没有标明具体出生地。档案中人物的名字虽全部为西班

---

① 在西班牙印度综合档案馆（Archivo General de Indias，本文在引用时使用其简称 AGI）我们发现了多份往返于菲律宾、美洲和欧洲本土的西班牙人提交申请，要求携带中国籍奴隶随其迁居他地，参见 AGI, *Indiferente*, 1964, L. 11, F. 106R – 106V；AGI, *Indiferente*, 2076, N. 232；AGI, *Contratación*, 5414, N. 75, N. 10, N. 17 等原始文档，以及 Edward R. Slack, "Signifying New Spain：Cathay's Influence on Colonial Mexico via the Nao de China", in Walton Look Lai and Tan Chee-Beng eds. , *The Chinese in Latin America and the Caribbean*, Leiden：Brill, 2010, p. 13.

② Rubén Carrillo Martín, *Asian to New Spain：Asian Cultural and Migratory Flows in Mexico in the Early Stages of Globalization*, p. 52.

③ 张维华在考证《明史卷三二五列传·二一三佛郎机传》中"其留怀远驿者，益掠买良民，筑室立寨，为久居计"记载时断言："则葡人掠买子女之说，盖非虚也。"参见张维华《明史欧洲四国传注释》，上海古籍出版社1982年版，第11页。西班牙语相关史料文献参见 Déborah Oropeza, *Los indios chinos en la Nueva España：la inmigración de la nao de China*, *1565 – 1700*, p. 40, 205.

④ William Lytle Schurz, *The Manila Galleon*, pp. 263 – 264；Déborah Oropeza, "La migración asiática libre al centro del virreinato novohispano, 1565 –1700", p. 352.

牙语，也没有发现他们生于中国（China）或中国城市的身份资料细节，但是一些船员的姓氏如 Cao、Xie、Tang、Dan 等非常具有中国人的特征。①

回顾西班牙人统治菲律宾的早期历史可以发现，殖民者很快就发现了岛上中国人，特别是闽南人在航海技术等方面的优势。马尼拉大帆船上工作环境危险艰苦，本土船员大量流失，1619 年，菲律宾总检察官克罗内尔（Hernando de los Ríos Coronel）就向国王写信汇报：船员们在衣食上受到虐待，大规模死亡。② 为了填补商船上人力的不足，中国人或被西班牙人雇佣，或以奴隶的身份往返航行于菲律宾和今墨西哥之间的太平洋海域。17 世纪开始，在马尼拉大帆船工作的亚洲人成为主流，比例保持在 60%—80%。③

根据西班牙印度综合档案馆中的一份文件显示，1610 年，祖籍中国澳门，居住在马尼拉的 28 岁烟火师安东尼奥·佩若兹（Antonio Pérez）获准随船服务一年。④ 此外，从时任菲律宾检察官马尔法尔贡（Juan Grau y Malfalcon）1637 年写给西班牙菲利普四世国王的报告中可获知，当年共有 160 名生理人（sangleyes）水手、50 名木匠和锯工、14 名敛缝工人和 30 名工匠在商船上服务。⑤

马尼拉大帆船航线开通早期，菲律宾人、中国人和在菲律宾的其他亚洲人以在船上服务的方式来缴纳贡赋。16 世纪末期开始，随着西班牙王室接连出台保护菲律宾土著居民和生理人权益的法令，以及代役金等制度的施行，中国籍船员的劳动不再是义务的，但是所获得的报酬数目仅为西班牙籍船员

---

① Déborah Oropeza, *Los indios chinos en la Nueva España: la inmigración de la nao de China*, *1565 – 1700*, pp. 203 – 250.

② Emma Helen-Robertson Blair, James Alexander Robertson, *The Philippine Islands*, *1493 – 1898*, Vol. 18, p. 287.

③ Paul Taylor, "Spanish Seamen in the New World during the Colonial Period", *HAHR*, 5, 4 (1922), p. 651; William Lytle Schurz, *The Manila Galleon*, pp. 209 – 210.

④ AGI, *Contratación*, 5317, N. 2, R. 49. 关于安东尼奥·佩若兹（Antonio Pérez）更多的资料参见 Edward R. Slack, "Signifying New Spain: Cathay's Influence on Colonial Mexico via the Nao de China", pp. 11 – 12.

⑤ Emma Helen-Robertson Blair and James Alexander Robertson, *The Philippine Islands*, *1493 – 1898*, Vol. 27, pp. 130 –131.

的一半。① 但是一些触犯了菲律宾当局法律的华人，殖民者可以将其罚送至大帆船上充当免费劳力，1603 年之后的在菲华人起义后，就有 500 名中国人被送到大帆船上服苦役。② 幸运生存下来的船员在到达美洲之后，利用各种机会留住下来，避免再次踏上死亡之旅。以 1618 年抵达阿尔普尔科港的神圣灵魂号（Espiritu Santo）的记录为例，船上 75 位包括中国人在内的亚洲船员，只有 5 名返回马尼拉。③ 16 世纪 90 年代开始，在马尼拉大帆船贸易的带动下，以阿尔普尔科港为代表的新西班牙太平洋沿线港口大兴土木，包括海关、仓库、医院等一批公共工程开工建设。船员们决定留在美洲之后，主要以木工、铁匠、锯工、锻工、车工、消防员的身份，在新的居住地生存。④

（三）工商行业从业者

1. 商人

中、西史料文献显示，早期移居菲律宾的生理人中，从事商业活动的人口比重占据主流，马尼拉大帆船上从亚洲装载运输到美洲的货物也以产自中国的为主。在逐利本能的驱动下，中国商人也谋求机会跨洋到美洲开辟新的市场，扩大经营范围，目前发现的关于生理人进入阿尔普尔港的记载可追溯到 1595 年。⑤

马尼拉大帆船运来的中国商品在美洲太平洋沿线的港口靠岸之后，早已等候在此的新西班牙全境甚至是从秘鲁远道而来的西班牙人随即开市交易。之后，绝大多数货物经骡子的驮运，向西沿蜿蜒艰险的小路被运至墨

---

① 关于西班牙殖民菲律宾时期对华人的税收和保护性立法政策，参见黄滋生、何思兵《菲律宾华侨史》，广东高等教育出版社 2009 年版，第 132—136 页；果海英《西法东来的样式：西班牙殖民时期的菲律宾法研究》，法律出版社 2015 年版，第 74—85 页。

② Emma Helen-Robertson Blair and James Alexander Robertson, *The Philippine Islands*, *1493 - 1898*, Vol. 16, p. 295.

③ Edward R. Slack J. R., "The Chinos in New Spain: A Corrective Lens for a Distorted Image", p. 39.

④ Déborah Oropeza, "La migración asiática libre al centro del virreinato novohispano, 1565 - 1700", p. 353.

⑤ Déborah Oropeza, *Los indios chinos en la Nueva España: la inmigración de la nao de China*, *1565 - 1700*, p. 209.

西哥城，这条商路在历史上又被称为"中国之路"（Carrera de China）。[①]
通过该条道路进入新西班牙政治、经济中心的除了中国的物产外，还有中
国移民。西班牙学者马丁（Rubén Carrillo Martín）梳理了 17 世纪申请在墨
西哥城的街道、广场和集市上公开售卖中国商品的原始档案资料，特别注
明申请者身份为"chino"的见表 1。

表 1　　　　17 世纪申请在墨西哥城售卖中国商品的 chino 名单[②]

姓名	年份	申请事由
Juan de Soria	不详	售卖产自中国、卡斯蒂利亚（Castilla）[③] 和当地的商品
Francisco Flores	不详	在广场、街道和户外市场售卖产自西班牙本土、中国和当地的服装
Francisco Matías	1650	售卖中国和本地的杂货、开采黑蜜
Juan Tello de Guzmán	1651	申请在墨西哥城外贩卖货物时携带剑和匕首
Francisco García[④]	1651	因原随身在包中携带的执照损坏，申请更换新的执照。允许其在新西班牙周边乡村和墨西哥城售卖产自中国和西班牙本土的衣服、皮带和其他杂货
Antonio de la Cruz	1661	售卖产自西班牙本土、中国和当地的货物

　　因为缺乏更加详细的身份细节，无法断定上述商户究竟是来自中国，
还是亚洲的其他国家和地区。但是，另外一则史料则意义独特——1692 年
之后，在墨西哥城主广场亚洲商户聚集经营形成了一个大型市场，西班牙
人为其冠上了中国人在马尼拉的聚集区八连——Parián 的名号。[⑤] 这从另外
一个侧面佐证了华商在新西班牙普遍存在的事实。

---

　　① 张铠：《明清时代美洲华人述略——兼论中国古代文明在美洲的传播》，第 38 页；Rubén
Carrillo Martín，"Los Chinos de Nueva España：migración asiática en el México colonial"，pp. 16 – 17.
　　② 原始档案资料来源墨西哥国家综合档案馆，参见 Rubén Carrillo Martín, Asian to New Spain：
Asian Cultural and Migratory Flows in Mexico in the Early Stages of Globalization, pp. 70 – 71.
　　③ Castilla，即卡斯蒂利亚或卡斯提尔，是西班牙历史上的一个王国名称，传统领土范围包
括西北部的老卡斯蒂利亚和中部的新卡斯蒂利亚，后逐步与西班牙所在的伊比利亚半岛上其他的
王国逐渐合并。1469 年卡斯蒂利亚王位继承人伊莎贝拉（Isabel）与阿拉贡王国的王子费尔南多
（Fernando）联姻，奠定了西班牙统一的重要基础。
　　④ 原始档案注明其来自葡萄牙人在亚洲的领地即 India de Portugal。
　　⑤ Rubén Carrillo Martín, Asian to New Spain：Asian Cultural and Migratory Flows in Mexico in the
Early Stages of Globalization, pp. 71 – 72.

2. 理发师

16 世纪末期开始，在墨西哥城出现了一批新的外来移民——身份为 chino 的理发师。据学者考证，新西班牙殖民时期的理发师经营范围远超今日，既包括理发、剃须、掏耳朵等服务，也承担诸如放血和牙齿手术等医学上的业务。[①] 来自东方的新同行们打破了西班牙人对该行业的垄断，双方的纠纷愈演愈烈，最终上诉到殖民政府，留下了关于东方理发师这一群体珍贵的史料。原始档案中虽然没有进一步厘清这些亚洲理发师们的具体出生地和来源，但由于菲律宾该行业被生理人垄断，中外学者倾向于认为他们来自中国。[②]

1635 年 6 月 22 日，墨西哥城市议会（Cabildo）接到了西班牙理发师提起的一份动议，请求限制和规范中国理发师的经营方式和范围。1636 年 1 月 18 日，新西班牙时任总督卡德若伊塔（Marqués de Cadereita）不仅下令严禁亚洲理发师进入主广场（Plaza Mayor），还要求他们在墨西哥城外经营的店家数量不得超过 12 个。这一禁令没有被严格执行，整理档案可发现，17 世纪 40 年代，当地政府就发出了至少 12 张允许中国理发师在主广场开店的许可令。虽然之后对中国理发师的宽松政策又在西班牙人的反对声中有所收紧，1667 年墨西哥城内中国人开的理发店数量持续增加最终超过了 100 家，中国人牢牢占据了新西班牙这一行业的重要份额，并不断扩大影响力。[③]

三　结语

地理大发现之后，西班牙帝国将疆域从欧洲本土先后扩展至非洲、美

---

① Luz María Hernández Sáenz, Learning to Heal: The Medical Profession in Colonial Mexico, 1767 – 1831, New York: Peter Lang, 1997, pp. 179 – 203.

② Emma Helen-Robertson Blair and James Alexander Robertson, The Philippine Islands, 1493 – 1898, Vol. 38, p. 55; Homer H. Dubs and Robert S. Smith, "Chinese in Mexico City in 1635", p. 2; Rubén Carrillo Martín, "Los Chinos de Nueva España: migraciónasiática en el México Colonial", p. 30.

③ Diego Luis, "The Armed Chino: Licensing fear in New Spain", Journal of Colonialism and Colonial History, Vol. 20, No. 1 (2019), pp. 15 – 16; Déborah Oropeza, "La migraciónasiáticalibre al centro del virreinatonovohispano, 1565 – 1700", p. 355; Edward R. Slack J. R., "The Chinos in New Spain: A Corrective Lens for a Distorted Image", p. 45; Edward R. Slack, "Signifying New Spain: Cathay's Influence on Colonial Mexico via the Nao de China", pp. 15 – 16.

洲和亚洲,成为领土面积最广的"日不落帝国",开创了首个现代意义上的全球化体系。由于前述西班牙语史料分别指代中国人和中国的词汇"Chino"和"China"特殊而曲折的词义变革史,本文在细致考证保存在菲律宾、墨西哥和西班牙的古西班牙语第一手档案文献的基础上,结合中国的古籍和文本,并参照中外学界的最新研究成果,还原了以闽南人为主体的中国人从16世纪开始,沿马尼拉大帆船航线从菲律宾二次移民至西班牙在美洲殖民地——新西班牙的历史。美洲早期的华人移民主要靠其所掌握的工艺技术和经商能力在新大陆谋生,从事的行业主要是马尼拉大帆船的航海和周边行业、商业和以理发为代表的服务业。

美洲最早的华人华侨群体是中国近代第一波自主移民主体,而墨西哥是华人移民美洲的基地和集散地。中国移民进入美洲对中、西双方的历史发展进程均产生了重要影响。华人移民的涌入为拉美的多元文化背景奠定了基础,在新大陆的政治经济、社会结构、风土人情、饮食习惯、文化习俗上都留下了烙印。

[作者李晨光,浙江外国语学院拉丁美洲研究所助理研究员;
Jesús Paniagua Pérez,西班牙莱昂大学文哲学院
(Facultad de Filosofía y Letras, Universidad de León) 教授]

Crew, Merchant, and Barber: The Identification of the Earliest Chinese Immigrants in America (1565 – 1700)

Li Chenguang and Jesús Paniagua Pérez

Abstract: The overseas expansion of Spain and Portugal from the late 15th century has initiated an era of globalization, which has a high similarity with the modern age in human history. From the late 16th century, some Chinese people originally from the coastal areas of Fujian, continued to emigrate to West America along the Manila Galleon route across the Pacific Ocean after the first moving to the Spanish colonial Philippines. Through the primary archives of Old Spanish, comparison of dual historical documents and research results based on Chinese and foreign, the identity information of the first Chinese immigrants in the Americas, the reasons for the global migration and how they assimilate into the new living environment are dug out.

Key Words: Chinese immigrants; Spain; America; Identity

阿里巴巴集团海外传播的困境与对策

——以墨西哥消费者保护署舆论批评危机为例[*]

刘　冬

摘　要：本文以阿里巴巴集团为研究对象，以墨西哥消费者保护署署长谢菲尔德批评事件为例，探讨中资企业在墨西哥形象传播过程中遇到的困境，并提出相关意见和建议。研究发现阿里巴巴在墨西哥处于"他塑"状态，企业官方声音严重缺失，且缺乏有效的舆论危机应急管理机制，导致对突发舆情事件无法给出有效回应。因此，未来企业需建立有效的舆论危机应急管理机制，制定合理的企业形象传播策略以及建设高效的传播渠道。

关键词：阿里巴巴集团；墨西哥；海外传播

近年来，随着"一带一路"倡议的落地实施，中国互联网企业的全球化进程也进一步加快。阿里巴巴集团作为国内电子商务领域的领军者，随着主营业务的日趋成熟，国内市场的逐步稳定，拓展海外市场是其必然之路。近年来，除传统的欧洲、东南亚国家之外，拉美国家成了新的发展方向。①

2017年5月，借助"一带一路"倡议的东风，阿里巴巴创始人马云先后到阿根廷和墨西哥考察，与阿根廷时任总统毛里西奥·马克里（Mauricio Macri）、墨西哥时任总统恩里克·培尼亚·涅托（Enrique Peña Nieto）

---

* 基金项目：2020年度浙江省教育厅一般科研项目（Y202044261）。

① 张爽：《互联网企业的"出海"挑战》，《互联网经济》2017年第2期。

及两国工商界人士就电子商务合作进行了深入交流。同年 9 月，培尼亚总统参加了于厦门举办的金砖国家领导人第九次会晤，会后 11 名墨西哥政府高官随其到访阿里巴巴，就通过互联网帮助中小企业全球化与阿里达成战略合作协议，并且双方共同签署了谅解备忘录。两国企业与政府间的紧密往来奠定了友好合作的主基调，然而 2018 年 12 月 1 日来自墨西哥国家复兴运动党的左翼候选人洛佩斯·奥夫拉多尔（López Obrador）正式就职总统，他向来严厉批判新自由主义给墨西哥社会经济带来的负面影响，以此宣告了将领导开展墨西哥"第四次变革"（La cuarta transformación）①，然而这次基于改善墨西哥低收入等弱势群体福祉的变革，也给墨西哥的经济发展前景带来了巨大的未知性，包括阿里巴巴在内的企业界面临着新的挑战。

本文以墨西哥消费者保护署（Procuraduría Federal del Consumidor，Profeco）负责人里卡多·谢菲尔德·帕迪拉（Ricardo Sheffield Padilla）② 的舆论批评危机为例，结合墨西哥主流媒体的相关报道和墨西哥总统每日早间新闻发布会的视频材料，从舆论传播的角度分析此次事件中消费者保护署对阿里巴巴的形象建构，并通过对各方回应的分析，探讨阿里巴巴在墨西哥形象传播中遇到的困境，并对其未来的传播提供意见和建议。

一　墨西哥消费者保护署的舆论批评传播阶段分析

消费者保护署是墨西哥联邦政府经济部的一个非集权、部门化的公共机构，旨在促进和保护消费者权益，寻求供应商与消费者关系的公平性，并为其提供法律保障。消费者保护署作为维护消费者权益的政府机构，其言论对当地消费者有着重要的影响力。

此次阿里巴巴的舆论危机由消费者保护署负责人谢菲尔德引发，后于

---

①　"第四次变革"由墨西哥现任总统洛佩斯·奥夫拉多尔 2018 年 12 月就职时提出，表示将和平、有序、深入推进此次变革，取消特权、打击腐败、纠正不公，重塑墨西哥政治生态，实现国家全面复兴。其认为墨西哥历史上的前三次变革分别为墨西哥独立战争（1810—1821 年）、改革战争（1858—1861 年）和墨西哥革命（1910—1917 年）。

②　后文均简称为谢菲尔德。

不同时间、不同场合由本人进一步传播。根据媒体报道的数量，本研究将批评舆论的传播过程分为三个阶段。

（一）传播初期

在此期间，谢菲尔德对阿里巴巴的批判主要通过接受媒体采访的方式提出。2019 年 7 月 3 日，谢菲尔德出席了"遵守商业法规的益处"的论坛，其间接受采访时第一次指出在 eBay 和阿里巴巴平台上购物是一个风险；网络星期一①前夕，谢菲尔德在接受墨西哥《千年报》②专访时，再次提出不建议消费者在 eBay 和阿里巴巴平台上购物。

传播初期，谢菲尔德对阿里巴巴的批判并未引起媒体的广泛关注，报道的主流媒体为《千年报》。

表 1 　　　　　　　　《千年报》对谢菲尔德发言的报道

报道时间	报道标题	新闻导语
2019 年 7 月 3 日	在 eBay 和阿里巴巴购物，一个风险：消费者保护署（Compras en ebay y Alibaba, un riesgo: Profeco）	消费者保护署表示如阿里巴巴和 eBay 一样的电商平台不将其视作监管机构，因此通过该类平台购物可能会给消费者带来风险［La Procuraduría Federal del Consumidor（Profeco）afirmó que las plataformas como Alibaba y ebay, no reconocen al organismo regulador como una autoridad, por lo que realizar compras por estos medios podría ser un riesgo para los consumidores del país.］
2019 年 12 月 2 日	消费者保护署不建议在网络星期一期间在 ebay 和阿里巴巴平台上购物（Profeco no recomienda comprar en ebay y Alibaba durante *Ciber Monday*）	消费者保护署建议将利用网络星期一优惠的墨西哥人不要在不尊重墨西哥法律的电商平台上购买产品，例如中国的阿里巴巴和美国的 eBay［La Procuraduría Federal del Consumidor（Profeco）recomendó a los mexicanos que aprovecharán las ofertas del *Ciber Monday* no adquirir productos en plataformas de comercio electrónico que no respetan las leyes mexicanas, como la china Alibaba y la estadunidense ebay.］

通过报道标题和导语的分析可见，关于谢菲尔德的两次发言，媒体的报道重点均在谢菲尔德对阿里巴巴和 eBay 的批判上，两次的批判程度也有

---

① "网络星期一"指的是感恩节之后的第一个星期一开展的网购促销日活动，后被拉美国家广泛认可。

② 《千年报》原为《蒙特雷日报》，1974 年在蒙特雷创建，原是地方性的刊物，2000 年开始在墨西哥城发行，成为全国性的重要报刊之一。

所升级，从在平台上购物"可能带来风险"到建议"不要在平台上购买"。

同时通过对报道内容的框架分析，本研究发现谢菲尔德两次言论中均提及4家跨境电商平台：eBay、阿里巴巴、亚马孙和美克多（Mercado Libre），且不同程度地使用了对比框架。2019年7月3日的报道中，谢菲尔德指出亚马孙和美克多在墨西哥有税收居所，两家公司也回应消费者向消费者保护署提出的要求和投诉。而阿里巴巴和eBay则被指不回应保护署。在2019年12月2日的报道中，谢菲尔德指出亚马孙和美克多这一类企业是消费者保护署认可的严肃的企业，因为他们会回应保护署的通知，而eBay和阿里巴巴这类企业完全不重视消费者保护署，"他们不回复我们的通知，也不回复电子邮件"。通过两次报道的内容可以看出，在初期，谢菲尔德已经在跨境电商企业中选取了四个代表，并进行了分类，亚马孙和美克多一类，阿里巴巴和eBay一类。

除对比框架外，谢菲尔德采用了所谓的"因果"框架，将对阿里巴巴和eBay的批判进行合理化。2019年7月3日的报道中，谢菲尔德的指控包含三个原因：（1）在墨西哥没有税收居所；（2）不回应消费者向消费者保护署提出的要求和投诉；（3）不承认消费者保护署的权威。2019年12月2日的报道中，指控也主要包括三个原因：（1）不回应保护署的通知；（2）东西虽然便宜，但购物没有保障（"不管多便宜"，如果消费者通过一个不尊重墨西哥法律和制度的平台购买，那么一旦出现问题就没有人帮助他们）；（3）公司规模虽然大，但不尊重墨西哥市场（即使在大公司中，也并非所有公司都一样，它们在全球范围内规模都很大，但它们在对墨西哥市场的尊重程度却不尽相同）。由此可见，在言论中，谢菲尔德均采用了所谓的"因果"框架，但实际上，除"没有税收居所"，"不回应消费者向消费者保护署提出的要求和投诉或不回应保护署的通知"属客观事实外，"不承认消费者保护署的权威""东西虽然便宜，但购物没有保障""公司规模虽然大，但不尊重墨西哥市场"均属于主观的价值判断，同时前两点客观事实与"在平台上购物有风险"这一批判并不存在直接的因果关系。

同时，两次批评中均使用了"上帝和兔子"这一比喻，来表达eBay和阿里巴巴与墨西哥消费者的关系：2019年7月3日的报道中保护署负责人指出"不回应保护署的平台是阿里巴巴和 eBay。它们看我们就像上帝看兔子"。2019 年 12 月 2 日的报道中指出"还有其他公司对待我们就像上帝看待兔子,对我们的通知和电子邮件均不予回复,就如 eBay 和阿里巴巴一样"。在谢菲尔德的语境中,将阿里巴巴比喻为上帝,消费者保护署比喻为兔子,阿里巴巴这一上帝的地位是傲慢的,无视兔子的存在。

(二)传播中期

传播中期主要是 2019 年 12 月 23 日谢菲尔德在消费者保护署记者招待会上的发言。这一时期,发表言论的场合进一步升级,从私下的采访到公开的保护署记者招待会,传播范围也进一步扩散,从仅有 1 家主流媒体报道,到多家主流媒体报道,主要包括《千年报》《宇宙报》《ABC 新闻》等。但相较于初期以阿里巴巴为主体的报道标题,这次的报道主要以"2019 年收到投诉最多的公司"为标题,而 eBay 和阿里巴巴是接收投诉最多的电商平台。

表 2 各媒体对谢菲尔德发言的报道

报道媒体	报道标题	报道时间
《千年报》 El Milenio	这些是 2019 年投诉最多的公司(Éstas son las empresas con más quejas en 2019)	2019 年 12 月 23 日
《宇宙报》 El Universal	消费者保护署揭晓 2019 年投诉最多的 4 家公司(Profeco revela el top 4 de empresas con más quejas en 2019)	2019 年 12 月 23 日
ABC 新闻 ABCNoticias	揭秘 2019 年投诉最多的 4 家企业(Revelan las 4 empresas con más quejas en 2019)	2019 年 12 月 23 日

由于记者招待会没有视频资料,根据各媒体的报道内容,谢菲尔德关于阿里巴巴的主要言论为:"在网络销售方面,对 eBay 和阿里巴巴来讲消费者保护署和墨西哥这个国家就如同不存在一般……在那里购物将会有风险,因为这些企业(公司)甚至电话也不接。"由此可见,谢菲尔德对阿里巴巴的批评与传播初期一致,内容并未有所改变。

（三）传播高峰期

传播高峰期主要是谢菲尔德在总统每日早间新闻发布会上的发言，分别是 2020 年 2 月 24 日和 2020 年 11 月 4 日。

墨西哥总统每日早间新闻发布会从奥夫拉多尔总统 2018 年 12 月上任后开始实施，是其在任墨西哥州州长期间每日举行新闻发布会的延续，是奥夫拉多尔政府通过新闻界与公众进行沟通的重要方式[①]，新闻发布会上的内容具有明确的导向性，主要为了传递信息、引导舆论和塑造政府形象[②]。因此，在这一场合下，谢菲尔德的言论影响力进一步升级，从代表消费者保护署，升级为代表奥夫拉多尔政府来表达对阿里巴巴的态度。

2020 年 2 月 24 日，在每日早间新闻发布会上，谢菲尔德在回应记者的问题时，再次指出阿里巴巴无视墨西哥市场。关于阿里巴巴的具体论述见下文。

> 电商企业提供服务的质量是不同的。比如阿里巴巴，它看待墨西哥就像上帝看待兔子，也就是说，无视我们的存在，将我们看得渺小，换句话说，甚至对我们对 Profeco 或其他任何人均不予理睬，他们考量墨西哥的法律和消费习惯，在其平台上甚至连标价都不用墨西哥货币比索。

此次话语中，谢菲尔德除传播初期的控诉外，他又提出了新的控诉点，阿里巴巴不重视墨西哥人的消费习惯，且平台上的价格未按照当地货币标注。

此次讲话中，谢菲尔德沿用了初期的比较策略，但此次将互联网公司分为了三类：阿里巴巴是无视保护署的公司代表；亚马孙和美客多是符合

---

① 郎劲松、侯月娟：《现代政治传播与新闻发布制度》，《现代传播》2004 年第 3 期。
② 陈丽江：《文化语境与政治话语——政府新闻发布会的话语研究》，博士学位论文，上海外国语大学，2007 年，第 10 页。

消费者保护署要求的公司代表；而 eBay 是未达到要求，但努力达到的公司代表。

谢菲尔德在新闻发布会上的言论被多家媒体转载，除当地综合类媒体，还包括海外媒体在墨西哥的分社，如《福布斯》；经济类媒体，如《金融家报》；网络媒体，如 Xataka①。各媒体报道情况见表 3。

表 3　各媒体对谢菲尔德在 2020 年 2 月 24 日新闻发布会上言论的报道

报道媒体	报道标题	报道时间
《福布斯》（Forbes）	阿里巴巴和滴滴违反消费者保护署的规则；"他们不理我们"，谢菲尔德警告（Alibaba y Didi incumplen las normas de Profeco: "no nos pelan", alerta Sheffield）	2020 年 2 月 24 日
《金融家报》（El Financiero）	谢菲尔德"惩治"阿里巴巴：它不理睬消费者保护署或其他任何人，对他们来说我们不存在（Sheffield "tunde" a Alibaba: "No pela a la Profeco ni a nadie, no existimos para ellos"）	2020 年 2 月 24 日
《墨西哥太阳报》（El Sol de México）	消费者保护署向马云提起诉讼（Profeco inicia pleito con Jack Ma）	2020 年 2 月 25 日
Xataka	阿里巴巴、eBay 和滴滴是一些不遵守墨西哥法律的公司：消费者保护署（Alibaba, ebay y Didi son algunas de las empresas que no cumplen las leyes en México: Profeco）	2020 年 2 月 25 日

从标题可以看出，各媒体都重点关注消费者保护署对阿里巴巴的控诉。大多数的媒体选择引用消费者保护署的话语作为标题，但在这一事件中，《金融家报》和《墨西哥太阳报》更倾向于突出消费者保护署和阿里巴巴之间的冲突性，并强调事件中谢菲尔德或消费者保护署的主动性。从报道内容来看，所有报道的媒体均全文引用了谢菲尔德关于阿里巴巴的言论，并且强调阿里巴巴不遵守墨西哥的法律。

2020 年 11 月 4 日，在总统每日早间新闻发布会上，谢菲尔德再次建议消费者不要在阿里巴巴平台上购物。他强调指出："我们无法评估且不建议使用的唯一大型平台是阿里巴巴，因为它仍用美元标价销售，并且无

---

① Xataka 是面向科技爱好者的网络媒体，于 2004 年创建，是西班牙语科技媒体的领军者。

视墨西哥的法律。"

在本次话语中，消费者保护署的态度有所缓和，相较于之前的"不建议"，这次提出"无法评估且不建议使用"，对阿里巴巴的控诉包括销售过程中使用美元标价和忽略墨西哥的法律。

表4　各媒体对谢菲尔德在 2020 年 11 月 4 日新闻发布会上言论的报道

报道媒体	报道标题	报道时间
《千年报》（El Milenio）	消费者保护署将对"好周末促销"① 期间不合规的商家罚款；呼吁不要在阿里巴巴平台购物（Profeco multará a tiendas que incumplan en Buen Fin；pide no comprar en Alibaba）	2020 年 11 月 4 日
Merca 2.0	阿里巴巴在墨西哥犯下严重错误：与消费者保护署关系处理不当（Alibaba comete un grave error en México；llevarse mal con la Profeco）	2020 年 11 月 4 日
Contra Réplica	消费者保护署建议不要使用阿里巴巴购物平台（Profeco recomienda no hacer uso de la plataforma comercial Alibaba）	2020 年 11 月 4 日
Regeneración	消费者保护署警告称将对"好周末促销"期间的不合规商家罚款（Profeco alerta que multará a tiendas que incumplan en el Buen Fin）	2020 年 11 月 4 日

根据表4可见，尽管谢菲尔德这一阶段的言论有所缓和，媒体报道的重点仍在于消费者保护署不建议使用阿里巴巴平台购物，阿里巴巴不尊重墨西哥当局或阿里巴巴不遵守法律规定，阿里巴巴的媒介负面形象未有所改善，相反进一步加深。

尽管传播内容一致，但三个阶段的传播范围不断扩大，影响力逐步升级，以墨西哥消费者保护署为主体，以墨西哥主流媒体为媒介，阿里巴巴被塑造成了无视墨西哥市场，无视墨西哥当局，不遵守墨西哥法律，在墨西哥没有税收居所，不使用当地货币的大型跨国电子商务企业。

---

① "好周末促销"（el Buen Fin）是墨西哥一年一度的全国性购物活动，活动时间为每年11月的第三个周末，活动期间，商家将提供特别的促销活动，包括延长信用期限和价格促销活动等。

二　墨西哥消费者保护署舆论批评应对传播分析

（一）阿里巴巴的应对情况分析

本研究发现阿里巴巴集团自始至终对于上述公开报道均未做出官方回应。这种"无声"表态实际上等同于默认了墨西哥消费者保护署对该企业忽略当地市场及其法律监管框架的批评。

（二）eBay 的应对情况分析

舆论发酵过程中，最先应对的企业是 eBay。在保护署 2019 年 7 月 3 日首次公开提出批评的 4 天后，eBay 即在 7 月 7 日接受《千年报》采访，对此事做出回应。报道的主体内容为如下。

1. eBay 向《千年报》肯定道：他们将致力于向包括墨西哥在内的全球买家和卖家们提供公平安全的在线平台。[*Para ebay es muy importante dejar saber que la empresa está comprometida en proporcionar un marketplace（mercado en línea）justo y seguro para todos los compradores y vendedores no solo en México，sino en todo el mundo，aseguró la empresa a MILENIO.*]

2. 强调指出："绝大多数 eBay 销售都进行得很顺利，但如果出现问题（未送达、有缺陷、损坏或与广告中发布的商品不符），退款担保可以保护消费者。"（ *La gran mayoría de las ventas en ebay se realizan sin problemas，sin embargo，en caso de que existiera algún problema con una compra，la garantía de devolución del dinero protege a los compradores en caso de que el artículo que pidieron no llegue，esté defectuoso，dañado，o no coincida con lo publicado en el anuncio，destacó.* ）

针对消费者保护署话语中的"危险"，eBay 在应对过程中，引入了"公平安全"的理念，同时将消费者保护署的墨西哥视野提升到全球视角，塑造了一个负责任的跨国企业形象。

由此可见，从话语策略的角度，eBay 并未按照保护署所谓的"因果"策略进行回应，而是从消费者的利益出发，提倡 eBay 公司的全球性、公平性以及安全性，并能承认潜在的问题。但 eBay 表示，退款担保服务使消费者权益始终都能得到保障。通过这一策略，eBay 打破了保护署的逻辑漏洞，直击消费者消费安全这一核心问题。

在事件传播的初期，eBay 的这一回应并未得到消费者保护署的认可，但在事件传播的高峰期，eBay 已摆脱被批评的角色，正如谢菲尔德在 2020 年 2 月 24 日的政府每日新闻发布会上所说："虽然其他像 eBay 一样的公司目前仍未合规，但它们正在与我们协调、努力达到要求，确保我们的消费者地位。"

由此可见，除通过媒体回应之外，eBay 也一直在与消费者保护署沟通协调，以得到官方的认可。值得指出的是在 2020 年 5 月 20 日保护署接受《千年报》采访时，已将亚马孙、美克多和 eBay 称为正规的企业。

此外，Xataka 在 2020 年 2 月 24 日的报道中指出阿里巴巴、eBay 和滴滴均未达到墨西哥法律的要求，并且在文章的末尾指出 Xataka 已经和滴滴以及 eBay 直接联系，以了解公司对于谢菲尔德的言论的态度，如得到进一步的消息，将在网站公布。并且在网站的最新更新中，公布了 eBay 对此事的回应：

> 对谢菲尔德先生的评论表示赞赏。我们期待继续与他和消费者保护署合作，实现我们保护消费者的共同目标。消费者在 *eBay* 上购物始终受到我们的退款保证的保护，并且所有消费者都可以使用当地的争议解决程序。

通过 eBay 的舆论应对情况可以看出，企业在舆论危机出现的第一时刻做出回应的作用是极其微弱的，因此，在做出回应的同时，还需从行动层面解构危机，积极与消费者保护署沟通去解决问题，并且借助媒体的力量，积极回应媒体的质疑，才能最终消解舆论危机。

（三）何塞·索托·加林多的评论文章分析

在墨西哥经济媒体领域，报刊专栏作家是企业公关公司常用的传播渠道之一①。此次事件中，记者何塞·索托·加林多（José Soto Galindo）对此做出了系列报道。他在《经济学人》②（El Economista）上先后发表了三篇评论文章（见表5）。

表5　　　　　　　　加林多在《经济学人》上发表的三篇评论文章

报道时间	报道标题
2020年3月1日	消费者保护署的兔子：亚马孙案（Los conejos de Profeco）
2020年6月21日	消费者保护署的兔子：强制找到他们（Los conejos de Profeco：obligados a encontrarlos）
2020年7月12日	消费者保护署的兔子：无法追踪（Los conejos de Profeco：imposibles de localizar）

在第一篇中，作者对谢菲尔德的指控提出了质疑，并向消费者保护署提交了透明度申请，要求其提供指控阿里巴巴和eBay的相关证明材料，肯定美克多和亚马孙的相关证明材料以及阿里巴巴和eBay不回应消费者保护署的相关证明材料。但最终作者指出，三个方面的材料消费者保护署均不能提供，并附上了谢菲尔德的回信。其中，谢菲尔德指出了阿里巴巴不遵守墨西哥法律的两大行为：（1）阿里巴巴平台未使用墨西哥当地货币标注价格；（2）阿里巴巴在墨西哥没有办事处。经过查证，上述两点分别违反了消费者保护法第三章"信息与广告"第34条（在本国和外国制造的商品或其标签、容器、包装以及广告所显示的信息，应使用通用单位系统、用易读易懂的西班牙文标示，商品价格应用本国货币标示，不影响它们同时使用其他语言或测量单位系统标注），以及消费者保护法第八章"消费者通过使用电子、光纤或任何其他技术方式进行交易的权利"第76条第3款（商家必须在交易前向消费者提供其地址、电话号码和其他联络方式，便于消费者通过上述渠道提出投诉或要求澄清）。但作者指出，这并不足以说明阿里巴巴和eBay无视消费者总

① Vidal, Francisco.（2009）. *El periodismo financiero y económico en México.* 参见http：//investigacion. org. mx/lared/enefeb00/articulo. html.

② 《经济学人》是墨西哥商业经济报刊之一，1988年创刊。

署及其在这些平台上购物不安全的言论。

第二篇是关于墨西哥国家透明度信息获取和个人数据保护研究所（INAI）强制要求消费保护署提供证据证明谢菲尔德对墨西哥电商平台批判言论的客观性。

第三篇则从逻辑的角度解构了消费者保护署互联网企业的评价，指出这一评价体系仅建立在阿里巴巴和 eBay 在墨西哥境内没有注册企业地址这一客观事实之上。除此之外，并无支持谢菲尔德关于墨西哥各种电子商务平台的某些陈述和价值判断的文件。消费者保护署既没有找到消费者保护署寄给阿里巴巴和 eBay 的任何通知或者电子邮件，也没有任何文件可以证明阿里巴巴和 eBay 不遵守墨西哥当局法律。谢菲尔德仅因无注册地址导致消费者保护署无处送达通知，就做出消费者在这些平台购物的权益无法得到保护的评价。同时亚马孙和美客多在墨西哥有办公地址且签署了调解协议来应对消费者的投诉，这两家电商被认为是严肃的合规企业。

三篇报道不断深入挖掘谢菲尔德言论的真实性和有效性，切实解构了消费者保护署对互联网公司的评价体系，指出其中的逻辑漏洞。尽管三篇深度报道并未得到其他主流媒体的转载，传播范围仅局限在《经济学人》的受众之中，但对消费者保护署的话语产生了重要影响：2020 年 11 月 4 日的政府新闻发布会上，消费者保护署对于阿里巴巴的控诉已经变成"无法评估，因此不推荐"。

三　阿里巴巴海外传播面临的困境

墨西哥自马云访问以来一直被阿里巴巴视作在拉美布局的重要市场之一。2017 年 9 月，阿里巴巴与墨西哥政府签署了战略合作协议，致力于帮助墨西哥企业，尤其是中小型企业在阿里巴巴集团旗下的电商平台上出售产品和服务。2020 年 8 月 13 日，阿里巴巴商学院的 Atomic 88 项目正式启动，旨在为墨西哥培养跨境电商人才。新冠肺炎疫情暴发后，马云基金会和阿里巴巴基金会共向墨西哥捐赠了 10 万个口罩、5 万个检测试剂盒和 5 个人工呼吸器，物资于当地时间 2020 年 3 月 31 日抵达墨西哥城。从全局合作上看，阿里巴巴对墨西哥和当地市场的关注和重视是持续连贯的，并积极与墨西哥政府合作，关心墨西哥电商人才发展、牵挂墨西哥疫情，展现出一个负责任大型跨国企业形象。

但从消费者保护署舆论批评危机这一角度来看，阿里巴巴被塑造成了不尊重墨西哥市场，不尊重墨西哥当局，不尊重墨西哥法律，不尊重墨西哥消费习惯，在当地没有办事处，不用当地货币标价，不回应消费者保护署通知，不被消费者保护署推荐的大型跨国互联网电商企业。尽管何塞·索托·加林多已经解构了谢菲尔德控诉的逻辑漏洞，但其指控仍基于两点客观事实：（1）阿里巴巴平台未使用墨西哥当地货币标注价格；（2）阿里巴巴在墨西哥没有办事处。

舆论中的这一反差，反映出阿里巴巴在墨西哥传播的三个主要困境。

（一）布局缺乏全局意识，政策缺乏连贯性

目前阿里巴巴在墨西哥的业务以培训项目 Atomic 88 为主，2017 年以来，其他业务并未有进一步的发展。阿里巴巴的跨境电商业务尚未在墨西哥设立办事处，平台上仍需使用美元结算。由此可见，经过 2017 年的合作高峰后，阿里巴巴在墨西哥并未有后续项目跟进，未能把握好时机，扩展在墨西哥的业务。

（二）地理距离远、文化差异大，对当地政策和习惯缺乏了解

阿里巴巴尽管从宏观上重视墨西哥市场，和政府签署战略协议，疫情期间捐赠物资，但在墨西哥项目的推动仅从自身的角度出发，未对墨西哥当地消费者的实际需求给予足够的重视，对当地市场和消费群体的研究不够深入，加之两国之间客观存在的地理差距及文化差异和阿里巴巴在当地失声的状态，导致消费者对企业的认知停留在主流媒体中呈现出的"他塑"形象，"自塑"与"他塑"严重脱节。

（三）缺少应急管理机制，缺乏自我传播意识

阿里巴巴在舆论方面未对墨西哥市场给予足够的重视，缺乏有效的舆情研判和应对机制，导致对突发舆情事件无法给予有效的回应。另外，由于未设立专业化的团队来制定企业在当地的传播策略，导致企业在媒体中

处于失声的状态，遇到有利的舆论声音时，也未能有效利用，形象一直被动"他塑"。

四　意见与建议

有利的舆论环境有助于企业在当地的业务发展，该舆论事件的产生反映了阿里巴巴海外发展和传播中存在诸多问题。尽管上述事件已结束，阿里巴巴已经错失在危机初期发声回应的机会，但因以此为戒，才能更好地在当地发展。

根据该事件中 eBay 和《经济学人》对事件的回应，本研究结合阿里巴巴的实际情况，提出三点意见与建议。

（一）舆论危机应急管理机制的建立

此次事件中，企业并未及时捕捉到负面消息，且始终处于"失声"的状态，而 eBay 第一时间即采取行动，在舆论危机产生的三天后即通过《千年报》主动发声，就消费者保护署的批评给予回应。在舆论危机应急处理当中，时效性是重要的一环，决定了事件进一步传播的程度和范围，由于 eBay 在初期即进行了干预，后又积极和保护署沟通，主动配合解决问题，导致在舆论传播的高峰期，已摆脱不尊重墨西哥当局、不尊重墨西哥消费者的形象，后进一步成为和亚马孙、美克多一样负责任的电商企业。因此，企业应高度重视当地媒体的相关报道，设立专业化的人员或团队，建立高灵敏度的舆论收集与反馈机制，做到及时发现及时回应。

（二）企业形象传播策略的制定

阿里巴巴需要根据目前的传播现状，制定合理的企业形象传播措施。企业的形象危机已然存在，阿里巴巴需要正视来自官方的批评，首先需要制定"矫形"策略[1]，通过一系列的议程设置，打破墨西哥民众已有的对

---

[1]　韩永青、张燚、张锐、王红君：《基于新媒体社群的中国企业自主品牌矫形传播研究》，《新媒体研究》2020 年第 6 期。

企业的偏见。

同时，需要配套相应的"塑形"策略，积极承担社会责任，主动参与当地的公益活动，重新塑造阿里巴巴的企业形象。在塑形的过程中，摆脱"中国亚马孙"的固有形象限制，加大议程设置，构建中国特色的互联网企业形象。

（三）传播渠道的建设

从《经济学人》就此事件的回应传播情况可以看出，相较于保护署在政府新闻发布会上的言论，其他的回应并未得到其他媒体的广泛关注，由此可见拓宽传播渠道的重要性。只有拓展传播渠道，提高传播能力，才能在出现关键性事件时，让墨西哥民众听到阿里巴巴的官方声音，增强企业在当地的影响力和知名度。

2019 年度中国企业海外形象调查分析报告①显示，墨西哥民众在选择了解中国企业信息的媒体时，首选是本国媒体，其次是其他拉美国家的媒体，排在第三位的是西方国家媒体，接下来才是中国媒体。因此，应加强与当地媒体的联系，主动接受采访，增加曝光度。

此外，应当重视媒体融合，在利用好传统媒体的基础上，充分发挥新媒体平台的作用②。例如目前中国社交媒体软件抖音海外品牌 TikTok 已进入墨西哥市场，迅速成为当地最受欢迎的网络平台之一，包括阿里巴巴在内的电商企业可利用该类短视频平台，积极主动加强在当地消费者中的企业形象"自塑"，增加与当地市场的联系与互动，深入了解各细分市场消费特点，为企业在墨西哥长期健康发展奠定良好基础。

（作者刘冬，浙江外国语学院西方语言文化学院西班牙语系讲师）

---

① 当代中国与世界研究院课题组、翟慧霞：《2019 年度中国企业海外形象调查分析报告——以拉美五国为调查对象》，《对外传播》2020 年第 1 期。

② 龚韵洁：《中美贸易争端背景下拉美媒体上的中国企业形象：以华为为例》，《拉丁美洲研究》2020 年第 6 期。

The Difficulties and Countermeasures of Alibaba's Overseas Communication
—A Case Study of the Crisis of Public Opinion Criticism from the Mexican Federal Consumer Prosecutor's Office

Liu Dong

Abstract: This article takes Alibaba as the research object, and takes the criticism incident of Sheffield, the director of the Mexican Federal Consumer Prosecutor's Office, as an example to explore the difficulties encountered by Chinese companies in spreading their images in Mexico, and puts forward relevant opinions and suggestions. It is found that Alibaba is in a state of "other modelling" in Mexico. As a result of lacking official voices and an effective emergency management mechanism for public opinion crisis, Alibaba is unable to respond effectively to emergencies of public opinion. Therefore, the company needs to establish an effective emergency management mechanism for public opinion crisis, formulate reasonable corporate image communication strategies, and build efficient communication channels in the future.

Key Words: Alibaba; Group Mexico; Overseas communication

论城市居民对营造城市休闲
文化氛围的影响[*]
——以布宜诺斯艾利斯为例

蒋 艳

摘 要：在大量实地走访、查阅官网资料和网络数据的基础上，本文分析了布宜诺斯艾利斯城市居民对营造城市休闲文化氛围的作用。居民主要通过日常生活和休闲活动影响城市休闲文化。居民是行走的城市文化，其独特气质会影响城市休闲文化，如追求欢乐、充满激情、灵魂有趣。灵魂有趣源于自信和包容、普遍的艺术修养、对传统文化的热爱、对知识的渴望等。居民的休闲活动丰富多元，包括体育运动、文化艺术、音乐舞蹈和休闲娱乐等。文化艺术活动从艺术场所、街头艺术、文化艺术投入等角度分析。城市居民对布宜诺斯艾利斯的城市休闲空间产生重要影响，虽然其经验不能直接照搬到中国城市，但中国城市可以鼓励居民在城市休闲和旅游发展中扮演更多角色。

关键词：城市居民；城市休闲空间；文化氛围；布宜诺斯艾利斯

一 引言

随着社会经济的快速发展，越来越多的中国城市将休闲纳入城市功能中。有些城市甚至以休闲作为城市吸引物，其中最具代表性的城市就是杭州。杭州早在 2007 年就提出"东方休闲之都，生活品质之城"的城市形

* 基金项目：浙江外国语学院 2018 年城市国际化研究重大专项课题（2018C02）。

象，每年都加强旅游休闲设施建设，吸引了很多游客，并成为中国最受欢迎的旅游城市之一。

但是，和阿根廷首都布宜诺斯艾利斯（以下简称布市）比起来，杭州乃至中国很多城市的休闲发展都有巨大空间。相比中国大量城市的游客导向型休闲发展，布市的城市休闲发展以居民为导向，也有庞大的民众基础。城市居民是城市休闲文化氛围的载体，构成城市休闲文化氛围的基调。

作者在 2018 年 7 月到 2019 年 7 月对布市做了持续一年的大量实地考察，查阅了大量的官网资料和网络数据，在此基础上，分析城市居民如何营造城市休闲空间的文化氛围。虽然布市的经验不能直接照搬到中国城市，但中国城市可以鼓励居民在城市休闲和旅游发展中扮演更多角色。

城市休闲空间是具有休闲功能的城市公共空间。刘军伟等认为，城市休闲空间是指户外环境[1]，但作者认为，休闲空间也包括室内的休闲消费空间。城市休闲空间的核心是能够满足人们休闲意愿、进行休闲活动的公共空间[2]。

国外学者较早关注的两类城市休闲空间是城市绿色空间（Urban Green Spaces）和公共开放空间（Public Open Space，POS）。城市绿色空间是城市休闲空间的重要构成，具有游憩、健身娱乐设施。[3] 在澳大利亚，公共开放空间是服务于当地社区室外娱乐需求的开放空间，包括特定运动场地和作为开放公园的绿地。[4]

文化氛围是一座城市的灵魂。对于布市来说，这更是弥漫于整座城市的吸引力。城市文化氛围是由人文环境熏染而成的空间文化表征，是弥漫

---

① 刘军伟、张雯雯、叶青：《由休闲商业街谈上海城市休闲空间更新发展——基于上海虹梅路休闲街的实地调查》，《消费导刊》2007 年第 9 期。

② 林章林：《上海城市旅游休闲公共空间的时空演化模式》，《旅游科学》2016 年第 30 期。

③ 余为益、胡红：《城市休闲绿地适老性评价指标体系研究——以上饶中心城老城区为例》，《林业资源管理》2018 年第 4 期。

④ Grose M. J. , "Changing Relationships in Public Open Space and Private Open Space in Suburbs in South-western Australia", *Landscape and Urban Planning*, Vol. 92, No. 1, 2009, pp. 53 –63.

于城市空间的社会"气候"。[①] 文化氛围是地域文化的映射,[②] 包括物质文化氛围和精神文化氛围。精神文化氛围是核心,[③] 包括当地居民的文化素养。[④]

城市居民的日常生活、休闲活动都可以在特定的城市休闲空间中形成特色文化。城市居民的特质和城市休闲空间互相作用。城市居民的活动让城市休闲空间更加生动。城市休闲空间从来都不是一个空洞的空间,而是由各种静态、动态的文化构成。如果说建筑遗产是静态文化的话,城市居民就是动态文化的呈现。反过来,城市居民对于运动、艺术、文化的偏好,也会促使政府在相关领域进行更多投入,进而形成更多相关的城市休闲空间。

二　居民日常生活营造城市休闲空间文化氛围

(一)居民是行走的城市文化

对于外来游客而言,城市居民的特征、偏好等是城市休闲文化的一部分,居民的一举一动都在传递城市文化,并营造出独特的城市休闲氛围。

以布市的犹太人为例。截至 2004 年,布市有大概 20 万犹太人,数量在全世界排名第八[⑤]。布市有许多重要的犹太地标,包括纪念馆、博物馆和文化中心,如著名的犹太社区中心"希伯来协会"、文化中心"西班牙裔犹太人之家"等。犹太人聚居区还有犹太餐馆、犹太教堂等体现犹太文化的城市休闲空间。21 世纪以来,近 75% 的犹太人居住在阿尔马格罗(Almagro)、卡巴利托(Caballito)、克雷斯韦尔(Creswell)、格罗夫兰

---

① 沙莲香:《北京人文环境与城市文化氛围》,《北京社会科学》2004 年第 1 期。

② 陈岩英、谢朝武:《基于氛围管理的历史文化名城的旅游开发研究》,《未来与发展》2010年第 7 期。

③ 龙鸣:《论大学校园文化氛围》,《湖北社会科学》2005 年第 7 期。

④ 许春晓、朱湘平:《旅游地文化氛围的内涵及其测定方案》,《湖南财政经济学院学报》2016 年第 32 卷第 159 期。

⑤ Researchers of ANU Museum of the Jewish People, The Jewish Community of Buenos Aires. The Museum of the Jewish People at Beit Hatfutsot. https://dbs.anumuseum.org.il/skn/en/c6/e212600/Place/Buenos_ Aires, Archived from the original on 13 June 2018. Retrieved 13 June 2018.

（Grovelands）、弗洛雷斯（Flores）、巴勒莫（Palermo）和贝拉尔（Bel-laire）区。在贝拉尔区，犹太人占该区人口的近一半①。

以巴勒莫的犹太人聚居区为例。该社区所在地、解放者大道（Av. del Libertador）旁边有大屠杀广场（Plaza de la Shoá），并设计了大屠杀受害者纪念碑（Monumento a las victimas de la Shoá）。可见，居民的构成会影响城市休闲空间的设计。根据服饰判断，这些居民是正统犹太教信徒。戴着经典的犹太帽（kippah），两边留两根辫子，甚至有些犹太人戴着黑色圆筒高帽，帽子里面是犹太帽。

犹太人聚居社区会有更多犹太人的活动。比如，作者曾于 2018 年 9 月 26 日星期三傍晚，看到一群犹太人在西沃里博物馆（Museo Sívori）旁边的 A. 瓜库拉里·阿蒂加斯中校广场（Plaza Cmte. A. Guacurarí Artigas）公园绿地上做户外礼拜。犹太居民的外形及其日常活动给所在城市休闲空间营造了独特的犹太文化。

布市居民构成，除了犹太人之外，还有很多其他民族的居民。根据《布宜诺斯艾利斯市 2019 年统计年鉴》，2010 年布市有 289.0151 万居民，其中阿根廷人 250.8373 万，外国人 38.1778 万。② 2001 年的人口普查显示，出生在其他国家的居民，排前六位的分别是巴拉圭（Paraguay）、玻利维亚（Bolivia）、秘鲁（Peru）、乌拉圭（Uruguay）、西班牙和意大利。不同族群聚集的城市空间同样会带着自身的文化烙印。这些丰富多彩的文化构成了城市的独特魅力。

（二）居民的独特气质

1. 追求欢乐

布市是一座复杂的城市，其复杂性来自人民。一方面，可以感受到"阿根廷人民在哭泣"，这种忧伤源于阿根廷在经济上的逐步衰退。经济衰

---

① Researchers of ANU Museum of the Jewish People, The Jewish Community of Buenos Aires, https：//dbs. anumuseum. org. il/skn/en/c6/e212600/Place/Buenos_ Aires.

② 《布宜诺斯艾利斯市 2019 年统计年鉴》, https：//www. estadisticaciudad. gob. ar/eyc/？ p = 114177.

退严重到 2019 年国际货币基金组织宣布将延缓阿根廷新一轮贷款发放时间①。近年通货膨胀居高不下，很多人收入锐减甚至失业。由中央银行及 41 家咨询公司每月发布的市场调查（REM）报告显示，根据已经公布的数据显示，2021 年整年的预计通货膨胀率为 50%。②

另一方面，布市居民呈现的欢乐状态与其面临的经济困境形成了鲜明对比。阿根廷人天性欢乐，这源于南欧和南美文化的开朗奔放。但在经济危机中，这种欢乐又带着疯狂和发泄的意味。

游行抗议并不少见，如 2018 年 G20 峰会前夕的公交车司机游行示威、G20 峰会期间居民到五月广场抗议世界各大领导人等。同时，布市居民很擅长将抗议活动娱乐化，如每周大规模的抗议水电费大幅涨价，抗议现场充满娱乐氛围。每到固定时间，居民们就站在阳台上，有节奏地敲打锅碗瓢盆，附近居民交相呼应，把抗议活动演变成锅碗瓢盆多重奏。在街头的抗议则会引起司机的呼应，将道路临时变成娱乐现场。

布市还是全世界"人均心理咨询师最多"的城市③。不少人有每一两周固定做心理咨询的习惯，就像健身一样。这个习惯很多人从中学就开始了。根据作者对一位当地居民的采访，他从中学开始，每周找同一位心理咨询师做心理咨询，且认为心理咨询师帮助他更加快乐。

2. 充满激情

布市是一座激情之城。这里的居民自称港口的人民（Porteños），基本上都是欧洲移民或移民后代，且主要来自热情奔放的西班牙、意大利，也沿袭了这两个国家的文化传统，见面是拥吻礼，瞬间拉近距离。热情的礼仪背后，是热情的文化特质，虽然这种文化特质正在面临经济危机带来的挑战。

布市的激情来自欧洲西语世界的悠久文化传统，也来自南美这片土

---

① 《经济衰退将加剧：国际货币基金组织宣布将延缓阿根廷新一轮贷款发放时间》，阿根廷中文资讯，2019 年 9 月 26 日，https：//mp. weixin. qq. com/s/xTEpTSFM-NG2BMbf7P4TJg.

② 《专家预测阿根廷 2021 年年底美元价格及通胀率将会如何演变？》，阿根廷中文资讯，2021 年 2 月 9 日，https：//mp. weixin. qq. com/s/-5yhLcikf4Wgpw4yxFZnfQ.

③ 人物记者：《为什么在布宜诺斯艾利斯，更容易遇见"有趣的灵魂"？》，《人物》2019 年 7 月 7 日，https：//mp. weixin. qq. com/s/isCF-OgwB25tEGI0Kg0scQ.

地。这里有很多文化的碰撞，包括传统文化与现代文化的碰撞、古老宗教文化和现代偶像文化的碰撞。整座城市交织着各种不同类型的文化，共同的是对足球比赛的热情。这是最能体现阿根廷激情的地方。在音乐方面，探戈是全世界最充满激情的音乐和舞蹈之一，也是最能代表布市灵魂的艺术。很多人热爱探戈，并擅长探戈，也会有很多专门的探戈教学场所。以探戈为主题的场所种类繁多，有探戈剧院、探戈餐馆、探戈酒吧、探戈酒店、探戈咖啡馆等，很多探戈餐馆让观看者一边吃晚餐，一边观看探戈表演。同时也有很多探戈学校。这些场合之所以如此多，和布市居民的性格特质不无关系。反过来，这些场所也强化了布市作为激情之城的城市气质，并被外来游客强烈感知。

3. 灵魂有趣

不管布市居民是忧伤还是欢乐抑或两者兼有，不管布市居民是热情还是冷漠抑或两者兼有，不管布市居民保护传统还是积极创新，他们普遍有趣，并构成整座城市的休闲之魂。

（1）布市居民的有趣源于自信和包容

阿根廷是拉美地区英语水平最高的国家，甚至超过西班牙、意大利、法国等欧洲国家，但整座城市几乎看不到英文，几乎所有城市标识都是西文。他们被称为一群说着西班牙语的意大利人。这种对于祖先文化的骄傲，延续到了日常生活的各个细节。阿根廷人尤其是布市人身上有一种充满礼节的热情，以及作为移民城市居民的包容。

（2）布市居民的有趣源于普遍的艺术修养

在布市，艺术不是阳春白雪，而是深入民间的日常娱乐。最典型的表现是，居民大多穿着平常服装参加音乐会，没有人会刻意穿着礼服进剧院。艺术家们会将芭蕾舞和探戈融合，让人看到艺术的趣味。

对于普通民众而言，艺术已经融入血液，是生活的一部分。布市居民往往有几份工作，很多工作和艺术有关，日常生活也充满音乐和艺术创作。比如布市居民 Santiago 是一位不称自己是"艺术家"的艺术家。他自称"没有什么工作，偶尔打打零工"，事实上，他有三支乐队，自己演奏小号、钢琴和吉他，偶尔写诗、拍短片、搞地下艺术展，有空兼职做邮差送信，日常还会做一些自娱自乐的艺术创作。还有两位在医院工作的药师

Laura 和 Juan，除了日常工作，还研究陶艺，学习日本绘画和汉语。作者的朋友 Diego 有四份工作：在博物馆当导游，在大学授课，同时提供商业广告摄影、布市旅游私人管家服务。这种工作和生活状态本身就很有趣。作者认识 Diego 就是因为他提供的非常专业的导游服务。他在 Instagram 上有大量的摄影作品，有很高的艺术水准，这些摄影作品内容包括个人日常生活和商业广告。他只是诸多布市居民的一个缩影，即艺术已经融入他们日常工作生活的每个细节。

来自法国的 Filo 的评价点出了布市居民的有趣："在巴黎可不一样，法国人虽说是出了名地热爱艺术，但他们大多自傲于艺术家身份，整日大谈艺术却又彼此相轻。在这里呢，人人都很艺术，可他们认为这没什么了不起，觉得所有人都一样。这才是他们最酷的地方。"这种酷正是布市的休闲之魂。

（3）布市居民的有趣源于对传统文化的热爱

布市居民对传统文化的尊重和保护，体现在各个方面，最典型的体现是对传统建筑的保护。城市历史机构（Instituto Histórico de la Ciudad）是布市的文化机构，每年都有很多活动。其中，2019 年举办了 199 场活动，有 42450 人参加①。

表1　布宜诺斯艾利斯市 2010 年、2017—2019 年城市历史机构开展的
不同类型活动和参加者数量

（Actividades desarrolladas y asistentes al Instituto Histórico de la Ciudad por tipo de actividad. Ciudad de Buenos Aires. Años 2010 – 2017/2019）

活动类型	2010 年		2017 年		2018 年		2019 年	
	活动（场）	参加者（人）	活动（场）	参加者（人）	活动（场）	参加者（人）	活动（场）	参加者（人）
总计	244	8568	201	5997	315	14173	199	42450
研讨会	1	43	15	2177	65	3259	10	64
课程	—	—	—	—	—	—	—	—
会议	—	—	12	136	1	20		

① 《布宜诺斯艾利斯市 2019 年统计年鉴》，https：//www. estadisticaciudad. gob. ar/eyc/? p = 114177.

续表

活动类型	2010 年		2017 年		2018 年		2019 年	
	活动 （场）	参加者 （人）	活动 （场）	参加者 （人）	活动 （场）	参加者 （人）	活动 （场）	参加者 （人）
工作坊	—	—						
节选	3	2675	2	293	16	6422	—	—
城市对话	23	1200	1	90	32	1106	—	—
引导参观	212	3921	171	3301	201	3366	154	39938
其他	5	729	—	—	—	—	35	2448

注：其他包括书籍介绍、电影放映和会议。

历史文化遗产保护委员会也会举办不同活动，包括文化活动、外联活动和引导参观等。其中2019年举办了123场活动，有3188人参加，其中外联活动79场、参观44场，参加人数分别为2249人、939人[①]。

表2　布宜诺斯艾利斯市2010年、2017—2019年历史文化遗产保护
委员会开展的不同类型活动和参加者数量

（Actividades desarrolladas y asistentes a la Comisión para la Preservación
del Patrimonio Histórico Cultural por tipo de actividad. Ciudad
de Buenos Aires. Años 2010 – 2017/2019）

| 年份 | 总计 | | 活动类型 | | | | | |
| | | | 文化类 | | 外联活动 | | 引导参观 | |
	活动	参加者	活动 （场）	参加者 （人）	活动 （场）	参加者 （人）	活动 （场）	参加者 （人）
2010	209	21444	25	11500	101	5711	83	4233
2017	130	4333	s/a	s/a	50	1710	80	2623
2018	157	4031	s/a	s/a	75	2039	82	1992
2019	123	3188	s/a	s/a	79	2249	44	939

注：文化类活动包括展览、节选、城市周期等；其他包括书籍介绍、电影放映和会议；外联活动包括介绍书籍、研讨会、讲座、座谈会和其他活动。

---

① 《布宜诺斯艾利斯市2019年统计年鉴》，https：//www. estadisticaciudad. gob. ar/eyc/? p = 114177.

还有，遗产电车的可持续运营有赖于非营利性组织电车之友协会
（Asociación Amigos del Tranvía，AAT）的投入，以及居民对于传统电车的
兴趣。电车车厢内有关于电车之友协会的简要介绍，以及这节车厢的相关
背景知识介绍，如这是布市的第一辆电动火车。电车在行驶过程中，还会
有穿着机长制服的工作人员讲解关于电车的相关知识。为了实现电车的可
持续性运营，电车上销售相关书籍、手册、钥匙链、杯子等纪念品，价格
为 80 比索、120 比索不等。电车上还有一家比萨店广告，以获得更多
收入。

（4）布市居民的有趣源于对知识的渴望

布市不只拥有世界上最美的书店"雅典人书店"（El Ateneo Grand
Splendid），整座城市都遍布书店。布市的书店同样接地气。它们既不是
网红打卡地，也不是文学坐标，更不贩卖文艺情怀，只是像超市、药店
一样，开遍整座城市。除了大量一手书店，还有大量二手书店。比如，
José Hernández 地铁站附近，这个街区算不上以文化艺术著称，但在一千
米范围内开着七八家书店。作者也曾在意大利广场附近的旧书摊，以低
廉的价格，买到近十本高质量的旧书，甚至有一本堪称收藏级别的图书，
出版于一百年前。总之，布市作为"世界人均书店最多的城市"，名不
虚传。

布市还有很多各种类型的图书馆。《布宜诺斯艾利斯市 2019 年统计年
鉴》统计了布宜诺斯艾利斯市政府所属不同类型图书馆 2010 年、2017—
2019 年读者和借阅作品的数量。2019 年，全部读者有 194006 人，其中成
人 165174 人、儿童 28832 人。借阅的作品总共有 289125 部，其中成人
238098 部、儿童 51027 部①。

---

　① 《布宜诺斯艾利斯市 2019 年统计年鉴》，https：//www. estadisticaciudad. gob. ar/eyc/？ p =
114177.

表3   **布宜诺斯艾利斯市政府所属不同类型**

图书馆 2010 年、2017—2019 年读者和借阅作品数量

（Lectores y obras consultadas en bibliotecas del GCBA por tipo de

biblioteca. Ciudad de Buenos Aires. Años 2010 – 2017/2019）

图书馆	2010 年		2017 年		2018 年		2019 年	
	读者（人）	作品（部）	读者（人）	作品（部）	读者（人）	作品（部）	读者（人）	作品（部）
全部	172199	396396	123065	223656	130892	204902	194006	289125
成人小计	142131	326698	103873	188018	106503	161495	165174	238098
Alfonsina Storni	2990	5668	888	919	545	555	415	417
Álvaro Yunque	s/a	s/a	s/a	s/a	s/a	s/a	s/a	s/a
Antonio Devoto	5728	13348	4224	10541	4471	10611	4495	9132
Benito Lynch	863	1583	1760	3558	1542	2950	1900	3107
Carlos Guido Spano	9152	20428	7115	9052	5805	7885	5207	7031
Casa de la Lectura ex Julio Cortázar	4723	7873	5102	3054	17699	10293	22833	9937
Chorroarín	4031	6831	841	1508	s/a	s/a	129	—
Circe	90	159	209	249	288	299	370	397
Del Barco Centenera	17038	24908	5792	6489	5526	6375	4695	5390
Enrique Banchs	s/a	s/a	s/a	s/a	s/a	s/a	s/a	s/a
Estanislao del Campo	3929	4041	2773	2668	2918	2380	3175	3210
Evaristo Carriego	287	299	s/a	s/a	s/a	s/a	s/a	s/a
Fernández Moreno	2682	4229	3736	5170	2772	3699	2783	3459
Hilario Ascasubi	3092	6829	4286	6955	5560	9482	6160	10143
Javier Villafañe	6903	19806	2137	3959	1725	2708	1829	2539
Joaquín V. González	2965	6267	3234	4394	3695	4725	6524	8025
José Hernández	3054	5719	116	255	2092	4289	1890	3841
José Mármol	15493	51194	18247	40316	16667	44190	14626	40955
Julio C. Saguier	4831	11904	1829	6035	2082	3658	2192	3741
La Prensa	7013	13164	2364	5329	1927	4606	1617	4219
Leopoldo Lugones	15960	64064	9059	22576	62	84	28384	35355
Manuel Gálvez	7726	11948	3971	7887	3291	3892	2751	3549
Mariano Pelliza	5058	8060	4014	10137	4003	9871	4424	11028

续表

图书馆	2010 年		2017 年		2018 年		2019 年	
	读者（人）	作品（部）	读者（人）	作品（部）	读者（人）	作品（部）	读者（人）	作品（部）
Mediateca de Patrimonio	2558	4609	—	—	—	—	—	—
Miguel Cané	8897	21224	5191	12459	2477	5685	6845	13705
Norah Lange	—	—	993	—	756	—	302	405
Parque de la Estación	—	—	—	—	—	—	20153	36406
Parque Patricios	591	812	—	1323	—	1027	—	—
Rafael Obligado	1577	3201	1608	950	3177	1471	3024	1021
RicardoGüiraldes	4329	7790	6976	13656	9558	12024	10030	12213
Saavedra	571	740	7408	8579	7865	8736	8421	8873
儿童小计	30068	69698	19192	35638	24389	43407	28832	51027
Álvaro Yunque	5053	7678	1703	3337	2312	3762	1681	3151
Antonio Devoto	1493	2615	1648	3870	2069	5309	2307	4943
Benito Lynch	1440	3436	1867	3581	1508	3060	2048	3350
Casa de la Lectura ex Julio Cortázar	—	—	—	—	2218	5968	3170	7699
Del Barco Centenera	5340	10286	2803	3857	2866	3063	1988	2088
Enrique Banchs	3499	9238	3611	4748	4479	5936	5321	7161
Javier Villafañe	5974	14236	1982	3369	1812	2562	2017	2861
Joaquín V. González	1372	3579	1883	3087	2286	2907	3529	4983
José Mármol	s/a	s/a	s/a	s/a	s/a	s/a	s/a	s/a
Julio C. Saguier	2886	4549	660	1496	1155	1985	1163	2001
La Reina Batata	s/a	s/a	2278	6120	3312	7846	4463	10234
Leopoldo Lugones	1689	10345	—	s/a	—	s/a	s/a	s/a
Miguel Cané	1322	3736	757	2173	372	1009	1145	2556
Ricardo Güiraldes	s/a	s/a	s/a	s/a	s/a	s/a	s/a	s/a

注：①s/a 指没有借阅活动。

②2000 年一些图书馆设立了儿童专用室，称为儿童图书馆；他们向 12 岁以下读者提供服务。自 2011 年 3 月起，城市公园图书馆被称为诺拉·兰格（Nora Langer）。自 2017 年 10 月起，Julio Cortázar 图书馆（成人）改名为阅读之家（Casa de la Lectura）。自 2018 年 1 月以来，儿童图书馆一直在阅览室运作。

　　除了图书馆之外，还有各类文化中心。根据《布宜诺斯艾利斯市 2019 年统计年鉴》介绍，2019 年，圣马丁将军文化中心 1041 场文化类活动，134311 人参加；有 607 场教学类活动，7838 人参加；还举办 34 场会议，6980 人参加，还有 10 场其他活动，1490 人参加①。圣马丁将军文化中心只是诸多文化中心之一。

表4　　　　　　圣马丁将军文化中心 2010 年、2017—2019 年
不同类型的活动数量及参加人数

（Actividades desarrolladas y asistentes al Centro Cultural General San Martín por tipo de actividad. Ciudad de Buenos Aires. Años 2010 – 2017/2019）

活动类型		2010 年	2017 年	2018 年	2019 年
文化类	活动数量（场）	506	930	1017	1041
	参加人数（人）	198408	118281	153435	134311
教学类	活动数量（场）	406	473	574	607
	参加人数（人）	6417	6590	7134	7838
会议	活动数量（场）	8	66	66	34
	参加人数（人）	3150	21033	18888	6980
提议	商讨实体数量	8831	1355	1355	—
	顾问人数（人）	2388	1950	1262	—
其他	活动数量（场）	104	12	40	10
	参加人数（人）	13538	5300	6262	1490

　　注：①从 2009 年起，文化类的活动包括"5 月 25 日文化综合体"的活动和参加者，该综合体于 2008 年 10 月由圣马丁将军文化中心管理。

　　②教学类的活动，估计每月最多参加人数和活动持续时间。

　　③其他包括讲座、颂扬、书籍推介和研讨会。

　　总之，布市是一座复杂、绚丽的城市，这源于其多元包容的文化、精彩丰富的内涵，而这些都通过当地居民传递出来。正是一个个有趣的灵魂，构成了一座有趣的城市。

---

　　①《布宜诺斯艾利斯市 2019 年统计年鉴》，https：//www. estadisticaciudad. gob. ar/eyc/？p = 114177.

三 居民休闲活动营造城市休闲空间文化氛围

居民除了通过自己的日常活动影响城市文化外，还会通过休闲活动，在城市中留下自己的文化烙印。布市之所以是一座文化之城、艺术之城，是因为这些文化和艺术体现在居民身上。以下从体育运动、文化艺术、音乐舞蹈、休闲娱乐等方面展开分析。

（一）体育运动

很多布市居民热爱体育运动。从《布宜诺斯艾利斯市 2019 年统计年鉴》可以看到，布宜诺斯艾利斯市政府所属体育中心 2019 年居民参加体育活动的种类高达几十种，参加人群合计 35533 人，其中男性 14987 人、女性 20546 人；儿童 12983 人、青少年 3999 人、成年人 16449 人、老年人 2101 人①。

表5 布宜诺斯艾利斯市政府所属体育中心 2019 年不同年龄
性别每月平均参加体育活动的人数

（Promedio mensual de asistentes a actividades deportivas dirigidas en polideportivos
del GCBA por categoría de edad y sexo según tipo de actividad.

Ciudad de Buenos Aires. Año 2019）单位：人

活动类型	总计	年龄和性别类别									
		总计		儿童		青少年		成年人		老年人	
		男性	女性	男性	女性	男性	女性	男性	女性	男性	女性
总计	35533	14987	20546	7533	5450	2298	1701	5010	11439	144	1957
水上健身	2117	126	1991	—	—	2	20	83	1348	40	623
有氧运动	38	3	35	—	—	—	—	3	35	—	—
有氧拳击	227	27	199	—	—	—	—	27	199	—	—

---

① 《布宜诺斯艾利斯市 2019 年统计年鉴》，https：//www. estadisticaciudad. gob. ar/eyc/？ p = 114177.

续表

活动类型	总计	年龄和性别类别									
		总计		儿童		青少年		成年人		老年人	
		男性	女性	男性	女性	男性	女性	男性	女性	男性	女性
国际象棋	32	21	11	16	6	—	—	5	5	—	—
武术	257	108	149	24	26	15	8	69	115	—	—
田径	1897	1144	752	879	553	211	178	55	21	—	—
羽毛球	79	46	33	46	33	—	—	—	—	—	—
篮球	1283	1059	224	569	165	476	52	14	6	—	—
棒球	305	283	22	283	22	—	—	—	—	—	—
BMX	94	85	8	—	—	—	—	85	8	—	—
拳击	268	181	87	102	40	—	—	79	47	—	—
巴西战舞	77	46	31	14	12	9	4	23	15	—	—
自行车	91	55	36	—	—	—	—	55	36	—	—
唱诗班	189	13	176	—	—	—	—	—	—	13	176
Crossfit	56	13	43	—	—	—	—	13	43	—	—
舞蹈	150	—	150	—	150	—	—	—	—	—	—
幼儿体育	772	415	357	415	357	—	—	—	—	—	—
功能训练	264	86	178	—	—	—	—	86	178	—	—
击剑	60	8	53	8	53	—	—	—	—	—	—
民俗	60	0	60	—	—	—	—	—	—	0	60
足球	3257	2866	391	2289	173	544	166	33	52	—	—
本土体操	4822	304	4518	2	2	—	0	265	3646	37	871
艺术体操	1622	45	1576	22	846	17	144	5	587	—	—
吉他	8	3	5	—	—	3	5	—	—	—	—
手球	700	351	349	234	220	116	129	—	—	—	—
曲棍球	309	35	274	23	174	4	59	7	41	—	—
举重	132	92	40	—	—	—	—	92	40	—	—
游泳	5131	2143	2987	1123	1056	290	345	717	1549	14	38
Newcon	770	326	444	—	—	—	—	306	429	20	15
滑冰	623	17	607	5	576	12	31	—	—	—	—
附加举重	2994	2037	957	88	47	58	35	1881	873	10	2

续表

活动类型	总计	年龄和性别类别									
		总计		儿童		青少年		成年人		老年人	
		男性	女性	男性	女性	男性	女性	男性	女性	男性	女性
普拉提	156	2	154	—	—	—	—	2	154	—	—
跑步	137	29	108	8	22	—	—	20	86	—	—
拉伸	473	19	455	—	—	—	—	19	433	—	22
跆拳道	1554	1025	529	710	356	131	72	184	101	—	—
心理健康工作坊	118	100	18	—	—	—	—	100	18	—	—
Tejo	25	9	16	—	—	—	—	—	—	9	16
网球	1769	1113	656	515	246	140	66	459	344	—	—
射箭	11	8	3	8	3	—	—	—	—	—	—
排球	1279	530	749	139	282	258	308	132	159	—	—
瑜伽	1070	187	883	12	31	—	—	175	717	—	135
尊巴舞	258	26	232	—	—	11	77	15	154	—	—

注：武术包括柔道、空手道、相扑和太极拳；拳击包括休闲拳击；本土体操包括体操、有氧体操、协调体操、造型体操和动作舞蹈；艺术体操包括竞技体操和青少年竞技体操；滑冰包括艺术滑冰；网球包括乒乓球和综合网球；尊巴舞包括萨尔萨舞。

　　布市居民参加体育活动比较频繁。由表 6 可见，布宜诺斯艾利斯市政府所属体育中心 2019 年总计 28 个，平均每月参加人数 220736 人。该体育中心只包括活动娱乐场（PRA）和活动娱乐中心（CRA），因为这些可以进行统计。考虑到布市 2010 年人口只有 2891082 人[①]，仅仅去市属体育中心进行体育活动的、被统计的人数已经占总人口的 7.6%[②]。

---

① Censo 2010. Resultados provisionales：cuadros y gráficos, Internet Archive, https：//web. archive. org/web/20101220143832/http：//www. censo2010. indec. gov. ar/preliminares/cuadro_ to-talpais. asp.

② 《布宜诺斯艾利斯市 2019 年统计年鉴》, https：//www. estadisticaciudad. gob. ar/eyc/？ p = 114177.

表6　　　　2019 年布宜诺斯艾利斯市政府所属每个社区体育中心和
平均每月参加免费体育活动者数量

（Polideportivos y promedio mensual de asistentes a

actividades deportivas libres en polideportivos del GCBA por

comuna. Ciudad de Buenos Aires. Año 2019）

社区	体育中心（个）	平均每月参加人数（人）
总计	28	220736
1	3	4418
2	—	—
3	1	1048
4	3	60905
5	4	5691
6	—	—
7	5	16709
8	—	—
9	3	54326
10	3	7184
11	1	8387
12	1	43519
13	1	3157
14	2	12678
15	1	2715

布宜诺斯艾利斯市政府所属体育中心 2019 年平均每月参加免费体育活动的人数也很多，总计 220736 人，其中男性 139478 人、女性 81257 人；儿童 41241 人、青少年 75087 人、成年人 76189 人、老年人 28219 人。这些免费的体育活动，相比收费的体育活动，又增加了一些活动，如 Bochas（一种将球靠近另一个较小球的活动）。教育机构指的是，公立学校的学生在体育中心从事的体育活动。娱乐包括民俗、曲棍球、举重、探戈和瑜伽。①

———————

① 《布宜诺斯艾利斯市 2019 年统计年鉴》，https：//www. estadisticaciudad. gob. ar/eyc/？ p = 114177.

表7　布宜诺斯艾利斯市政府所属体育中心2019年
不同年龄性别平均每月参加免费体育活动的人数

（Promedio mensual de asistentes a actividades deportivas libres en polideportivos
del GCBA por categoría de edad y
sexo según tipo de actividad. Ciudad de Buenos Aires. Año 2019）　单位：人

活动类型	总计	年龄和性别类别									
		合计		儿童		青少年		成年人		老年人	
		男性	女性	男性	女性	男性	女性	男性	女性	男性	女性
总计	220736	139478	81257	25523	15718	48325	26762	47898	28291	17732	10487
有氧运动	701	357	343	—	—	23	21	253	242	82	81
田径	24291	12663	11629			3603	3184	5754	5287	3305	3157
篮球	10899	8352	2547	1943	650	3701	1120	2553	699	156	78
棒球	1242	705	537	68	48	253	187	383	302	—	—
Bochas	623	621	2	—	—	—	—	1	—	620	2
自行车	2921	1685	1236	193	142	282	222	1109	805	101	68
教育机构	18515	10770	7746	3151	3004	7287	4712	241	22	92	8
足球	49772	45583	4189	8655	826	15915	1556	15394	1444	5619	362
体操	1287	483	804	38	93	143	198	176	324	125	189
高尔夫	2381	2318	63	—	—	13	—	1722	—	583	63
手球	311	147	164	44	42	69	80	30	39	4	4
水下曲棍球	10395	5046	5349	503	486	1554	1419	1969	2108	1020	1336
社交游戏	7834	4188	3646	1050	719	1184	1505	1459	449	357	
游泳	5169	2617	2553	687	621	519	473	1020	993	390	466
滑冰	3437	814	2624	231	1051	306	913	268	582	8	78
被动娱乐	24503	12662	11841	3198	2997	4432	3632	3002	3278	2030	1934
娱乐	34603	18205	16398	4520	3847	5138	4488	7093	6588	1455	1476
垒球	1366	781	585	123	87	270	187	388	312	—	—
跆拳道	234	114	121	40	36	41	42	4	4	28	38
Tejo	115	114	1	—	—	38	0	54	1	22	—
网球	10325	6489	3835	560	355	1729	1013	3080	1836	1119	631
克里奥尔网球	538	471	67	—	—	9	2	41	14	421	51
排球	9273	4296	4977	517	716	1817	2202	1858	1952	104	107

作者曾和一些当地居民交谈，他们普遍认为，布市居民，尤其是富人区的居民，不管男女老少都热爱体育活动。这和作者的观察一致。布市有大片的绿色空间，每天早晚，都有很多居民在跑步或进行力量训练。运动内容也丰富多彩。从统计年鉴数据也可以看到，布市居民最喜欢的运动是足球。布市有两大足球俱乐部，即河床队和博卡青年队，粉丝席卷全城。总部设在布市的足球俱乐部，举办锦标赛卖出的门票数量，2016 年到 2018 年分别是 439212 张、379327 张和 330532 张①。

公园里主要是个体运动，以跑步居多，还有滑板、球类运动等。在很多公园都可以看到一些教练在带领球员做基础训练和其他一些专业训练。还有很多人在教练带领下，进行体能或塑形训练，包括平板、瑜伽等。

阿根廷人对体育的热爱是全民性的。当地政府也会尽量满足民众的需求。比如 2018 年的青年奥运会，从开幕式表演到所有场馆的比赛都是免费的，目的就是让更多民众参与。虽然阿根廷目前正经历经济危机，但阿根廷奥委会主席韦特因认为："阿根廷办赛的目的不是赚钱，也不是修建多少个大型体育场，而是要让体育更加便宜、更加城市化、更加贴近民众，因为奥林匹克不应该只是属于有钱人的，应该是对所有人开放、让所有人参与的。"②

（二）文化艺术

热爱艺术，源于阿根廷长年富裕的积累，以及阿根廷的自由主义土壤。艺术融入每个人的生活。以涂鸦为代表的艺术遍布城市的每个角落，其他各种风格的艺术创作也渗透在城市的每个空间。几乎所有的高校、文化中心、博物馆等场所，都有绘画作品。而且，艺术创作的热情在这些文化场所持续生长。

1. 艺术场所参观

由于居民对于艺术欣赏的需求，博物馆、艺术馆等艺术品收藏场所遍

---

① 《布宜诺斯艾利斯市 2019 年统计年鉴》，https：//www. estadisticaciudad. gob. ar/eyc/？p = 114177.

② 陶玥阳：《记者手记：青奥赛场感受阿根廷人的体育热情》，新华网，2018 年 10 月 12 日，http：//www. xinhuanet. com/sports/2018-10/12/c_ 1123551476. htm.

布城市各类场所，包括大学、企业、文化中心、政府部门等。表 8 是市政府所属各博物馆在 2010 年、2017—2019 年的活动出席人数。2019 年布市有 1032480 人到访这些博物馆。①

表 8　　　　**布宜诺斯艾利斯市政府所属各博物馆 2010 年、**
2017—2019 年活动参观人数

（Asistentes a actividades de los museos del GCBA por museo.

Ciudad de Buenos Aires. Años 2010 – 2017/2019）　　　　单位：人

年份		2010 年	2017 年	2018 年	2019 年
博物馆	总计	555869	796763	724168	1032480
	现代艺术博物馆	3413	204902	108502	26709
	卡洛斯·加德尔故居博物馆	23156	11319	11599	22125
	萨维德拉先生博物馆	14778	235738	20059	20402
	城市博物馆	28466	40282	71617	76155
	电影博物馆	4223	2334	29817	569
	博物馆总局	49914	39821	12002	2897
	爱德华多·西沃里博物馆	111537	42744	63401	82238
	恩里克·拉雷塔博物馆	73222	53723	73339	91123
	费尔南德斯·布兰科博物馆	79991	103363	109266	137055
	何塞·埃尔南德斯博物馆	26568	25929	26539	40278
	路易斯·佩洛蒂博物馆	7599	15602	17496	26526

表 9 是布市国家博物馆 2010 年、2017—2019 年的参观者人数。2019 年有 1451263 人参观这些博物馆。2019 年布市合计有 2483743 人次参观国家和市属博物馆。②

---

① 《布宜诺斯艾利斯市 2019 年统计年鉴》，https://www.estadisticaciudad.gob.ar/eyc/? p = 114177.

② 《布宜诺斯艾利斯市 2019 年统计年鉴》，https://www.estadisticaciudad.gob.ar/eyc/? p = 114177.

表 9　　　　　　　　　布宜诺斯艾利斯国家博物馆 2010 年、
2017—2019 年的参观者人数

（Asistentes a museos nacionales ubicados en la Ciudad de Buenos Aires
por museo. Ciudad de Buenos Aires. Años 2010 - 2017/2019）　单位：人

博物馆	2010 年	2017 年	2018 年	2019 年
总计	1529148	1611802	1482687	1451263
伊鲁蒂亚之家	6116	s/a	s/a	s/a
国家历史博物馆	18732	76525	69554	73169
卡比尔多国家博物馆	121176	369091	503517	551985
萨米恩托历史博物馆	14199	22941	28271	56926
米特雷博物馆	1246	6864	3839	9845
国家装饰艺术博物馆	66198	82285	103205	92069
东方艺术博物馆	s/a	s/a	s/a	57083
国家美术馆	1250000	650567	633462	435047
国家服装历史博物馆	17200	8013	9227	8619
国家雕刻博物馆	s/a	s/a	s/a	
里卡多·罗哈斯故居博物馆	s/a	5194	6627	9172
国家苹果灯委员会	21627	32320	15953	51753
岩石历史研究所	—	s/a	3940	8871
国家戏剧研究所	12654	s/a	842	6084
人类博物馆	—	1162	13912	13415
二百周年纪念馆	—	16133	36366	37496
书籍和语言博物馆	—	33840	—	
马岛和南大西洋群岛博物馆	—	220987	53972	39729
冰川宫	—	85880	s/a	s/a

　　以上表格仅列出了市属和国家博物馆的参观者信息。市属博物馆仅有 11 家，国家博物馆仅有 19 家。事实上，博物馆数量远不止于此，参与人数也远大于这个数量。旅行软件猫途鹰（tripadvisor）上就列出了 188 家博物馆。作者曾经参观过很多博物馆、艺术馆或各类艺术展，不管是免费还是收费，观众都很多。

2. 街头艺术创作

除了正规艺术场所，在街头也可以明显看到阿根廷居民对艺术的热爱。2019 年 7 月 12 日晚上，作者在科连特斯大道（Av. Corrientes）的一侧步行街上，看到有人在地面上进行艺术绘画创作。根据作品的完成情况来判断，这个创作已经持续了若干小时。周围聚集着很多人，在一旁欣赏街头绘画创作。创作者在旁边放置一个容器，供观众随意给小费。类似这样的街头艺术创作并不少见。

除了表演性质的艺术创作外，还有一些是商业艺术创作。比如很多人摆地摊出售的项链、手链、手镯和戒指等首饰、各种有创意的生活用品或摆件等，都是自己设计并制作。虽然这些作品质量各异，但都非常独特，仅此一件。此外，很多食物车都装饰得非常独特而漂亮。

如果说，街头艺术创作、设计并制作充满创意的生活用品或装饰品，是为了谋利，装饰食物车是为了吸引顾客注意，进而获得更多收入，还有一些则是完全非营利性的，比如纯属个人爱好而创作的城市涂鸦。作者曾在泰晤士街上看到一棵穿着非常漂亮的钩针毛衣的树。绚烂的色彩既体现了布市居民对自身生活环境的爱护，也体现了其高超的审美水准。居民普遍良好的审美品位，让他们善于把普遍的城市设施转化为美的呈现，比如大量普通民居的墙面设计、街头售卖亭上的涂鸦创作、地面上的艺术创作、极富设计感的自行车停靠点等。一点一滴的艺术创意，汇聚成整座城市的文化氛围。

3. 文化艺术投入

在社会环境的全面熏陶下，布市居民的审美品位普遍在线。反过来，布市居民对于艺术的热爱，也促进政府对于文化场所投入的倾斜。比如，布市有大概 300 个大大小小的文化中心，或是全市性的，或是社区性的，或是团体性的，这些文化中心无一例外都为居民的休闲活动提供了城市休闲空间。很多大型的文化中心如 CCK，几乎每天都会推出很多艺术活动。布市也会定期推出一些活动，以满足居民需求，如 2018 年的博物馆之夜、2019 年的熟悉阿根廷古迹活动，每年都有类似活动。每个活动都有很多居民参与。这既丰富了城市休闲空间，又推动了艺术文化活动，扩展了城市休闲空间。

（三）音乐舞蹈

布市居民普遍热爱音乐舞蹈，其中最有名的是探戈。因此，这里有很多探戈学校，供各个水平的人学习。以"芯片探戈"（La Viruta Tango）为例，它位于巴勒莫的文化中心"亚美尼亚慈善总会"（Unión General Armenia de Beneficencia，UGAB）的楼下，这只是众多舞蹈学校中的一种，学习探戈等各种舞蹈。作者结合实地考察和网络资源进行介绍。

该休闲场所提供团队和个人探戈课程，舞蹈包括探戈、摇滚、萨尔萨（Salsa）舞、巴查打（Bachata）舞蹈、米隆加（Milonga）探戈等。每天都有舞蹈教学活动，有些是面对刚入门的学员，有些是面对水平较高的学员①。周一是探戈（晚上 7 点开始）、萨尔萨舞（晚上 9 点半开始）、巴查打舞蹈（晚上 8 点半开始），晚上 10 点半后，自由练习萨尔萨舞和巴查打舞蹈；周二是米隆加探戈（晚上 6 点半开始）、探戈（晚上 7 点半开始）、萨尔萨舞（晚上 8 点半开始），10 点以后是自由萨尔萨舞和巴查打舞蹈；周六是探戈（晚上 7 点开始）、民俗（晚上 8 点开始）、摇滚（晚上 9：15 开始）、探戈（晚上 10：45 开始），0 点是米隆加探戈，凌晨 1 点是现场管弦乐队表演②。周三、周四、周五和周日是探戈、摇滚、萨尔萨舞、巴查打舞蹈、米隆加探戈教学和练习。

老师教跳舞，学员自己练，中途有休息。有集体授课，也有自由跳舞，互相交叉。每天不同舞蹈课程安排都会在主页上显示。这里也提供各种食物和饮料。除此之外，也有一些表演服务。这既是探戈舞蹈学校，又是休闲娱乐场所，更是现代音乐世界。这些舞蹈学校的大量存在，需要市场的支撑。比如"维鲁达探戈俱乐部"（La Viruta Tango Club）舞蹈学校，基本上都是通宵跳舞到第二天早上。从这家舞蹈学校的营业时间，可看到布市人对于舞蹈尤其是探戈的热爱。

除了专门的音乐舞蹈营业场所（如探戈学校），还有一些文化中心

---

① ¡Bienvenidos a La Viruta Tango Club!，La Viruta Tango Club，https：//lavirutatangoclub.com/la-viruta/.

② Nuestras Clases，La Viruta de Solanas，http：//www.lavirutadesolanas.com/clases-bailes/.

（如 CCK）会不定期举办音乐舞蹈活动，并将消息发布在脸书（Facebook）上，吸引居民前往。热爱舞蹈的居民可以乘此机会和其他人尤其是舞蹈老师切磋舞蹈技艺。

除了室内音乐舞蹈场所，还有街头音乐表演。如 2019 年 7 月 12 日，作者看到一位十几岁的青少年在街头满怀激情地表演组合乐器，引起很多人的围观。有些表演纯粹为了获得小费，而有些表演也同时为了传播该种艺术形式。这类街头艺术活动的可持续开展，都离不开居民的支持。

（四）休闲娱乐

1. 居民普遍热爱休闲娱乐

每到周末、节假日，如果天气好，都会全家人到一些城市绿地空间，如世纪公园、帆船赛湖（Lago de Regatas）附近的公园等度过休闲时光。一般都会自备躺椅、折叠桌、饮料和食物，包括喝马黛茶的热水瓶和茶具，在绿地上，或躺或坐，晒太阳、聊天、看书、打牌、跑步、快走、骑自行车、打球、踢足球。

为了满足居民的需要，一些户外运动俱乐部往往会设在这些公园附近或公园里，甚至部分公园还提供骑马服务等。为了方便居民跑步，有些公园会设计跑道。为了满足居民的餐饮需要，一些公园路边会有一些简易的餐车，提供烤肉、炸薯条等阿根廷本地快餐食物。还有街头艺人表演，围观人群与之互动、共舞。

很多布市居民都有自娱自乐精神。2019 年 7 月 14 日星期日早晨，作者在巴勒莫区的拉斯赫拉斯将军大道上等公交车时，远远地看到一位老年男性从路左边骑车过来。他双手伸展，努力保持平衡，感觉像在表演杂技。看得出来，他非常陶醉其中。虽然穿行在汽车中间非常危险，不值得提倡，但是很多类似这样的自娱自乐场面让人看到布市居民的悠闲状态。休闲不仅仅是指活动，更是一种存在状态，而休闲状态最直接地营造了整座城市轻松休闲的文化氛围。

2. 餐馆酒吧是重要的夜间休闲选择

如果说城市绿地是居民白天的重要娱乐空间选择，餐馆和酒吧则是很多人夜晚消遣的空间选择。很多餐馆都是晚上 8 点后开始营业，晚上 10

点甚至 11 点正是餐馆高峰期，这和阿根廷人的作息习惯有关。去餐馆和家人朋友共进晚餐是布市的社交习惯。在布市甚至有一些 24 小时营业的餐馆，尤其是披萨店。很多餐馆或咖啡馆虽然不是 24 小时营业，但是营业到凌晨的比比皆是。或许是考虑到居民彻夜社交的需求，布市还有 24 小时的药店。

酒吧是重要的社交场所，布市有很多特色主题酒吧，如爵士酒吧、探戈酒吧等。巴勒莫区很多酒吧外墙都有非常漂亮的涂鸦艺术，直接呈现酒吧主题特色。很多酒吧和餐馆功能合一，如：酒吧也提供汉堡、薯条等简易食物，餐馆也提供各种酒类。很多酒吧是布市居民重要的社交场所，配备完备的休闲娱乐设施，包括游戏机、飞镖等各种娱乐活动设施。

3. 剧院、影院是重要的休闲场所

居民很喜欢到影院看电影、到剧院看各种类型的戏剧表演。表 10 是布市按电影产地划分的电影首映式和按电影放映地理区域划分的电影观众，其中 2019 年总首映 433 场，本国电影 213 场、外国电影 220 场，布市的观众达 10037140 人①。

表 10　　　　全国及布市 2010 年、2017—2019 年按电影产地
划分的首映式和按电影放映地理区域划分的观众人数

（Estrenos de cine por origen de la película en la Ciudad de Buenos Aires

y espectadores de cine por zona geográfica de proyección

de la película. Total del país y Ciudad de Buenos Aires. Años 2010 – 2017/2019）

年份	总首映（部）	电影首映式与电影产地（部）		观众和电影放映地理区域（人）	
		本国	外国	全国	布市
2010	311	90	221	37545275	10183542
2017	433	180	253	48911313	10069897
2018	496	198	298	45865309	9841862
2019	433	213	220	48135897	10037140

注：本国电影包括阿根廷参与联合制作的电影；外国电影不包括阿根廷参与联合制作的电影。

① 《布宜诺斯艾利斯市 2019 年统计年鉴》，https：//www. estadisticaciudad. gob. ar/eyc/？p = 114177.

市中心有很多剧院和影院。从迈布（Maipú）街到卡亚俄大道（Av. Callao）之间这段科连特斯大道（Av. Corrientes）10 条街区的空间里，集中了最密集的剧院和电影院。作者在 2019 年实地走访统计了一下，从东往西，科连特斯大道（Av. Corrientes）上有 16 家剧院：太空人剧院（Teatro Astros，Av Corrientes 746）、塔巴里斯剧院（Teatro Tabarís，Av. Corrientes 831）、雷克斯大剧院（Teatro Gran Rex，Av. Corrientes 857）、歌剧奥比斯剧院（Teatro Ópera Orbis，Av. Corrientes 860）、百老汇剧院（Teatro Broadway，Av. Corrientes 1155）、罗拉·门布里维斯剧场（Teatro Lola Membrives，Av. Corrientes 1280）、多元剧院（Multiteatro，Av. Corrientes 1283）、SURA 大都会剧院（Teatro Metropolitan SURA，Av. Corrientes 1343）、阿波罗剧院（Teatro Apolo，Av. Corrientes 1372）、何塞·德·圣马丁将军剧院（Teatro General José de San Martín，Av. Corrientes 1530）、尊贵剧院（Teatro Premier，Av. Corrientes 1565）、贝利萨里奥剧院（Belisario Teatro，Av. Corrientes 1624）、布市人剧院（Teatro Porteño，Av. Corrientes 1630）、星体剧院（Teatro Astral，Av. Corrientes 1639）、CPM 多场景剧院（Teatro CPM Multiescena，Av. Corrientes 1764）、卡索纳剧院（Teatro La Casona，Av. Corrientes 1975）。附近还有一些剧院，和科连特斯大道相距不到一个街区，如梅波剧院（Teatro Maipo，Esmeralda 443）、人民剧院（Teatro del Pueblo，Av. Pres. Roque Sáenz Peña 943）、布宜诺斯艾利斯剧院（Teatro Buenos Aires，Rodríguez Peña 411）、彩色玻璃剧院（Teatro El Vitral，Rodríguez Peña 344）、皮卡德罗剧院（Teatro Picadero，Enrique Santos Discepolo 1857）、沙剧院（Teatro Sha，Sarmiento 2255）、住所剧院（Habitándonos teatro，Valentín Gómez 3155）。科连特斯大道上的漫步广场（Paseo La Plaza）里也有很多戏剧表演，里面有五个主要的厅，包括巴勃罗·毕加索(Pablo Picasso)、巴勃罗·聂鲁达（Pablo Neruda）、阿方西纳·斯托尼（Alfonsina Storni）、胡利奥·科塔萨尔（Julio Cortázar）A 和胡利奥·科塔萨尔 B[①]。其中巴勃罗·毕加索大厅可容纳 438 人[②]，巴勃罗·聂鲁

---

① Sala, La Plaza, https：//www. paseolaplaza. com. ar/salas_ neruda. php.

② Sala Pablo Picasso, La Plaza, https：//www. paseolaplaza. com. ar/salas_ picasso. php.

达大厅有 520 个座位①，阿方西纳·斯托尼大厅可容纳 110 人②等。除此之外，布市还有很多其他剧院。很多剧院的人气很旺。如根据谷歌 2019 年 6 月 8 日星期六下午 17：43 的搜索结果，表演艺术剧院"SURA 大都会剧院"（Teatro Metropolitan SURA）有 9091 条评价，评分 4.4。布市有如此多的剧院，很多还很受欢迎，其背后是巨大的居民需求。正是居民对于这些休闲娱乐的热爱，布市才能有如此多的剧院。

根据《布宜诺斯艾利斯市 2019 年统计年鉴》的数据，布宜诺斯艾利斯市政府所属剧院 2019 年演出数量为 3281 场，观众数量为 1639320 人次，剧院包括科隆剧院（Teatro Colón）和布宜诺斯艾利斯剧院综合体（Complejo Teatral de Buenos Aires）③。而这只是其中一部分。

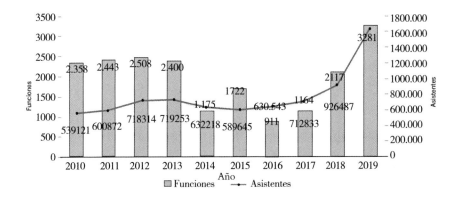

图 1　布宜诺斯艾利斯市政府所属剧院 2010—2019 年演出和观众数量

（Funciones y asistentes a Teatros dependientes del GCBA. Ciudad de Buenos Aires. Años 2010/2019）

四　结论与启示

本文探讨了城市居民对城市休闲文化氛围的影响。居民是城市的主

---

① Sala Pablo Neruda, La Plaza, https：//www. paseolaplaza. com. ar/salas_ neruda. php.

② Sala Alfonsina Storni, La Plaza, https：//www. paseolaplaza. com. ar/salas_ alfonsina. php.

③ 《布宜诺斯艾利斯市 2019 年统计年鉴》，https：//www. estadisticaciudad. gob. ar/eyc/？p = 114177.

人，也是城市文化的传承者。一座城市需要经过长期富裕，才能最终让休闲转化为城市的气质，进而构成城市文化的一部分。布市居民的休闲气质是与生俱来的，是布市长期经济发达的产物，反过来又构成了布市的独特魅力。

布市居民是行走的城市文化，居民的独特气质包括追求欢乐、充满激情、灵魂有趣，这些又源于其自信和包容、普遍的艺术修养、对传统文化的热爱、对知识的渴望。布市居民的休闲活动也丰富多元，有体育运动、文化艺术、音乐舞蹈和休闲娱乐等。

布市的城市休闲文化氛围良好，居民真正参与其中，与城市休闲空间构成良性互动。考虑到文化差异，很多经验不能直接照搬到中国城市，但仍然有一些值得借鉴。第一，当经济发展到一定程度后，要强化文化艺术教育，尤其需要从小培养。城市休闲空间也需要提供相应支持，比如增加艺术馆的数量，并向中小学生免费开放。第二，城市休闲发展，以居民为导向，多考虑居民的诉求，吸引更多居民享用城市休闲空间。第三，加强城市公共空间休闲设施的建设和维护。第四，以社区为单位，强化城市居民休闲团队建设，比如各种文艺团队等，以提升认可度和依恋度，这样也有助于形成比较稳定、有特色的城市社区。

(作者蒋艳，浙江外国语学院文化和旅游学院副教授)

A Study on the Residents' Roles in Urban Leisure Space
—Taking Buenos Aires for Example

Jiang Yan

Abstract: Based on a large number of field visits, official website information and network data, this paper analyzes the residents' roles in creating the cultural atmosphere of urban leisure space in Buenos Aires. Residents bring influence to the urban leisure culture mainly through their daily life and leisure activities. Residents are the living culture of the city. The urban leisure culture may be affected by the residents' unique temperament, such as being joy-oriented, passionate and interesting. This paper explains why the residents are interesting. i. e. they are self-confident and comprehensive; They generally have good artistic tastes, love for traditional culture, and desire for knowledge etc. The residents' leisure activities are plenty and diversified, including sports, culture and art, music and dance, leisure and entertainment, etc. The urban residents' cultural and artistic activities can be analyzed from the perspectives of art places visiting, street art creation and cultural and artistic investment etc. Urban residents play important roles in the urban leisure space. Residents can be encouraged to play more roles in Chinese urban leisure and tourism development, although the practice in Buenos Aires cannot be directly copied to Chinese cities.

Key Words: Urban residents; Urban leisure space; Cultural atmosphere; Buenos Aires

中国政治理论文献西班牙语翻译及其在拉丁美洲西语国家的传播

刘广璐

摘　要：根据中央党史和文献研究院的划分标准，政治理论文献主要分为五类：党的文献、政府文献、人大文献、政协文献和领导人著作。本文将中国政治理论在拉丁美洲西班牙语国家的传播分为三个时期：探索期（1921—1949 年）、机构化时期（1949—1979 年）和巩固期（1979 年至今）。文章以中国和拉美西语各国的历史、政治背景为出发点，分析各时期的传播特点和原因。同时，文章从翻译机构视角出发，关注中国政治文献西班牙语翻译的特征。通过分析外宣翻译和传播的过程，探索新时期国家政治形象构建的渠道和方式。

关键词：中国政治理论文献；翻译；传播

一　中国政治理论文献

（一）政治

本文关注的翻译文本是中国政治理论文献，因此，在文章伊始，我们首先回溯"政治"的起源和定义。在西方，政治一词起源于西方文明的发祥地古希腊，古希腊语中把城邦称作 Polis。亚里士多德在《政治学》一书中探讨了城邦政治，当时最主要的政治单位是城邦，是公民参与政治生活的场所。① 在中国，《论语》中写到：政者，正也。（《论语·子路》）这

---

① ［古希腊］亚里士多德：《政治学》，吴寿彭译，商务印书馆 1983 年版，第 46 页。

里，"政"是端正的意思。由此可见，政治是做正确的事，而政治家是及时改正不当行为的人。几千年以来，政治以不同的形式存在于人类生活的各个角落，润物细无声地贯穿国家和社会的发展历程。

古往今来，许多学者和政治家对"政治"做出了定义，大致可以分为三类："关系说""过程说"和"活动说"。① 顾名思义，"关系说"认为政治是不同关系的抗衡；"过程说"把政治看作一个行为过程；"活动说"把政治理解为一种活动。三种分类方式从不同的角度给出了各自对于政治的理解，简单来说，"关系说"关注政治参与者；"过程说"从历时的角度记录事件的发生；"活动说"则更加全面地强调政治的社会属性，把政治看作一种社会活动。因此，政治的重要性不言而喻，它也始终是最受关注的领域之一。政治不仅仅局限在某一个特定的范围，也不是只有政治家才能参与的特殊活动。相反，政治以各种不同的表现形式渗透到社会生活的方方面面。亚里士多德在《政治学》中写到，人是天生的政治动物。在现代生活中，公民由于其社会性，或主动、或被动地参与到政治活动中。翻译和政治息息相关，翻译行为本身和译文都具有一定的政治性。

（二）中国政治理论文献

根据理论中国网，按照职能部门的分类，中国政治理论文献包括领导人著作、党的文献、人大文献、政府文献、政协文献②。从文献的内容来看，具体分为四类，分别是中国最高领导机关的重要政策性文件、中国主要领导人著作、当代中国哲学和社会科学研究成果、中国基本国情和国策介绍。近些年，上述文献的多语种翻译和国际化传播趋势呈上升态势。中国最高领导机关的重要政策性文件中，多语种政府文献成为学界关注的热点。中国政治理论文献的表现形式多样，既有传统形式的纸质图书期刊，又有符合现代读者阅读习惯的电子书籍和视频等新兴形式。

---

① 马德普：《"政治"概念的重述与政治学问题意识的转换》，《政治学理论与方法研究》2020 年第 2 期。

② 理论中国网编辑部：《关于我们》，2012 年 12 月 5 日，http：//www. theorychina. org/llzgxs/gywm_ 107/.

二　中国政治理论文献翻译

根据中国知网的文献趋势统计，从 2012 年起，中央文献翻译研究呈现增长趋势，研究主题涉及翻译策略、意识形态和具体的翻译机构研究等。本文将从机构翻译视角出发，分析中国政治理论文献西班牙语翻译的译文特征。

（一）机构翻译

机构是一个社会学概念，内涵丰富，用途多样。① Mossop 根据韦伯斯特字典中的定义，将机构分为两类，即具体机构和抽象机构。具体机构指特定的某个组织，抽象机构指社会结构，由一系列个人或具体机构扮演的角色组成。② 在此基础上，Koskinen 进一步完善机构的分类，将其分为三个层次，即抽象机构、正式机构和具体机构。③ 这三个层次层层递进，构成了金字塔般的结构。自上而下来看，抽象机构指出了相应的领域、行业；正式机构是实施抽象机构的场所；具体机构是某一个特定的正式机构。因此，抽象机构的生命力取决于具体机构的复制能力。一方面，具体机构的数量是影响抽象机构生命力的重要因素；另一方面，抽象机构的价值和意义也显得颇为重要。抽象机构、正式机构和具体机构形成了一个闭环，相互影响。

此外，上述三个层次看似是独立的，实际却是密切相关的，甚至有重叠的部分。以中央编译局（具体机构）为例，它是一个抽象机构（党政）与正式/具体机构（翻译、出版）相结合的例子。就党政方面（抽象机构）而言，出版社是传播和实现党的意志和活动的具体机构。换句话说，出版

① Kaisa Koskinen, "Institutional translation", in Y. Gambier and L. van Doorslaer eds., *Handbook of Translation Studies*, Vol. 2, Amsterdam & Philadephia: John Benjamins, 2011, p. 54.

② Brian Mossop. "Translating institutions: a missing factor in translation theory", *TTR: Traduction, Terminologie, Rédaction*, Vol. 1, No. 2 (1988), pp. 65 – 71.

③ Kaisa Koskinen, *Translating Institutions: An ethnographic study of EU translation*, London and New York: Routledge, 2008, p. 17.

社是党和国家意识形态的产物，在深度和广度不断裂变的过程中，体现出党和国家的生命力。同时，通过翻译和出版，党和国家的政策方针具有更大的影响力，以中国为中心，向世界各国传播。

（二）译文特征

汉语属于汉藏语系，西班牙语属于印欧语系，两种语言相隔万里，译者采取的翻译策略使译文具有不同于原文的特征。本文以 2021 年政府工作报告西语版为例，分析译文的名物化、简略化、明晰化特征。

1. 名物化

翻译文本时，由于源语言和译入语的优势词性不同，会发生一系列的词性转换。名物化指在翻译时将原文的其他词性转换为译文中名词的现象，通常指动词和形容词向名词的转化。政治文本中的名物化不仅仅是语言层面的翻译策略，而且携带着隐形的政治意图。Fowler 认为，通过固化动作过程、省略施动角色、模糊施事动因，将意识形态自然化、常识化，从而实现意识形态的隐身。[1] 如下例：

> 注重解民忧、纾民困，及时回应群众关切，持续改善人民生活。
>
> Concederemos especial importancia a la resolución de las preocupaciones del pueblo y a la sunsanación de sus dificultades, responderemos oportunamente a las inquietudes de las masas y mejoraremos sin cesar las condiciones de vida del pueblo. [2]

这句话中，解、纾两个字是动词，但在翻译为西语时，分别变成了相应的名词 resolución 和 sunsanación。在政治文本中，名物化的翻译策略可以缩短时空的距离，把未知变为已知，减少不确定性。具体来说，相比于将来时态的"解决"和"纾解"两个动词，名词更加强调事实。一方面，表

---

[1]　Roger Fowler, *Language in the News*, London and New York：Routledge, 1991.

[2]　《2021 年政府工作报告》（西班牙语版），2021 年 3 月 15 日，http：//spanish. xinhuanet. com/2021-03/15/c_ 139812143. htm.

达了政府解决民众困难的坚定决心；另一方面，凸显了早日完成任务的
期待。

2. 简略化

莫娜·贝克是国际著名语言学家、翻译学家，她认为，译文具有普遍
性的特征，分别是简略化、明晰化、规范化和集中化。① 简略化指译者在
翻译时，无意识地整合信息、简化语言。如下例：

重任在肩，更需砥砺奋进。

Las pesadas responsabilidades que llevamos sobre nuestros hombros nos
dan más motivos aún para avanzar animándonos unos a otros. ②

这句话原本是因果复句，由于汉语的语言特点，省略了因果连词。在
翻译为西语时，译者整合了原文两个分句的信息，并把两个分句进行简略
化，串联主要意思，翻译为"肩上的责任使我们砥砺奋进"。译者巧妙地
处理原因状语从句，使译文更加简略。因此，译者在句法层面使用了简略
化的翻译策略。

3. 明晰化

翻译的普遍性包括明晰化的特征，明晰化指将文中隐含的信息更加透
明化，例如原文暗含的逻辑关系。实现明晰化的翻译方法包括增加注释、
插入语、连接词等。如下例：

面对历史罕见的冲击，我们在"六稳"工作基础上，明确提出
"六保"任务。

Ante un impacto casi sin precedentes en la historia, apoyándonos en los
trabajos relativos a las "seis estabilizaciones" [del empleo, las finanzas, el

① M. Baker, "Corpus linguistics and translation studies: implications and applications", in G. Francis E. Tognini-Bonelli, eds., *Text and Technology: in honour of John Sinclair*, Amsterdam & Philadelphia: John Benjamins Publishing Company, 1993, p. 243.
② 《2021 年政府工作报告》（西班牙语版），2021 年 3 月 15 日，http://spanish.xinhuanet.com/2021-03/15/c_ 139812143.htm.

comercio exterior, los fondos foráneos, las inversiones y las expectativas], planteamos con claridad las tareas de las "seis garantizaciones" [del empleo, las condiciones de vida básicas del pueblo, los agentes del mercado, la seguridad alimentaria y energética, la estabilidad de las cadenas sectoriales y de suministro, y el funcionamiento de los niveles de base] . ①

这个例子中包含了两个中国特色政治缩略语:"六稳"和"六保"。在翻译这种"数字+动词"的总结式缩略语时,对于缩略的数字部分,译者采用了直译加注释的翻译方法,明确指出了"六稳"和"六保"的具体内容,有助于西班牙语为母语读者的阅读和理解。此外,译者在翻译"稳""保"二字时,使用了名物化的翻译方法,把动词变为名词,体现出政府的信念。

总体来说,中国政治理论文献西班牙语翻译机构具有多重身份,在理论上,集抽象机构、正式机构和具体机构于一体。在实践中,机构承担翻译(编译)和出版的职责。本文通过分析2021年政府工作报告西语版,总结出译文的三个特征:名物化、简略化、明晰化。从语言层面来看,上述翻译策略为西班牙语为母语读者的理解创造了便利条件;从政治层面来看,翻译策略暗含政治意识形态,向读者传达了中国政府治国理政的决心和信念,塑造了正直、高效的政府形象。

三　中国政治理论文献在拉丁美洲西班牙语国家的传播

拉丁美洲一词中的拉丁指以印欧语系拉丁语族(又称罗曼语族)为官方语言的美洲国家,语言上主要包括西班牙语、葡萄牙语、法语。拉丁美洲这个概念本身具有政治性,因为与之相对的是英语美洲。法国人率先提出拉丁美洲的概念,作为法国泛拉丁主义的一部分,拉丁美洲的范围不仅涵盖了伊比利亚美洲(西班牙语、葡萄牙语国家),还加入了法语为官方

---

① 《2021年政府工作报告》(西班牙语版),2021年3月15日,http://spanish. xinhuanet. com/2021-03/15/c_ 139812143. htm.

语言的美洲国家。创造拉丁美洲这一特定称谓的目的是从语言上寻求民族身份认同，打破拉美英语、西班牙语、葡萄牙语三足鼎立的局面，增强法国在拉美地区的影响力。拉丁美洲西班牙语国家有 18 个，按照地区划分，分别是南美洲（9 个）的阿根廷、玻利维亚、智利、哥伦比亚、厄瓜多尔、秘鲁、巴拉圭、乌拉圭、委内瑞拉；中美洲（6 个）的哥斯达黎加、萨尔瓦多、危地马拉、洪都拉斯、尼加拉瓜、巴拿马；北美洲（1 个）的墨西哥；加勒比海地区（2 个）的古巴、多米尼加。

中国共产党于 1921 年成立，2021 年是建党 100 周年，在这一百年间，中国共产党的政治思想对拉丁美洲各国产生了重要的影响。本文将中国政治理论在拉丁美洲西班牙语国家的传播分为三个时期：探索期（1921—1949 年）、机构化时期（1949—1979 年）、巩固期（1979 年至今）。文章通过统计 WorldCat 数据库关于中国政治理论文献的出版情况，结合各国基本国情以及和中国的关系，分析三个时期的不同特点。

（一）探索期（1921—1949 年）

我们把从中国共产党成立起至中华人民共和国成立的这 28 年称为中国政治理论文献在拉美西语国家传播的探索期。这一时期，中国共产党领导人民先后经历了北伐战争、土地革命、抗日战争、解放战争，成功带领各阶级人民取得战争的胜利，成立了中华人民共和国。中国共产党积累了丰富的革命和战争经验，以文字形式和其他国家进行沟通和交流。因此，拉丁美洲西语国家所传播的关于中国政治理论的内容主要是关于毛泽东思想以及中国共产党革命，也有少量关于中国历史、哲学的书籍。传播形式以报纸为主：一方面，拉丁美洲西语国家的共产党在各国报纸上刊载关于中国革命的新闻；另一方面，中国共产党主动寻求国际化宣传，创办《救国时报》。两种传播形式形成互补的关系，在共产党成立初期起到了一定的宣传与推广作用，搭建了中拉共产党之间的桥梁。传播对象主要是海外的华人华侨、外国共产党及普通民众。华人华侨的参与增强了民族凝聚力，团结了国内国外的中国力量，为革命战争注入了一股活力。同时，华人华侨不仅是革命和战争的参与者，他们也是中国政治理论的宣传者。因此，中国政治理论形成了"中侨"传播、"侨外"传播和"中外"传播三种模式。

20 世纪 30 年代，拉丁美洲西语国家开始报道中国的革命运动，同时，拉丁美洲人民开始关注有关毛泽东思想的书籍和文章。最早开始宣传毛泽东思想的是拉丁美洲西语国家的共产党（例如阿根廷共产党、哥伦比亚共产党），他们通过新闻报道、印发宣传册，甚至举办全国性的活动纪念中国革命的成功。① 除了拉美西语国家的本地化报道，中国共产党也在探索提升国际影响力的道路。1935 年，巴黎《救国时报》的创办是中国共产主义国际化宣传的重要节点，它是中共中央驻共产国际代表团的机关报，也是中国共产党向国际社会主动展示理论和思想的契机。《救国时报》刊载了大量的反映中共中央路线、政策的文件及中共领导人的论著②，增进国际社会对中国共产党的认同感。③《救国时报》发行范围涵盖 40 多个国家，遍及欧、亚、美、澳等④，发行对象主要是海外华侨，宣传抗日民族统一战线。拉丁美洲和亚洲、非洲一样，是中国共产党理论传播的主要对象。

此外，少量关于中国历史和哲学的书籍也有西语版问世。1930 年，Jesús Arias Sánchez 在墨西哥出版了一本关于中国历史的书籍《史前中国、艺术中国和革命中国》（China prehistórica, artística y revolucionaria）；1927 年，巴黎的 Casa Editorial Franco-Ibero-Americana 出版社出版了西语版《四书》。

总体来说，探索期的中国政治理论文献在拉美西语国家开始崭露头角，以新闻报道的方式传播毛泽东思想、中国共产党理论基础和实践经验，对当地的华人华侨、共产党内人士和人民群众产生了一定的影响。

（二）机构化时期（1949—1979 年）

1949 年，中华人民共和国成立，中国和拉丁美洲的关系迎来了新的发

---

① Miguel Ángel Urrego, "Historia del maoísmo en América Latina: entre la lucha armada y servir al pueblo", Anuario Colombiano de Historia Social y de La Cultura, Vol. 44, No. 2 (2017), pp. 111 – 135.

② 崔婕：《〈救国时报〉——中国共产党早期海外宣传的典范》，2021 年 7 月 22 日，http://www.chinaql.org/n1/2021/0722/c419662-32166537.html.

③ 范小强、马宁：《近百年来毛泽东著作海外出版传播》，《出版发行研究》2016 年第 10 期。

④ 舒涛：《陈云和〈救国时报〉》，2018 年 10 月 23 日，https://jxzx.jxnews.com.cn/system/2018/10/23/017180087.shtml.

展面貌。朱振明认为 20 世纪 50 年代是中拉的民间外交时期，20 世纪 60 年代至 70 年代为中拉的革命经验分享阶段。① 20 世纪 50 年代，在拉美西语国家成立了许多对华友好协会和文化协会，例如智利—中国文化协会（1952 年）、哥伦比亚—中国友好协会（1959 年）等。② 由此可见，虽然中国政府没有正式和拉美西语国家建交，但是中拉民间友好交往频繁。这体现出中拉人民之间深厚的友谊，也为后期中国同拉美各国正式建交奠定了基础。

20 世纪 60—70 年代，共有六个拉美西语国家同中国建交，分别是古巴（1960 年）、智利（1970 年）、秘鲁（1971 年）、墨西哥（1972 年）、阿根廷（1972 年）和委内瑞拉（1974 年）。中国和拉美西语国家领导人之间往来愈加密切，外交模式从民间外交上升到政府外交，互相开展了一系列访问，签订贸易、经济、科技、文化等协定，中拉关系迅速升温。

在拉美各西语国家，这一时期传播的主要是中国领导人的著作，其中占据核心地位的是毛泽东的著作。在机构化时期，国内和国外的出版社都参与了国家领导人著作的出版。国内主要是外文出版社出版了国家领导人毛泽东、周恩来、刘少奇、邓小平各类著作西译本 155 部，除《毛泽东选集》第一、二、三、四卷外，其余大多数均为单行本。相比国内，拉美本土出版社在 1949—1969 年出版的中国领导人著作数量较少，有 26 部，包括毛泽东、刘少奇等。③ 20 世纪 70 年代，在拉美大多数老共产党与中共断绝关系的背景下④，拉美西语国家中，只有墨西哥的出版社出版了 6 部中国领导人著作。

在传播方式上，中国国际广播电台于 1941 年成立，隶属中央广播电视总台，致力于以广播的形式对外报道中国。中国国际广播电台于 1956 年增设西班牙语版广播，面向全球 23 个以西班牙语为官方语言的国家和地区。

---

① 朱振明：《反思中国在拉美的形象建构》，《对外传播》2021 年第 3 期。
② 沙丁、杨典求、焦震衡、孙桂荣：《中国和拉丁美洲关系简史》，河南人民出版社 1986 年版，第 278 页。
③ 龚韵洁：《新中国成立 70 年以来国家领导人著作西班牙语版在海内外的出版与传播》，《出版发行研究》2020 年第 2 期。
④ 徐世澄：《中国共产党与拉美共产党关系的曲折发展》，《拉丁美洲研究》2020 年第 42 卷第 1 期。

此外，1962 年，《北京周报》增设西班牙语版，成为拉美西语国家认识中国、了解中国的途径之一。

这一时期中国政治理论文献在拉丁美洲西班牙语国家传播最大的特点是机构化，即编辑机构化、翻译（编译）机构化、出版机构化、传播机构化。中央编译局和外文出版社是最具标志性的产物。中共中央编译局（现中共中央党史和文献研究院）成立于 1953 年，研究中国共产党党史和理论。外文出版社成立于 1952 年，隶属中国外文出版发行事业局，致力于向世界传播中国声音，成为国际社会了解中国的权威渠道。中央文献机构化是国家层面的策略，是国家对外翻译实践的重要举措。其优势是集翻译、出版、国家机构等功能于一身，以整体姿态更加权威、准确地传播国家意识形态。

总体来说，中国政治理论文献翻译及传播的机构化时期包括编辑机构化、翻译（编译）机构化、出版机构化、传播机构化。机构化不仅融合多种角色，还强调了机构内部管理的重要性，即编辑管理、翻译管理、出版管理、传播管理。从另一个角度来说，这时期在传播方式上也有了创新，从传统的"线下新闻报道＋书籍出版"模式更新到"线上线下相结合"的混合模式，扩大传播半径，提升中国的国际影响力。

（三）巩固期（1979 年至今）

1978 年，党的十一届三中全会召开标志着改革开放的开始。中国以经济建设为中心，提出把中国建设成社会主义现代化国家的目标。中国在经济、政治等方面发生了巨大的变化。我们把这一时期称为中国政治理论文献翻译及传播的巩固期，外文出版社等国家机构在党的领导下，继续向海外翻译并出版中国政治理论文献，巩固了这种模式在国家层面的权威地位。

在此期间，中国出版社翻译并出版了更多的国家领导人著作，例如《周恩来选集》《刘少奇选集》《邓小平文选》《陈云文选》等。在拉美西语国家，同时期中国领导人著作的本土出版数量较少：1995 年，墨西哥的 Quinto Sol 出版社出版了《毛泽东的哲学著作》；2005 年，加拉加斯文化部出版了《毛泽东诗词》等。

　　2012 年，党的十八大召开，在党的十八届一中全会上，习近平任新一届总书记。至此，中国政治理论文献的翻译和传播，作为构建中国对外话语的重要组成部分，迈入了飞速发展的阶段。这一时期图书出版数量激增，例如，2014 年出版西语版《习近平谈治国理政》（第一卷），2017 年出版西语版第二卷；2021 年，习近平《在庆祝中国共产党成立 100 周年大会上的讲话》多语种单行本出版发行等。

　　2014 年，中国外文局和中国翻译研究院发起"中国关键词"项目，建立"中国关键词"网站。主题包括精准脱贫、中国精神、抗击新冠肺炎疫情、新时代外交等。用 15 种语言（中、英、法、俄、日、西、阿、德、韩、葡、土、印尼、哈、越、意）向国际社会解读中国关键词的内涵，这种创新举措有效避免了因中外认知差异导致的对中国的误解。同时，《中国关键词》多语种图书相继出版。期刊方面，《北京周报》《今日中国》《人民画报》《人民中国》等国家级外宣期刊隶属于外文局，涵盖九种语言（中、英、法、俄、西、阿、日、韩、藏）。

　　此外，外文局于 2004 年开始实施外宣期刊的本土化战略，以国内为基地，把策划编辑和印刷发行环节前移到对象国和地区。① 《今日中国》有10 个印刷版和 6 个网络版，西语有 3 个印刷版，分别是西文版、西文墨西哥版和西文秘鲁版。西文墨西哥版和西文秘鲁版已实现本土化运作，分别在墨西哥和秘鲁出版发行。② 网站方面，国家级网站的西语版纷纷上线，包括中国网、新华网、人民网、理论中国网。网站主题涵盖范围较广，以中国国家、党政新闻为主，报道国内外中国相关的重大事件，更加真实、客观地展现中国形象。2014 年，国家海洋信息中心主办的钓鱼岛资讯网正式开通，可以切换八种语言（中、英、日、法、德、俄、西、阿），通过文献资料和法律规定等方式，有力地向世界证明钓鱼岛是我国固有领土。

　　电视方面，2004 年，CCTV 开设西语频道，节目涉及新闻、财经、旅游、文化、美食等领域。2016 年，CCTV 西语频道更名为中国国际电视台

---

① 中国外文出版发行事业局：《期刊传媒》，2021 年 6 月 10 日，http：//www. chinacics. org/sygj/qkcm/。

② 《关于我们》，今日中国，2018 年 2 月 8 日，http：//www. bjinforma. com/zw2018/wzlj/gywm_4985/.

（CGTN）西语频道。广播方面的代表当属中国国际广播电台和爱听网。爱听网于2008年开通，内容涉及生活服务、新闻、文艺、互动学习。① 随着科技的发展，手机成为日常生活中使用频率最高的社交工具，因此，开发手机应用也是构建中国话语体系的重要一环。中国网和新华网的手机客户端可以将语言设置为西班牙语，有助于向西语国家用户展现真实的面貌。纪录片方面，2018年，中共中央宣传部、中央广播电视总台联合阿根廷美洲传媒集团，拍摄纪录片《习近平喜欢的典故——平语近人》西语版，将中华民族的传统文化和治国理念传入拉美西语国家的家家户户。社交媒体方面，部分中国电视台和网站的西语版开通了微博账号，例如CNTV（央视）西语台的官方微博是"西语新闻ES"，中国网的官微是"西文中国网"，中国国际电视台西班牙语频道的官微是"CGTN西班牙语频道"。新浪微博是中国年轻人使用频率最高的社交平台，活跃度高，是巨大的流量入口。微博是外国民众近距离感受中国的便捷渠道，因此，经营官微的西语版有助于国内外的西语民众靠近最真实的中国。微信堪称中国的国民级手机应用，它的月活跃用户量达到12.13亿②，因此，微信公众号具有无可比拟的影响力。经过搜索，现已开通人民网西语版、CGTN西班牙语频道的公众号。

　　总体来说，巩固期的中国政治理论文献翻译与传播呈现出多维度、多元化的特征。多维度体现在图书、期刊、网站、电视、广播、纪录片、手机应用、微博、微信公众号，涵盖了纸质阅读、有声阅读和电子阅读三大阅读领域，全方位覆盖视、听的感官维度。多元化一方面体现在本地化和中外合作的外宣模式上；另一方面，传播内容也愈加多元化。历经多年发展，中国外文局实现了外宣期刊的本地化；央视探索出中外合作拍摄纪录片的新型外宣方式。此外，传播的内容除了党政新闻以外，近些年我国越来越重视中华传统优秀文化的输出，其中就包含很多治国理政的思想观念。这种多维度、多元化的传播策略构建了中国话语对外传播体系，有效

---

① 中国外文出版发行事业局：《电子期刊》，http：//www.chinacics.org/sygj/xmt/.
② 王新根：《微信月活跃用户达12.13亿》，2021年1月20日，https：//www.sohu.com/a/445617636_162758.

地打破了西方语言霸权的时代，撼动了少数西方国家的操控性地位，使得中国在世界话语体系中占有一席之地。

在构建当代中国政治形象的诸多命题中，外宣翻译和对外传播的重要性不言而喻。在恪守外宣翻译"三贴近"原则（贴近中国发展的实际，贴近国外受众对中国信息的需求，贴近国外受众的思维习惯）的基础上[1]，中国要进一步探索对外传播的新渠道和新模式。拓宽线下和线上传播渠道的深度和广度，丰富国内外的合作模式和领域，创新传播内容和传播形式，打造一批具有较强国际影响力的媒体平台，构建文明大国形象、东方大国形象、负责任大国形象和社会主义大国形象。[2]

（作者刘广璐，浙江外国语学院西方语言文化学院讲师）

Investigation on Spanish Translation of Chinese Political Theory Literature and the Dissemination in Latin American Hispanic Countries

Liu Guanglu

Abstract：According to the division criteria of the CPC Central Committee Party History and Documentation Research Institute, political theory literature is divided into five main categories：party documents, government documents, NPC (The National People's Congress of the People's Republic of China) texts, CP-PCC (The National Committee of the Chinese People's Political Consultative Conference) texts, and leaders' writings. This article divides the dissemination of Chinese political theory in Spanish-speaking Latin American countries into three periods：the exploration period (1921-1949), the institutionalization period (1949-1979) and the consolidation period (1979-present). Taking the historical and political backgrounds of China and Latin American Hispanic countries as

---

① 黄友义：《坚持"外宣三贴近"原则，处理好外宣翻译中的难点问题》，《中国翻译》2004 年第 6 期。

② 袁赛男：《中国大国形象战略的新飞跃》，2017 年 10 月 2 日，http：//theory. people. com. cn/n1/2017/1002/c40531-29571629. html，2021 年 6 月 10 日。

the starting point, the article analyzes the characteristics and reasons for the dissemination in each period. At the same time, the article focuses on the characteristics of Spanish translations of Chinese political literature from the perspective of translation agencies. Through analyzing the process of foreign translation and dissemination, the article explores the channels and ways to construct the political image of the country in the new era.

Key Words: Chinese political theory literature; Translation; Dissemination

《拉美研究论丛》稿约及体例要求

1. 《拉美研究论丛》是浙江外国语学院拉丁美洲研究所（拉美所）为推进国内拉美问题研究而创办的学术书刊。由中国社会科学出版社出版，每年一辑，2021 年创刊。浙江外国语学院拉丁美洲研究所所长宋海英教授担任主编。

2. 《拉美研究论丛》致力于拉美地区政治、经济、文化、社会等问题的研究。书刊将遵循百花齐放、百家争鸣的原则，为国内外拉美研究学者提供一个学术交流的平台，欢迎相关领域的专家、学者来稿。

3. 《拉美研究论丛》对来稿一视同仁，收到来稿后，拉美所将组织专家进行评审，确定是否录用，最迟在三个月之内给予采用与否的答复。

4. 稿件体例要求如下：

（1）《拉美研究论丛》为中文刊物，外文稿件需译为中文。

（2）稿件字数以 1.0 万—1.5 万字为宜。

（3）来稿包括中英文题目，300 字以内的中英文摘要和 3—5 个中英文关键词。

（4）稿件请用 A4 纸格式，标题宋体三号加粗，正文宋体小四号；注释请用页下注，中文注文小五号仿宋体，外文注文小五号 Times New Roman 字体。

（5）稿件所涉文献引注格式，请遵照"中国社会科学出版社学术著作体例规范"要求。

5. 来稿请发邮件或邮寄至《拉美研究论丛》编辑部。

邮　　箱：ilas@zisu.edu.cn

通信地址：杭州市西湖区留和路 299 号浙江外国语学院望院 D323 拉丁美洲研究所

《拉美研究论丛》编辑部